함께 뜨는 숟가락

최방식 수필집

함께 뜨는 숟가락

세종출판사

작가의 말

지금까지 삶의 길 위에서 많은 사람들을 만나고 헤어졌다. 사람들은 누구를 만나는가에 따라 자신에게 커다란 영향력을 미친다.

나는 작가로서 글을 쓴다는 것을 환갑이 될 때까지 꿈에도 생각하지 못했다.

어느 날, 행운인지 추운 겨울에 좋은 선생님을 만났다. 길바닥의 돌멩이처럼 아무렇게나 흙속에 묻혀있던 어쭙잖은 글이 눈에 띄어 늦깎이로 문단에 등단하였다. 이 행운의 만남이 나의 사전에는 격조 높은 은혜가 되었다.

문학이라는 새로운 길을 걸으면서 긴장하며 글을 쓰기도 하고, 짬짬이 텃밭농사를 지으면서 글을 쓰기도 했지만, 쓰고 나면 언제나 밋밋하고 평범한 글에 나의 한계를 느끼곤 했다.

하지만, 밋밋하고 평범한 글을 습작하며 새롭게 비상하는 마음으로 글과 마주하며 다독이다 보니 하루하루가 넉넉하고 평온함으로 지낼 수 있었고 감사 할 따름이다.

문학을 하며 좋았던 것은 지금까지 써 놓았던 글을 재미있게 읽으며 살아온 삶을 다시 한 번 뒤돌아보는 계기가 되었다. 반면에 나의 정체성이 양파껍질 벗기듯 한 겹 한 겹 벗겨질 때, 들판에 홀로 선 기분이었고, 발설하지 말아야 하는 것도 발설하여 얼굴이 붉어질 때도 있었고, 때론 잠시 멈칫하며 주저함이 없지 않았다.

글도 잘 쓰고 싶었지만 그것이 마음대로 되는 것이 아니기에 시간이 가면 점차로 증진될 것을 믿으며 덤으로 사유의 폭이 넓어지고 사물을 바라보는 시야가 좀 더 넓어졌으면 좋겠다.

수필집『함께 뜨는 숟가락』은 지금까지 살아오면서 보고 느끼고 겪었던 여러 가지 경험을 적은 글이다. 주변에서 일어나는 모든 것이 수필이 된다고 하지만, 그것을 적절하게 표현하기에는 부족함이 많았고 쉽지 않은 일이었다.

그동안 쓴 글을 모아 수필집을 내 놓았다. 미숙하고 잘 다듬어지지도 않았다. 설익은 진부한 이야기를 나열 한 것 같아 약간 떨림도 있지만 넉넉한 아량으로 재미있게 읽어 주었으면 좋겠다.

2024년 시월에

최 방 식

차례

제2부

화려한 휴가

제3부

함께 뜨는 숟가락

제4부

여행, 그 아름다움

제5부

화목火木 난로

제1부

아름다운 시절

건망증

구정연휴를 보내고 첫 출근을 하니 명절의 피로감 때문인지 몸이 무겁다. 며칠 휴무를 한 탓인지 은행창구 앞에는 많은 고객들로 붐빈다. 오늘은 평소보다 업무가 많아 바쁘게 일을 하고 있는데 옆집 상미 엄마에게서 전화가 왔다.

지금 부엌 창문 사이로 연기가 나오고 있으니 집으로 빨리 와보라는 전화였다.

깜작 놀라 하던 일을 멈추고 집으로 향해 뛰었다. 회사에서 집까지 뛰어가면 2~3분 걸린다. 정장을 하고 뛰어가니 주위 사람들도 놀라 이상한 눈으로 쳐다보지만 어쩔 수 없는 비상상황이었다. 대문 앞에는 이웃 형수님 서너 명이 걱정스런 얼굴을 하고 서성이고 있었다. 헐떡거리며 목례만 하고 현관문을 열고 들어서니 거실엔 앞이 보이지 않을 정도로 연기가 자욱했다. 신발을 신은 채 주방으로 달려갔다. 오차물을 끓이면서 가스레인지에 올려놓은 주전자는 검게 그을려지고 연기가 피어오르고 있었다. 탄 냄새가 어찌나 고약한지 미간을 찡그리며 창문을 활짝 열었다. 다행히 소방서에 전화를 하지 않은 이웃이 고마울 뿐이다. 아내가 오차물을 가스 불에 올려놓고 깜박하여 운동을 하러 간 모양이었다. 새해 초장 벽두부터 민방위 훈련하는 것도 아니고 바쁜 중에 아내까지 사람을 놀라게 하였다. 집안 꼴을 보니 은근히 부아가 치미는 게 아닌가? 잊혀질만하면 건망증 증세가 발동하였다. 거실 창문을 모두 열고 마음을 진정 시키며 대문 앞으로 나갔다.

"오차물을 얹어 놓고 운동을 간 모양입니다. 새해 아침부터 화생방 훈련을 했습니다. 주전자가 탔지만 그나마 불이나지 않아 다행입니다."

"우리들도 가끔 잊어버리고 태우고 합니다. 누구나 실수는 합니다."

이웃 형수님들은 자기들도 깜박깜박 할 때가 많다고 동병상련同病相憐의 동업자처럼 말을 한다. 그렇지만 조금만 주의하면 이런 실수는 없을 텐데, 지난달에도 빨래를 태워 퇴근을 하면 며칠 동안 냄새가 온 집안에 배어 있었다.

"아무튼 불이 나기 전에 연락을 해 주어서 감사 합니다"라고 말하고 창문을 열어놓고 직장으로 향했다. 가끔 무엇을 태웠는지 퇴근하면 탄 냄새가 집안 곳곳에 배어있다. 또 무엇을 태웠구나 하고 그냥 지나쳤는데, 오늘은 이웃집에서 전화가 와서 큰 위험을 면했지만, 졸지에 동네 한 가운데로 달리는 단거리 선수가 되었다. 저녁에 퇴근하면 듣기 싫은 소리를 좀 해야겠다고 마음을 먹었다.

퇴근을 하여 현관에 들어서자, 아내는 미안한 듯 웃으며 "오늘 수고 했어요". 하며 정답게 인사를 했다. 나는 눈길도 주지 않고 말없이 안방으로 향하자 "화장대 위에 보세요. 오늘 화났죠?" 하며 유난히 다정하게 말했다. 화장대 위에는 흰 봉투가 놓여 있고 봉투 속에는 사등분으로 곱게 접어진 편지가 들어 있었다.

사 직 서

오늘 상미 엄마한테 전화가 와서 많이 놀랐죠?

나의 이런 부주의한 일이 한 두 번도 아니고,

이웃 형님들에게 젊은 게 건망증의 실상을 보여 주었으니 나도 기분이 별로 이거든요. 나의 건망증 빈도를 볼 때 머지않아 또 이런 사태가 일어나지 않는다고 보장 할 수도 없군요.

나는 오늘 당신에게 많은 정신적 물질적 피해를 주어 죄송하군요.

앞으로 당신의 아내로 살아갈려니 나의 건망증으로 당신이 많이 힘들어 질것 같구려. 그리하여 일신상의 사유로 당신의 아내 직을 사직하오니 부디 청허하여 주십시오.

단, 오늘 일을 없었던 걸로 하면 얘기가 달라질 수 도 있습니다.

19**년 2월 **일 김 **

풋~~ 하고 나도 모르게 헛웃음이 나왔다.

그런데 적반하장이라 하더니 도대체 언제 *넛지의 법칙을 배웠노? 나의 마음을 어떻게 알고 선재공격을 날리는 센스는 어디서 나오는 걸까? 오늘 단단히 한마디 하기로 마음먹었는데 편지를 읽고 나니 이 결심이 눈 녹듯이 서서히 녹고 있었다. 화장대 거울 속의 나는 마음이 풀려 완전 무장해제를 당한 모습 있었다. 참으로 판을 뒤업는 재주가 있다. 역습의 명수 같다. 어떻게 요런 편지를 쓸 생각을 했을까? 또 요상한 단서조항은 뭐야?

가끔 힘들게 하지만 지금까지 한 배를 타고 왔으니 그냥 넘어가자는 이야기가 아닌가? 협박도 아니고, 겁주는 것도 아니고, 좋은 게 좋으니 그냥 타협하자는 이야기다. 남자가 속 좁게 섣부른 행동하지 말고 이번 일을 모른 체하면 만사형통萬事亨通이라는 것이다. 사직서를 수리해 버릴 것 같은 결심은 안개 속으로 사라져 버렸다.

사직서 수리를 한다면, 서로가 많은 것을 잃게 될 것이라는 염연한 사실 앞에 서로가 그 길로 들어서지 않을 것이라는 것을 나보다 아내가 더 잘 알고 있다. 서로 관계의 균열을 피하자는 단서조항이 제법 예의를 갖추고 있었다.

부부 사이에 갈등과 균열은 살다보면 때때로 올 수 있는 시한폭탄과 같은 것이다. 균열이 생기면 붙이기가 상당이 어렵다는 것을 서로가 잘 알고 있다. 어쭙잖은 일로 오래 전에 부부싸움으로 번져 서

---

* 부드러운 강요

로가 상처받은 사건이 떠올랐다. 오래 전의 일이지만 아직도 그날이 기억에 생생하였다.

그날 저녁 퇴근길에 만난 이웃에 사는 영수아버지가 영수엄마가 병원에 입원했는데 십 만원을 빌려 달라고 사정하였다. 하필 내 수중에 돈이 없어 집에 가서 가져와 빌려 드리겠다고 하고 아내에게 십 만원을 달라고 했다. 사용 용도를 아내에게 이야기 하자 단호하게 안 된다고 말했다.

영수아버지는 이웃집마다 돈을 조금씩 빌려 그 돈으로 놀음을 하고, 빌려간 돈을 갚지 않는다고 소문이 파다한데 나만 모르고 있다는 것이다. 그리고 영수엄마가 어제까지 있었는데 아마 속이 상하여 친정에 갔을 것 같다고 했다.

"아, 그런 일이 있었구나? 그래도 빌려 주겠다고 했는데, 어떻게 하지? 내일 내가 십 만원 줄 테니 빌려줘." 아내는 싫다며 단호하게 거절하였다.

"그럼 떼인다고 생각하고 빌려주자. 남자가 약속을 했는데 어찌 거절하노?"

"남자 좋아 하시네 상대는 약속을 안 지키는 남잡니다."

아내의 완강한 태도에 별 도리가 없어 밖에 기다리고 있는 영수아버지께 집에도 마침 돈이 없어 죄송하다고 말하고 집으로 들어오는데, 구겨진 남자의 체면이 영 말이 아니었다. 그까짓 거 돈 십 만원이 무슨 큰돈이라고, 십 만원 때문에 나의 체면이 땅에 떨어지고 말았다고 생각하니 은근히 부아가 치밀어 올라 아내와 말다툼을 주고받았다. 나중에는 거친 말까지 오가는 걸 어린 아들이 보고 있었다. 그때 우리는 잠시 자제력과 이성을 잃고 말았다.

이 사건으로 일주일 동안 서로가 말을 하지 않고 남남으로 살았던 일이 있었다. 일주일 이었지만 상당히 힘든 시간을 겪으면서 앞으로 이런 일이 다시는 일어나서는 안 되겠다고 다짐을 한 적이 있었다. 이런 일로 가정의 행복과 웃음, 대화마저 단절하는 어리석은 행동은 하지 말아야 한다. 가정을 허무는 것은 작은 문제로 시작 되는 것 같다. 아내도 결혼 후 일찍이 혼자 된 시어머니 모신다고 고생한 것을 알고 있다. 호된 시집살이를 그래도 잘 참아준 아내가 고마웠다. 가정의 평화로운 분위기를 만들기 위해 힘든 일들을 혼자서 감내하며 매일 새벽기도로 울분을 달래고 자신을 충전하며 가정을 지켜왔다. 시어머니가 돌아가시고 불과 몇 년 밖에 되지 않았는데, 이제 아내도 자신의 자유와 여유를 좀 누려 봐야지. 하고 싶은 운동도 하고, 여행도 하고, 친구들과 만나 수다를 떨며 맛있는 음식도 나누며 인생을 즐겁게 보내야지 생각했다.

그런데, 이제 내가 아니면 집안의 견제세력도 없어지는데 나라는 인간은 맥없이 눈을 감고 말았다.

사노라면 구름도 끼고 바람 불고 비오는 날도 있다. 실수도 하고 얼굴 붉히는 일도 있을 것이며, 때로는 웃고 즐기며 무지개 뜨는 날도 있으리라. 누가 그러더라. 뭐래도 인생은 재미있고 즐겁게 사는

것이라고, 이것이 진정한 행복과 성공에 이르는 지름길이다. 라고

그날 나는 단서조항을 생각하며 아무 말 없이 하루를 보냈다. 이후 삼 십 년 동안 부부로써 무난한 삶의 여정旅程을 걸어왔다. 오래 전 친구로 만나 사랑을 하고 그토록 긴 세월은 아니지만 하루하루를 별 탈 없이 보냈다. 단독주택에서 아파트로 이사를 하고, 딸 아들을 결혼시키고, 손주도 보고, 그렇게 많은 시간들이 흘러갔다.

나이를 먹어감에 따라 건망증의 정도가 심해져도 치매가 아님을 감사하며 살아간다. 건망증이 있으면 어떠리. 서로 이해하고 배려하며 살면 되고, 조금 부족하면 서로가 채워 나가면 되고, 잘못된 부분은 고쳐 나가면 된다. 이 모든 것들이 생각과 행동에 성숙을 더해 가는 것이다.

하루하루를 평범한 일상에 살고 있지만 언제 부터인가 아내의 말투와 행동은 젊은 날 보다 훨씬 터프한 것을 느낀다. 돌 직구도 한 번씩 날리는 날들이 많아졌다. 남성 호르몬 수치가 높아져서 그렇다고 인정하자, 또 맞대응 하면 무엇 하리 지는 것이 이기는 것인데, 하고 말대꾸를 하지 않고 흘러 버린다.

사실 나도 요즈음, 건망증에는 자유롭지 못하다.

어제는 휴대폰을 분실하였다.

유품遺品

쓰지 않고 버리지 못해 모아둔 오래된 성경책이나 찬송가를 교회에 가져오면 모아서 파기를 하겠다는 광고가 주보에 나왔다. 집에 모아둔 오래된 찬송가와 성경책이 생각났다. 낡은 성경책을 폐지와 함께 쓰레기처럼 버리는 것이 크리스천이 경전을 경건하게 여기지 않는 것 같아 선뜻 버리지 못하고 모아 두었다. 모아둔 책 중에 두껍고 조금 큰 성경책의 표지를 무심코 넘기니 어머니의 주민등록증이 스카치테이프로 단단히 붙어 있었다. 어머니가 쓰시던 성경책이었다. 오랫동안 책꽂이 구석에 방치되어 있다 보니 어머니의 성경책인 것을 몰랐다. 글자도 지금의 성경책보다 크고 세로로 씌어 있었다. 맨 뒷장에는 경로우대증도 스카치테이프로 반듯하게 붙어 있었다.

성경책의 발행 일자는 1982년 5월10일, 사십 년 가까이 된 낡고 검은 표지 뒷장에는 아내가 쓴 어머니의 이름도 적혀 있었다.

어머니의 종교는 바닷가 사람들이 그렇듯이 샤머니즘적인 것을 믿었다. 아들이 누나와 함께 주일학교 때부터 교회를 다녀서인지 며느리가 교회를 다녀도 종교적인 마찰은 별로 없었다. 손주들이 태어나자 너무나 좋아하며 "하늘에서 떨어졌나, 땅에서 솟아났나," 행복에 겨워 어르고 노래하던 모습이 떠오른다. 손주들이 성장을 하자 한 집에 두 종교를 섬기는 것이 늘 마음에 걸리셨는데, 아들 따라 교회를 택하시고 아내가 기념으로 선물한 성경책이었다. 한글은 겨우 한자 한자 짚어 가며 읽었고 아내가 옆에서 도와주었을 때, 조금씩 진도가 나가 언제부터인지 매일 아침 성경을 읽는 수준이 되었다.

그런데 소지하고 다녀야 하는 증이 왜 성경책에 붙어 있는지 아내에게 물었다. 어머니가 어느 날 새벽기도를 드리려 가는 길에 성경책이 들어있는 가방을 날치기를 당한 적이 있었다. 다음날 교인 중 한 분이 골목길에 버려진 가방이 눈에 익숙하여 열어보니 성경책이 있어 어머니에게 가져왔었다. 그 후 어머니께서 두개의 증을 성경에 붙여 달라고 하여 아내가 앞뒤로 붙였단다. 아마 당시에는 밖에 외출 할 일이 별로 없고 지금처럼 증이 많이 쓰이지 않은 시절 이어서 그런지 만약 성경을 또 분실 한다면 습득하신 분이 증을 보고 찾아주기를 기대하면서 붙였는지도 모르겠다. 검은 양피지 커버의 오래된 성경은 어머니 소유라는 표시로 낙관처럼 앞뒤로 각각 붙여 놓았다. 그런데 주민증에 붙은 사진이 젊은 날에 찍어서 그런지 더 젊고 예쁘게 보였다. 생년월일은 1916년 생으로 되어있었다.

어머니는 사하구 감천동의 푸른 바다가 내려다보이는 언덕 위에 조그만 초가집에서 추운 겨울에 태어났다. 부모님들은 농사를 지으며 가난하게 살았다. 불행하게도 9살 때 엄마가 먼저 하늘나라로 떠났기에 불우한 어린 시절을 보냈다. 아버지와 함께 외동딸로 살다가 18세 때 아버지에게 시집을 왔다. 엄마 없는 딸을 시집보낼 때 아버지의 마음이 오죽 아팠겠는가? 또 딸은 시집을 가고나면 아버지의 조석은 어떻게 해결 할 것인지, 홀로 아버지를 남겨두고 떠나는 마음은 발걸음이 제대로 떨어졌겠는가? 어린 나이지만 생활이 궁핍하여 아버지가 농사지은 채소를 팔기도 했다. 때로는 바닷가에서 조개, 파래, 미역등 해산물을 채취하여 주로 반찬을 만들어 먹었고, 많이 채취한 날에는 멀리 자갈치시장에 까지 가서 팔곤 했다고 한다.

먹고 살기 바쁜 생활에 학교에 가기란 엄두도 내지 못하고 야학교에 2년 정도 다녔지만 평생 배우지 못한 것을 한으로 품고 살았으며 이름 석 자만 근근이 쓸 줄 아는 정도였다. 어머니의 꿈은 아들이 공부를 열심히 하여 훌륭하게 자라 좋은 직장에 다니고 대청마루에서 신문을 보며 여유로운 삶을 보내는 그것이었다. 이 꿈은 어머니가 무더운 여름날 팔던 소금 대야를 내리고 잠시 땀을 닦다 훔쳐 본, 부자 집 안의 시원한 대청마루에서 모시적삼을 입고 신문을 보고 있는 그 집안의 어른을 보고 훗날 내 아들도 저렇게 살았으면 하고 마음에 소원했다고 한다.

또 어머니는 아버지가 화투, 장기등 도박이나 오락을 즐기다 보니 어머니가 유산으로 받은 감천의 밭 2마지기를 화투판에서 날려 버렸다고 원망하며 그 땅만 있었어도 살기가 조금 나아졌을 텐데 하며 한 맺힌 말로 한 번씩 나에게 이야기를 하곤 했다. 내가 친구들과 놀이삼아 마작이나 트럼프를 하고 늦게 들어오면 화난 얼굴로, "애비 얼굴도 보지 못한 자식이 지아비를 닮아서 놀음을 한다."고 꾸짖곤 했는데 지금 생각하면 마음 아프게 해드린 못난 아들이었다. 어머니를 생각하면 어려서부터 갖은 고생을 하며 남편마저 일찍 사별한 복 없는 한 많은 여인이었다.

아버지가 갑자기 돌아가시고 얼마나 가난 했던지 나를 낳고 끼니를 이을 쌀 한 톨이 없었는데, 아버지 친구의 도움으로 쌀을 두 되 가량 구해 주어 죽을 끓여 먹었다고 한 맺힌 이야기를 종종 하셨다. 자식을 굶기지 않으려고 허리를 동여매고 그 작은 몸에 젖먹이 어린 나를 등에 업고 머리에 물건들을 이고 팔았다. 다 팔고 나면 비로소 등에 업힌 아들이 무더운 여름철에 더위를 먹지 않았는지 걱정을 하며, 감만동 차상네(친구 차용규) 집 마루에서 수건 띠를 풀고 더위를 식이며 시원한 물 한 컵 들이키곤 어머니들 끼리 서로 이런저런 이야기를 하며 땀을 식혔다. 쉬다가 원기를 회복하면 집으로 왔다고 그 당시 친절하였던 용규 부모님들의 고마움을 잊지 못하고 가끔 이야기를 하였다.

초등학교 동창회에서 용규를 만나 어린 시절 어머니가 들려주던 그 고마움을 이야기 한 적이 있었다. 친구는 처음 듣는 이야기라 한다. 아마 용규 어머니는 고생하고 어렵게 생활한 상황이 아니라 이야기를 하지 않은 것 같았다.

어머니는 물건들을 머리에 이고 팔다보니 머리 정수리에는 머리카락이 없어 가르마 길이 훤히 보이는 것이 지금도 눈에 선하다. 생활력은 강하여 고기를 받아서 팔거나 분개고개(용호동)를 넘어 소금을 사서 대연동, 우암동, 감만동 문현동을 거쳐서 때로는 초량까지도 가서 팔고, 올 때에는 비료나 잡화를 이고 오며 가며 팔았다.

양식이 적어 밥을 지어 아이들만 주고 빈 그릇을 뚜껑을 덮어 부엌에서 먹겠다며 나간 어머니는 찬 물 한 그릇을 들이켜고 밖으로 나갈 때, 누나가 뚜껑을 열어보니 빈 그릇이더라고 하던 이야기는 내내 찡한 맘으로 남아있다.

내가 초등학교 입학하기 직전부터는 루뼁 지붕 판잣집에 동네 최초로 우체통을 설치하여 우표와 담배, 박하사탕 등 잡화를 팔았다. 이때부터 무거운 짐을 머리에 이고 이 골목 저 골목 외치고 다니지 않았으니 고생은 많이 줄어든 것 같다. 몇 년 뒤 구멍가게를 조금 확장하여 과자류는 팔지 않고 생선회를 팔기 시작했는데 여인의 몸으로 생선 횟집을 하면서 애환도 많았다.

어느 해인가 내가 초등학교 5학년으로 기억 된다. 여름철 루뼁 집이 너무 더워 가만히 있어도 땀이 흘러 집에서는 장사를 할 수가 없었다. 큰 선창옆 바닷가에 천막을 치고 평상을 놓고 장사를 한 적이 있었다. 어느 날 손님이 많이 와서 바쁜 가운데 심부름을 시켰으나 친구들이 보고 있어 심부름을 하지 않고 도망 가버린 그때의 철없었던 행동이 지금도 마음 아프게 남아 있다.

저녁이 되면 팔다리가 아픈지 가끔 다리와 팔을 주물러 드렸다. 안마를 하며 어머니의 손을 만져보면 손마디가 거칠고 지문은 닳아서 없어진지 오래며 손가락 마디마디 마다 갈라져 반창고를 감았고 금방이라도 피가 날것 같이 보였다. 겨울철 저녁에는 글리세린을 듬뿍 바르고 그 위에 손 크림을 바르고 면장갑을 끼고 잠을 청하곤 했는데, 우리아들 안마가 제일 시원하다는 엄마를 생각할 때마다 마음이 아리다.

아버지의 갑작스런 해난사고로 청천 벽력같은 비보를 전해 들었을 때 숨이 멎는 것 같았을 것이다. 유복자인 나를 낳았을 때 어머니는 삼십대 중반 이었다. 주위를 둘러보아도 희망이 없었고 눈물이 앞을 가리었을 것이다. 새로운 인생을 살고자하는 마음도 있었겠지만 어린 사남매를 보며 이들을 지켜야 한다는 모성 본능 앞에 그 마음이 잦아들었고, 살아가는 동안 우리에게 험한 비바람을 막아주는 여장부였다. 이렇게 다져진 삶은 야무지고 생활력이 강하여 자식들을 남편 없이 가르치고 남부럽지 않게 키우셨다. 감사한 것은 고생하신 어머니가 다행히도 십 여 년 간 예수님을 믿고 떠나신 것이 가장 큰 위안이 된다.

어머니가 하늘나라로 가신지 30년이 지났지만, 부지런하고 억척 같은 삶을 살았던 어머니의 유품이라고는 이사를 할 때 모두 다 버리고 성경책과 아끼던 파라솔, 그리고 손수 만들어 허리에 찾던 빨간색 돈주머니가 빈 주머니로 남아있다.

인생이 공수래공수거空手來空手去인 것을 생각하며 성경책 속의 어머니가 그리워 다시 추억해 본다. 어머니의 체취가 아직도 남아있는 것 같은 손 때 묻은 성경책은 다시 책장에 진열되었고, 다른 성경책도 추도 예배 때 필요로 하기에 책장에 그대로 두었다. 다만 시와 찬미 찬송가 3권만 책장을 떠났다.

아름다운 시절

햇볕이 따뜻한 늦은 봄 오월 하순, 근무하는 회사 맞은편 길 건너 담에는 탐스러운 진홍빛 줄장미가 아름답게 피어 지나가는 사람들의 발걸음을 멈추게 한다.

동네 형님이며 초등학교 선배인 이돌이, 창택이 형님이 새마을금고를 방문했다.

"어이 이사장 동생 잘 있나?" 하며 객장에서 반가운 듯 큰 목소리를 내며 들어오는 분을 보며 나는 깜짝 놀라 내 눈을 의심했다. 오래전에 까마득하게 잊고 있던 이돌이 형님이었다.

"이사장 얼굴 좋다."며 악수를 청하는데 굳어있던 표정에 손을 내밀며 엉겁결에 악수를 했다. 만면에 웃음을 띠며 응접실 소파에 앉은 형님의 풍채에서 얼굴이 편안 티가 나고 신수가 훤해 보였다.

"형님 반갑습니다. 어떻게 이렇게 귀한 걸음을 하셨습니까?"웃으면서 물어 보았다.

"초등학교 고향 친목회의 기금을 부회장 명의로 정기예탁을 하기 위해 총무와 함께 왔다. 후배가 금고이사장을 맡고 있다기에 직접 방문하게 되었다"고 말했다.

금액이 크고 작음을 떠나 고향후배를 위해 가까운 금융기관에 예치를 하면 편할 텐데 먼 곳에서 직접 찾아주니 참으로 고맙고 감사했다. 그런데 형님을 몇 년 만에 만나는 것인지 오랜 세월이 흘렀다.

사실 나는 수 년 전에 풍문으로 이돌이 형님이 돌아가셨다고 들었다. 그런데 오늘 갑자기 내 앞에 팔팔하게 살아서 나타났으니 나는 내심으로 적잖이 놀랬다. 형님이 건강하게 살아있는걸 보고 오래 살겠다고 생각하니 웃음이 나왔다.

창택이 형님은 가끔 한 번씩 만나 이야기도 나누고 식사도 하는데, 형님과 만남은 언제 만났는지 기억조차 까마득하였다. 차를 마시며 서로 여러 가지 안부를 물어보고 이런저런 이야기를 나누었다. 이돌이 형님과는 많은 추억이 있다. 형님은 이웃에 살았고 여동생 진옥이는 나와 초등학교 동창이다. 늘 너그럽고 마음이 좋아 초등학교, 중학교 후배인 나를 잘 대해 주었다.

중학교 시절 버스를 타고 통학을 하였다. 그 당시 버스의 배차간격이 30분 이었다. 집으로 올 때 버스를 놓치면 30분을 기다려야했다. 버스를 기다리는 시간이 지겨울 때는 가끔 버스정류소가 빤히 보이는 만화방에서 만화를 보다가 만화방 주인이 버스가 왔다고 알려주면, 보던 만화를 접어두고 얼른 버스를 타곤 했다. 이 만화방에서 형님과 자주 이야기를 나누고 만화도 같이 보고, 집도 이웃이다 보니 함께 집으로 오는 날이 많았다. 또 군에 입대하여 첫 휴가를 왔을 때, 캥거루 구두약에 군화를 반짝반짝 광나게 닦고 있는 형님을 보고 있으니 구두 광내는 법도 친절하게 가르쳐 주던 기억이 난다.

통장이 다 만들어 지자, "형님 저를 도와주신다고 여기까지 와서 예금을 해주시니 오늘 점심은 제가 사겠습니다." 하며 모처럼 만나 함께 식당으로 향했다.

그런데 점심을 먹으러 가는 길에 오랫동안 깊이 묻어두었던 궁금증이 밀려왔다.

"형님, 궁금한 게 있는데 하나 물어봅시다." 나도 모르게 흥분되어 목소리가 떨리고 있었다. 이 물음은 사실 내가 오래 전부터 의문을 가지고 있었다. 가끔 지나간 유년시절의 추억을 생각할 때 마다 이것이 늘 궁금하였고 풀 수 없는 수수께끼였다. 몇 년 전, 1952년에 미군이 찍은 남구의 전경 사진 중에 고향 뒷동산이 찍힌 사진을 보면 한 번씩 생각이 나기도 했다. 남들이 들을 때 하찮은 이야기라 누구에게도 이야기할 수도 없었다. 또한 물어 볼 당사자가 죽었다고 생각하고 영원히 미궁에 빠질 번한 사건을 오늘 해결할 수 있는 장본인 나타났으니 나는 은근히 흥분되었다. 길을 걸으면서 형님에게 조급하게 물어 보았다.

옛날, 내 기억으로는 내가 초등학교 3학년이고 형님이 5학년 때, 뒷동산의 두단간에서 두 편으로 나누어 머리에 굴밤나무 잎으로 만든 모자를 쓰고, 보리깜부기를 따서 얼굴에 검정색을 칠하며 위장하여 병정놀이를 하였다, 대나무로 만든 칼싸움하다가 갑자기 집단 몸싸움이 일어났다. 양 팀 대장이 말렸고 서로 자기 팀이 잘했니 못했니 하다가 급기야 대장끼리 맞짱을 뜨게 되었다.

남북으로 길게 된 두단간 언덕 아래 넓은 잔디가 펼쳐져 있었다. 이곳에서 양팀의 대표 이돌이 형님과 김성곤 형님이 싸움이 시작 되었다. 일진일퇴를 거듭하며 손에 땀을 쥐게 하는 싸움이 벌어졌다. 성곤 형님은 날 세고 빠른 몸을 가진 태권도형의 스타일이었고, 돌이 형님은 민첩성이 조금 떨어지나 몸집이 크고 유도형의 스타일 이였다. 우리는 질서정연하게 두 편으로 나누어져 앉자 응원을 하였고 목청을 높여 소리를 질렀다. 내가 당시 기억하는 우리 편 응원가는 이러하였다.

"이겨라 이겨라 이돌이 이겨라, 앞 뒤 없는 전차, 이돌이 이겨라".

(이돌이 이름을 뒤로 읽어도 이돌이 이므로 앞 뒤 없는 전차라고 하였다.)

"돌멩이 이겨라, 용당의 독수리, 이돌이 이겨라!"

우리 편에서 누군가 선창을하면 목에 힘을 주며 따라 하였다. 처음에 권투 형으로 서로 치고 받고 난타전을 펼치다가 돌이 형님은 맞붙어 싸우려고 잡으려 했고 성곤 형님은 빠른 몸으로 피하곤 했다.

시간이 조금 흐르자 서로 지쳤는지 싸우지 않고 돌면서 견제를 하는 중에, 갑자기 이돌이 형님이 손을 들며 타임을 요청하여 바지와 윗옷을 벗고 팬티만 입고 다시 싸움을 시작하였다. 돌이 형님도 지쳐 있었지만, 성곤 형님 얼굴에는 약간의 코피도 흘린 것으로 보아 돌이 형님이 유리한 형국이었다. 그러다가 돌이 형님이 갑자기 한 손을 들며 내가졌다고 항복을 선언했다. 그러자 상대팀에서는 환호성을 지르며 서로 어깨동무를 하고 깡충깡충 뛰고 있는 것을 보고서 우리는 기가 죽어 아무 말도 못하고 울분을 삼키며 지켜보고 있었다.

"형님, 그때 왜 갑자기 졌다고 항복을 했는지 지금까지 궁금해 왔습니다. 그때 그 일을 기억하십니까?"

"그 일을 내가 어찌 잊겠노!"

마치 기다렸다는 듯이 답을 하고서 이어서 이야기를 하였다.

"지금도 기억에 생생하다. 이사장 너도 생각해 봐라? 너도 나도 독자가 아닌가, 만약 그 싸움에서 내가 이겼다면 성곤이는 형님이 몇 명이고? 그 집안에는 벌 때 같은 7남 2여인데 성곤 위로 형이 4명이 되는데 내가 무사하게 길을 다녔겠나? 그 당시 분했지만 어찌 하겠나, 그래서 결혼하여 자식들 기 안 죽이려고 자식을 많이 두려고 했는데 그것도 마음대로 안 되더라."

아 형님은 싸움 이후를 생각을 하고 있었구나, 어쩐지 돌이 형님이 갑자기 타임을 요청 옷을 벗을 때 머뭇거리는 행동이 이상하더니 그때 얼추 결정을 했었구나. 형님은 어린 나이에도 불구하고 눈앞에 싸움의 승리보다는 한 수 앞을 내다보고 있었다. 그는 머리 회전이 빨랐다, 졌다고 패배를 인정하는 유연성도 있었다. 중국의 고대 병법서『삼십육계』의 마지막 부분은 패전계로 마지막 계책은 '주위상走爲上'으로, 불리할 때는 달아나 후일을 도모하라는 것이 있다. 지장은 후퇴도 잘 할 줄 알아야 하는 법이다. 언제나 강한 것만이 승리의 길은 아니기 때문이다. 질 수 있는 배짱이 있어야 이길 수도 있다. 고 어느 분이 말했다.

이 이야기를 듣고 있던 나는 그동안 오랫동안 묵혀있던 수수께끼 같은 궁금증이 풀렸다. 형님은 나약한 겁쟁이가 아니며 성곤 형님 입지도 생각하고 있었다. 점심을 먹은 뒤에도 흘러간 유년시절 추억을 이야기 하며 시간 가는 줄 몰랐다.

유년시절에 마을 뒷동산에서 일어난 하나의 사건은 나에게 큰 의문이었으나 또한 큰 교훈을 주었다. 인생이란 생을 다할 때까지 싸움이 있는 곳이다. 때로는 참아야 할 때는 참아야 하고, 질 때도 있어야 한다. 자존심이 상할 수 있지만 그 싸움에서 이긴다 하여 얻는 것보다 잃는 것이 더 많다는 것을 깨달은 이돌이 형이다.

삶이란 도전 또는 응전이 연속된다. 우리들은 현명하게 싸우지 못해 지친 패자와 같이 여겨질 때가 많았다. 모든 일에는 순서가 있고 단계가 있다. 앞 뒤 가리지 않고 감정과 의욕만 앞서 섣불리 싸운다면 낭패를 보기가 쉽다. 진정한 용기란 일시적인 감정에 휘둘리거나 주위의 인기에 영합하는 그런 것은 아니다.

앞으로 읽어나 뒤로 읽어나 이름이 같은 이돌이 형님 자주 만납시다. 이제 미궁에 빠질 번 한 두단간에서 편싸움도 끝난 듯합니다. 올해 찬란했던 봄은 저만치 물러가고 벌써 여름이 다가 왔군요. 아름다웠던 유년시절의 이야기를 자주 만나 두고두고 나눕시다.

초보 농부

청명하고 맑은 가을날이다. 가을 색으로 물들어 가는 주위 산들도 수채화처럼 아름답게 보이고 들판에 부는 시원한 바람에 황금물결이 출렁이는 햇살 좋은 오후였다.

그동안 비탈진 야산을 개간하여 배나무 스무 그루, 감나무 스무 그루와 약간의 텃밭에 고추농사와 버섯농사를 짓던 처가의 작은아버지가 팔순을 앞두고, 이제 체력이 딸려 농사를 짓지 못하겠다고 하며 내년부터 땅주인이 농사를 지으라고 한다. 재작년부터 힘이 부친다고 몇 번 나에게 농사를 지을 준비를 하라며 이야기 한 적이 있었다. 나는 농사에 관심이 없어 예사로 한 귀로 듣고 한 귀로 흘려버렸고, 그동안 아무런 준비도 하지 않았다. 그런데 이런 결정된 통보를 막상 접하고 보니 선뜻 대답을 하지 못하고 망설이며 한참 할 말을 잃고 우두커니 서있었다.

"이제 너의 작은어머니가 잦은 병치레로 병원에도 자주 가야하고, 나도 최근에는 몸이 불편하여 병원에도 자주 다녀야하니 병원 근처로 이사를 간다."고 아쉬워하면서

"땀 흘리고 애지중지 기르던 과수나무들과 손때가 묻은 이곳에 정도 많이 들었다."며 아쉽고 서운함이 남아있는 말을 했다.

"여기서 생활하는 동안 작은 어머니 건강이 많이 회복되었고 좋아졌다. 그동안 여러 가지 편의를 제공 해 주어 고마웠다."는 말도 잊지 않고 해 주셨다.

지금까지 사무직으로 일하며 힘든 육체노동을 하지 않고 살아온 내가 앞으로 농사를 짓는다고 생각하니 무엇을 어떻게 해야 될지 엄두가 나지 않았다. 이년 전부터 농사를 지어야 된다고 미리 예고를 했지만, 농사 농자도 모르는 나에게 농사를 지으라니 할 말이 없었다. 또 농사를 지으려면 부지런해야 하는데, 나처럼 천성적으로 게으른 사람이 농사를 지을 수 있겠는가? 농사에 대한 부담스러움과 고민으로 이런저런 생각이 들었다.

이날 저녁 "내년부터 내가 과수농사를 지어야겠다."고 하자 아내는 웃으면서 "당신께서 농사를 지어요? 소가 들어도 웃을 일이다." 라며 파안대소를 한다. 농사를 한 번도 해본적인 없는 내가 농사를 짓겠다고 했으니 아내가 비웃는 것도 충분히 이해가 되었다.

사실 내가 농사를 짓겠다는 것은 신중하게 생각하고 내린 결정이었다. 게으르고 농사경험이 전혀 없고 주말에만 시간을 내어야 하는데, 무작정 농사를 짓는다니 천지도 모르고 무식한 자가 용감하다드니 이럴 때 어울리는 말이었다.

처가의 작은아버지가 직장을 퇴직하고 황무지나 다름없는 이곳 야산에 과수나무를 심고 농사를 짓겠다고 제의했을 때, 반신반의하며 과수나무 묘목을 진주까지 가서 사다 주었다. 부지런하고 어릴 때부터 시골에서 농사를 짓던 경험이 있어서인지 야산은 과수원으로 해마다 조금씩 변해갔다.

이 당시 작은어머니도 건강이 나빠 요양도 할 겸 좋은 물과 공기를 마시며 도시를 떠나 산속 생활을 원했는지도 모르겠다. 야산을 과수원으로 만들어 농사짓고 즐기다가 작은아버지의 체력이 약해져 농사를 짓지 못할 즘에는 내가 정년퇴직을 하여 그때 농사를 지어보겠다는 복안을 가지고 있었는데, 그것이 조금 일찍 왔을 뿐이었다.

가을이 깊어가고 주위에 가을의 흔적들이 여기저기 널려있을 때, 자그마한 농장을 선물로 받았다. 앞으로 어떻게 농사를 지어야 할찌 생각하면 막막하고 한편으론 모르면 물어보면 되고 인터넷으로 공부하여 부딪혀 보면 뭔가 되도 되겠지 생각했다.

가을이 가고 절기상 입동이 지나고 소설로 접어들 무렵, 농사경험이 있는 친구에게 "내년부터 경험도 없는 농사를 짓게 되었다"고 하자. "실제로 농사 지어보면 많이 힘이 든다. 힘든 농사일을 하다가 힘에 버거울 때는 즐기면서 쉬엄쉬엄 여유 있게 일을 하라"고 했다. 그래, 즐기면서 주말농장에서 농사를 짓는다고 생각을 하자. 다행히 많은 양의 과수가 아니라 안심이 되었다.

겨울 동안 인터넷으로 배 농사를 공부하고, 때로는 작은 아버지를 찾아가 거름을 주는 시기와 양, 가지 치는 방법, 약치는 시기, 열매를 솎아내는 방법, 배 봉지 사는 시기와 방법 등 여러 가지 실전을 듣고 수첩에 빼곡히 적어 놓고 읽고 또 읽어 보았다.

아직도 한 겨울인 2월, 농장 주위는 초목들이 말라있고 들판에는 찬바람에 황량하기 이를 때 없다. 과수농장에도 추위 속에 봄을 기다리는 과수나무의 앙상한 가지는 애처로이 하늘로 뻗어 있고, 죽은 듯 삭풍을 맞으며 숨죽이고 있을 때, 농한기인줄 알았는데 "가지를 치고, 거름을 주고, 약을 쳐야한다."고 작은 아버지께서 전화를 했다. 한겨울인데 농사일을 해야 하니 이래서 농사짓기가 힘든 것이구나. 농사를 지어보겠다고 결심을 한 이상 고생하고 힘들지 않으면 어떻게 열매를 딸 수 있겠는가?

이월 하순 아직도 과수원에는 한겨울의 기운이 남아있을 때, 주말을 이용하여 농사 경험이 없는 나와 아내는 서툰 솜씨로 부지런히 감나무와 배나무의 가지를 전지하였다. 배나무 주위를 파서 퇴비를 넣어야 하는데, 너무 힘들어 대부분 배나무 주위에 부어 버렸다. 20리터 분무통에 석회유황합제를 타서 등에 메고 약제를 살포하고 나니 한겨울인데도 땀이 났다. 그런데 이상하게 이런 일들이 짜증이

나거나 싫지 않았다. 이날 저녁에는 오늘 너무 무리하게 일을 한 탓인지 온몸이 피곤하며 춥고 목도 컬컬한 게 몸살 기미를 보이고 있었다. 다음날 약을 먹고 잔 탓인지 다행히 몸은 회복되었다.

작년 봄 사월 초순 여기에 왔을 때, 눈부시게 하얀 꽃 이화梨花가 활짝 피어 봄바람에 가늘게 떨고 있는 모습이 너무 아름다웠다. 하얀 꽃이 순수하여 한동안 다정한 눈길을 보냈다. 이화의 청초하고 우아한 모습에 정신이 팔렸고, 물결처럼 흔들리는 이화의 향연을 즐기며 봄을 만끽 했었다. 벌건 대낮이지만 이조년의 다정가라도 읊조리고 싶은 분위기였다. 야트막한 언덕위에 하얀 이화의 배경을 그려보고 그날 이른 봄밤의 서정적인 분위기에 취하고 싶은 감상적인 분위기를 느낀 적도 있었다.

금년 이월 중순부터 찬바람이 부는 겨울날에도 가을에 잘 익은 열매를 수확하기 위해 주말마다 시간을 내어 열심히 일을 하며 겨울을 보냈다.

기다리는 봄은 서서히 찾아오고 농장주위의 나무들이 연두색으로 물들어 갈 때, 자연의 섭리는 어김없이 찾아와 눈부신 하얀 이화가 피었다. 따스한 봄 햇살에 아름답게 피어 봄바람에 흔들리며 소복단장을 한 여인처럼 내 곁에 다가왔다. 아름다운 이화가 나의 동산에 피어 내가 손을 벋으면 언제나 닿을 곳에 있었다. 이화가 피어있는 동안 언제나 마음은 기쁨과 행복이 가득하였다. 과수원 여기저기에 무진장으로 피어있는 청초한 이화다. 그렇지만 나의 마음 한 구석에는 작년에 반기고 예뻐하던 이화의 정감이 빠져나가고 있음을 느꼈다. 나이 때문일까? 아니면 농사꾼이 되어서 일까? 이제는 고생하며 힘들게 키운 농부의 마음에는 이른 봄날의 서정적인 분위기의 이화가 아니라 배꽃으로 다가왔다.

상애원의 추억

용호동으로 가는 산복도로는 벚나무 가로수가 붉게 물들어 가고 주변의 산에도 군데군데 가을단풍으로 물들어 가고 있었다. 오륙도 스카이워크를 찾은 날은 입동을 이틀 앞둔 깊어가는 가을이었다.

오후의 청명한 날씨는 가시거리가 너무 좋아 멀리 푸른 바다 위에 그림처럼 보이는 해운대의 고층건물이 유난히 선명하게 보였다. 시원하게 펼쳐진 현해탄의 넓고 푸른 바다는 호수같이 잔잔하고 항해하는 배들은 목적지를 향하여 오늘도 분주히 오가고 있었다. 오륙도가 빤히 보이는 언덕은 바람의 언덕이었는데, 오늘은 바람이 없고 눈부신 가을 햇살이 따갑다. 여기서 바라보는 수평선은 일망무제一望無際다.

깎아지른 절벽의 기암괴석과 파도소리가 그려내는 대자연의 풍광이 경이롭다. 파란 하늘을 바라보니 구름 한 점 없고 티 없이 맑은 가을 하늘이다. 해파랑 길의 출발점인 이 곳의 산허리 길에 꽃동산이 꾸며져 있고 그 뒤에 우뚝 솟은 오륙도 SK view 아파트 건물이 웅장한 모양을 하고 있다.

집에서 차로 벌끼고개를 지나서 이곳까지 오 분 거리인데, 이 멋진 곳을 옆에 두고 자주 찾아오지 못했다. 일 년에 한두 번 왔지만 그것도 외지에서 손님이 오면 주말이나 연휴 때 찾다보니 북적거리는 관광객과 인파들 때문에 기피하게 되었던 것 같다.

평일 오후, 한가하고 날씨 좋은 가을날 오륙도를 찾은 것은 행운이었다.

불과 15여 년 전 이곳은 용호농장으로 한센병 환자들의 삶의 터전이었다, 조용하고 아름다운 산속의 맑은 공기와 넓은 바다가 내려다보이는 도심 속의 오지로 축산과 양계, 밭농사를 짓고 살던 곳이다. 30년 전에는 부산에서 유통된 계란의 1/4 가량이 여기서 공급되었다고 한다. 지금은 고층 아파트와 부산의 관광명소로 탄생했으니 빠른 변화에 참으로 격세지감을 느낀다. 이곳에 오면 지난날 용호농장에 상애원의 보건소에 근무했던 친구 영애 생각이 난다. 이날 저녁에 잊혀져 가는 용호농장의 한센병 환자들이 언제부터 용호동에 살기 시작했는지 자료를 찾아보았다.

용호농장으로 명명되기 전에는 이곳을 상애원으로 불렀다. 상애원相愛園은 한센인 수용소 보호병원으로 감만동에서 1910년 개원하였다. 처음에는 미국 북 장로교 어빈 선교사에 의하여 감만동에 자리를 잡았다. 그 후 부산지역이 호주 장로회 선교구역으로 정해져 호주 장로회 선교부로 이관되었고 호주 선교부가 운영하던 의료 및 구호시설이었다.

1912년 5월 제임스 노블 맥켄지(1865-1956: 한국명 매견시)원장이 취임하면서 상애원으로 이름 지어졌고 활성화 되었다. 맥켄지목사는 의사로서 당시 한센인들은 가족과 격리되어 의료혜택을 누릴 수 없었으며, 아픔과 고통, 절망 속에 살아가는 한센병 환자들에게 복음을 전하며 희망을 주었고 섬김의 정성은 지극 하였다.

1930년대 전국의 한센병 환자는 2만 명 정도였는데 처음 20여명으로 시작된 보호 수용소는 1911년 40여명의 환자를 돌보며 상애원으로 정비된 후 1914년 80여명, 1938년 650여명까지 늘었다. 이곳에서 사랑의 원자탄으로 잘 알려진 손양원전도사는 맥켄지를 만나게 되었고 헌신적인 그의 섬김에 깊은 감명을 받아 자신도 여수에서 한센병 환자를 돌보는 목사가 되었다.

해방 후 상애원은 이성곤 장로가 1946년 3월 270여명의 환자를 이끌고 용호동 장자포 진지의 일본군 막사를 헐고 주거지를 만들었고 감만동 주거지를 철거하여 이곳에 재건축하여 한센인 치료와 선교를 하며 정착하게 되었다. 맥켄지목사는 1939년 6월 30일까지 29

년간 선교사 활동을 하다가 은퇴를 했다. 귀국하여 1956년 7월 1일 91세로 별세하였다.

한국에서 태어난 두 딸 매 혜란, 매 혜영은 호주에서 의사, 간호사가 되어 1952년 6.25때 부산에서 진료를 하였으며 일신병원을 설립하였다.

용호농장의 보건소에서 영애를 만난 것은 42년 전 3월 12일 오전 11시쯤이다. 년도와 날짜를 정확하게 기억하는 것은 나의 결혼식이 14일이라 결혼 이틀 전에 용호농장에 갔었다. 그 당시 결혼식에는 돼지를 잡아 하객들에게 대접하는 것이 일반적 관례였다. 돼지를 구입하기 위해 친척 형님들과 함께 용호농장을 방문 하였다. 용호농장은 나환자촌이라 특별한 일이 있지 않으면 잘 가지 않는 곳이다. 어릴 때 보리밭의 문둥이 이야기는 무서움에 떨었던 기억도 있었다. 이들과 가까이에서 만나 보기는 처음이어서 약간의 두려움과 호기심도 있었다.

용호농장에 도착하여 농장 사무실 앞마당에서 두 사람을 만났는데, 과연 그들은 코도 손도 듣던 대로였다. 우리를 힐끔 쳐다보곤 사무실 안으로 들어갔다. 형님들이 사무실에서 흥정을 하는 동안 옆 건물에 보건소가 있어 무심코 드려다 보니 나와 눈이 마주친 사람은 뜻밖에도 영애였다. 나에게로 걸어오는 영애를 보며 나도 놀랐지만 영애는 더욱 놀라는 표정이었다.

“어떻게 여기에 왔느냐”고 놀란 표정으로 물었다.

“내일 모레 결혼식을 하는데 돼지 한 마리를 구입하러 왔다.”고 하자 긴장을 풀며 웃으며 반갑게 “축하 한다.”고 말했다.

“결혼 상대는 누군데?” 하며 웃으며 물었다.

“희야 알재? 희야와 결혼한다.”고 하니까 약간 놀라는 표정이었다. 숙이랑 친하게 지내던 생각을 떠올리고 결혼까지 하는 줄 알았던 모양이었다.

영애와 희야, 숙이는 교회에서 중·고등부를 함께 하면서 예배를 같이 드리고 절기행사나 여러 행사 때 친하게 지내던 친구들이다. 그러나 영애는 보육원에서 생활을 하였다. 우리와 함께 자유롭게 어울려 놀 수 없었고 평일에도 외출을 마음대로 할 수 없었다. 주일날 교회에서 만나 이야기를 나눌 수 있었지만 언제나 시간과 행동에 제약을 받았다. 그러던 영애가 간호대학에 입학하여 대학생이 되자 신입생 때는 교회에서 가끔 볼 수 있었으나 기숙사 생활을 하면서 그의 얼굴을 볼 수 없었다.

그렇게 잊어가고 있었던 영애를 뜻밖에 여기서 만났으니 서로가 참 반가웠다. 군데군데 낙엽이 쌓여있는 보건소 앞 벤치에 앉아 그동안 궁금했던 서로의 근황을 물어 보았다. 다른 친구들의 소식도 물어 보면서 몇 년 만에 처음 만나는 영애는 몰라볼 정도로 어여쁜 숙녀가 되어있었다. 여고에 다닐 때도 키가 크고 약간 까무잡잡한 피부와 짙은 눈썹에 예쁜 얼굴이었다.

한센병 환자들을 상대로 이곳에서 간호사로 일하기는 쉽지 않을 텐데, 크리스천으로 사명감 때문인가 생각하다가 영애가 보육원에서 생활 하였다는 것이 뇌리를 스치고 지나갔다. 그 당시 보육원 아이들은 음성나환자의 자녀로 미감아 들이라는 소문이 있었다.

형님들이 가격흥정이 끝났는지 나를 부르는 소리에 영애는 내게 부탁이 있다며, "내가 여기서 근무하고 있다는 사실을 누구에게든 비밀로 해 줘" 간절한 부탁에 약속을 하고 왔다. 가끔, 영애는 왜 자신의 거처를 비밀로 해 달라고 부탁했는지, 무슨 말 못할 사연이 있기에 숨어 지내는 이유가 무엇인지 궁금했다.

그로부터 삼 년이 지난 어느 날, 영애가 어릴 때부터 자라고 생활했던 보육원의 원장님인 박 장로님을 만났다. 여기서 지난날 영애를 만났던 이야기를 했다. 장로님은 조금 생각 하시드니 영애의 이야기를 하였다. 영애가 종합병원에 근무할 때 환자 중의 한 남자가 영애를 좋아하여 서로가 사랑하는 사이가 되었다. 그들의 사랑은 무르익어 결혼을 하려고 하자 남자의 부모님들이 완강히 반대를 하였다. 남자는 좋은 집안에 부유한 가정의 아들이었다. 영애는 미감아로 보육원에서 자란 불우한 환경과 가족, 부모님에 대한 이야기를 차마 하지 못했단다. 자신의 삶과 주변 환경을 생각하니 사랑하는 사람을 보내야 했고, 헤어지자며 절교를 선언 했지만 남자는 그녀를 놓칠 수 없다며 끈질기게 구애를 하자 영애는 종적을 감추어 버렸단다.

남자는 영애를 애타게 찾았고 여기저기 수소문 하였지만 찾지 못했다. 그 후 영애는 일반인들의 접근이 어려운 용호농장 한센병 환자들이 살고 있는 상애원의 보건소에 근무를 하고 있었다.

자신의 거처를 사회에서 소외된 사람들의 속으로 들어와 외진 이곳에 스스로를 삶으로 부터 격리시키며 머무르는 그의 마음은 얼마나 힘겨웠을까? 때론 삶이 거추장스러울 때도 있었을 것이다. 우연히 영애를 만났던 그날 그녀의 놀라던 표정을 지울 수 없었다. 내가 결혼을 한다고 하였을 때, 사랑하는 사람에게 아픔을 주었고 이루어질 수 없는 사랑에 슬퍼하며 눈물을 흘렸는지도 모른다. 나에게 결혼을 축하 한다고 하였을 때, 자신은 사랑하는 사람을 그리워하면서도 잊어야 하는 안타까운 현실을 얼마나 애달파 했을까? 친구의 슬픈 사랑의 이야기를 듣고 안타깝고 마음이 아팠다.

그러든 중 이듬해 벚꽃이 흐드러지게 피었던 어느 날, 박 장로님이 영애가 그 사람과 함께 미국으로 이민을 떠났다고 알려 주었다. 그 소식을 듣고 얼마나 기뻐했는지 모른다.

그동안 얼마나 외롭고 아픈 사랑의 나날을 보내었을까? 자신을 둘러싸고 있는 환경이 얼마나 자신을 비참하게 만들었는지 삶의 자세까지 흔들린 적이 있었을 것이다. 잊기로 모진 마음을 먹었지만 순간순간 밀려오는 사랑하는 사람의 얼굴을 한 시라도 잊어 본지도 없었을 것이다. 생각하면 마음이 아프지만 잠적한 날들이 어쩌면 지금까지 살아온 가운데 가장 소중한 날이었는지도 모른다.

어떻게 하여 서로 연락이 닿았는지는 모르지만, 이제 후회 없는 삶을 살았으면 좋겠다. 서로 사랑하고 미워했던 것 기쁘고 슬펐던 것 모두가 삶의 조각들이고 이 조각의 퍼즐을 맞추어 가는 것이 삶이라고 했다.

이제는 아무에게도 방해받지 않은 그곳에서 사랑에 목말라하고 그리워했던 지난 시간들을 생각하며 서로 밀어주고 감싸주며 버팀목이 되어주고 행복하게 살기를 진심으로 기원했다.

욕지도 해돋이

올해 새해는 내 생애 특별하게 남해의 욕지도 섬에서 새해를 맞이하게 되었다.

한 해가 저물어 가는 양력 섣달 그믐날 오후, 올해 마지막 해가 서산으로 떨어지기 전 욕지도에 도착하니 3시가 조금 넘었다. 부둣가에는 한 해의 마지막이라 그런지 바닷가는 겨울바람에 더욱 쓸쓸함이 감돌았다. 어중간한 시간에 도착한 우리 일행은 두 대의 차량에 분승하여 욕지도의 해안절경을 감상하기 위해 잘 포장된 해안일주도로를 따라 섬을 한 바퀴 돌기로 하였다.

넘실거리는 푸른 바다 위에 멀리 작은 섬들이 군데군데 그림처럼 펼쳐져있었다. 섬의 일주도로는 저녁바다와 어우러져 여유로운 풍광을 만들고 있었다. 욕지도의 겨울 바닷바람은 차가웠고, 해안을 따라 조성된 숲길은 참으로 한적하여 움츠렸던 마음을 상쾌하게 만드는 명품 길이었다. 가는 곳 마다 다양한 풍경이 펼쳐지는 도로를 따라가다 보니 명소라는 전망이 좋은 곳의 쉼터에는 의자가 있어 한참동안 머물면서 겨울바다가 그려내는 변화무쌍한 풍광을 감상하였다.

지나온 구불구불한 해안가 길을 바라보며, 퇴임을 앞두고 그동안 걸어온 길에 주위 사람들에게 심려를 끼치지는 않았는지, 직원들에게 상처를 주지는 않았는지 생각해 보았다. 한 평생 직장생활을 하면서 지나간 삶에 아름다운 것만 남는 것도 아닌데, 어두운 흔적은 아무리 생각해 보아도 생각나지 않는 것은 절경의 아름다운 분위기 때문인지 모르겠다. 삶의 먼 길을 걸어오면서 기쁨도 있었고 우여곡절도 많았지만 건강을 유지하면서 지금까지 아무른 사고 없이 무사히 퇴임을 하게 됨이 참으로 감사하다. 어려움도 있었고 보람도 있었지만 이제는 추억속의 한토막이 되었다.

겨울의 차가운 바닷바람이 매서웠지만 한적한 섬마을의 시골길과 석양의 붉은 노을이 우리를 그 속으로 몰아넣었다. 겨울 하루는 짧다. 주위는 세모歲暮의 어두움으로 서서히 물들어 갈 때 우리는 원점회귀를 하여 내일아침 새해 해오름을 보기로 했다.

새해아침 6시 50분. 어제 천천히 섬을 일주한 덕분에 주위가 어둑어둑 하지만 해안가 도로는 별로 낯설지 않았다. 바다와 도로는 아직도 어둠에 묻혀있고 바닷가의 새벽 공기는 싸늘하다. 군데군데 어두운 새벽길을 걸어가는 사람들이 보였고 차량들이 꼬리를 물고 행사장으로 천천히 이동하고 있었다.

해돋이 행사장 까지 거리는 차로 5분 거리인데 얼마가지 않아 교통안전 요원들의 통제에 따라 도로 옆으로 차를 세웠다. 우리 보다 일찍 도착하여 길게 늘어선 차의 행렬은 옅은 어둠속에서도 족히 200미터도 넘게 보였다. 욕지도의 차라는 차는 모두 다 여기에 집결한 것 같았다.

우리 일행은 낯선 사람들과 함께 경사진 길을 걸어가며, 언덕 위에서 고요한 아침을 여는 환영과 환희의 음악소리가 울려 퍼지는 일출의 포인트 '새천년 언덕'이라 불리는 해돋이 행사장으로 향했다. 행사장 주변에는 새해 희망풍선을 날리기 행사를 위해 많은 사람들이 여러 색의 풍선에 올해 희망을 적었는데, 가족건강, 행복한 가정, 시험합격, 취업 이라는 글들이 눈에 띤다. 언제부터 새해 아침 떠오르는 해를 보며 소원을 빌었는지 모르지만, 새천년이라는 밀레니엄 시대에 최고조의 극성을 떨었던 것 같고 이제는 해돋이가 새로운 풍속風俗이 되었다.

욕지도가 고향인 성악가 테너 문 익환 교수의 바다를 배경으로 한 무대는, 같은 눈높이에서 들려주는 오솔레미오, 희망의 나라로 등 신년의 이른 아침에 듣는 웅장하면서도 감미로운 음성으로 우리를 압도하고 분위기를 바꾸었다.

새해아침 특별한 행사장에서 귀한 분을 만나 기념사진도 함께 찍는 행운도 얻었고, "난생 처음으로 이렇게 가까이에서 성악가의 모습을 보고 들을 수 있다는 것이 잊을 수 없는 감동적이었다." 고 함께 온 만홍 선생이 말했다.

이어서 난타가 공연되어 우리 일행은 무대 옆 바다가 보이는 곳에 자리를 잡았다.

지금시간 7시 30분, 10분 후면 기해년 새해의 찬란한 첫 해오름이 남해의 바다를 붉게 물들이며 솟아오르리라.

내가 마지막 신년 해돋이를 본지는 대략 10여 년 전 쯤 되었다, 그때는 집 가까이 있는 신선대에서 일출을 보았다. 얼마나 많은 인파가 모였는지 인산인해였다. 갈 때는 그런대로 수월하게 갔지만 일출을 구경하고 올 때는 한꺼번에 하산하게 되어 사고가 발생하지 않은 것이 다행이었고 등산화는 황토색 먼지로 범벅이 되었다.

그날 이후로 오늘의 태양은 오늘 뜨고, 내일의 태양은 내일 뜬다고 생각했다. 새해 밤잠을 설치며 해돋이를 보기위해 전국 곳곳에 구름처럼 모이는 사람들을 보며 유별난 사람들이라 생각했다. 그렇지만 어떤 사람들은 "어제와 다른 해오름이요, 새해 첫 해오름이 어제와 다른 것이 우리에게 특별한 이유"라고 말한다.

이윽고 동녘이 붉게 달아오르는 황홀한 아침바다를 바라보며 멀리 작은 섬 사이로 솟아오르는 붉은 해는 경이롭고 장관이었다. 바다는 거대한 한줄기 붉은 빛의 길을 만들며 열광하는 손길들과 합장하는 손길들의 환대를 받으며 역사는 내가 새로 쓴다며 솟아오르고 있다. 붉은 해는 장엄하고 위대했다. 어둠을 쫓아내고 주위를 빛으로 장식했다. 자연계에 존재하고 있는 모든 생명체는 붉은 해를 향해 존재의 의미를 감사하고 창조주의 위대하심을 감동하게 했다.

희망의 새해다. 희망풍선에 저마다 희망을 적어 날려 보낸다. 저 멀리 날아가는 풍선을 보며, 왜 희망을 날려 보내는 거야? 붙잡고 가슴에 품어야지 하며 중얼거려 본다. 테너 문 교수의 앙코르송이 울려 퍼지는 가운데 부녀회 봉사자들이 많은 해돋이 관광객들과 주민들에게 정성껏 준비한 떡국을 대접하는 손길이 아름답다. 하나님이 새해에 복을 주신다면 새벽부터 남을 배려하는 봉사자들에게 제일 먼저 주실 것이라고 생각되었다.

많은 사람들이 새해에는 건강하고 부자 되고 가정이 행복하기를 기원 하는 것 같다. 요즈음은 물질을 얼마나 많이 소유하고 있는지 소유가 행복의 척도로 평가하는 사람들도 많이 있지만 물질을 많이 가졌다고 반듯이 행복한 것은 아닐 것이다.

마테를링크의 <파랑새>에서 집에 있던 티티새가 행복의 파랑새임을 발견하지만, 그만 파랑새는 날아 가버린다. 행복은 멀리 있는 파랑새가 아니다. 언제나 내 곁에 가까이 있었다는 동화의 이야기다.

우리는 부질없이 속물들처럼 아파트 평수를 비교하고, 수입을 비교하고, 직장을 비교한다. 하루하루를 만족하고 남들과 비교하지 않고 살아간다면 그 속에 행복이 있을 것 같다.

행사가 끝날 즈음 모였던 사람들이 하나 둘씩 돌아가자, 내 곁에 검은 대리석으로 만든 시비詩碑가 있는 것을 발견했다. 넓은 남해 바다를 바라보고 있는 김 성우님의 시비였다. 시비에는 '돌아가는 배' 라는 시가 새겨져 있는데 나의 시선은 한동안 머물러 있었다.

이달 말일로 지금까지 몸 담았던 정든 직장에서 퇴임을 앞두고 있는 나는 시의 내용이 더욱 마음에 다가 왔다.

돌아가는 배

김 성우

나는 돌아가리라. 내 떠나온 곳으로 돌아가리라.
출항의 항로를 따라 귀항하리라.
바람 가득한 돛폭을 달고 배를 띄운 그 항구에
이제 안식하는 대해의 파도와 함께 귀항하리라.
어릴 때 황홀하게 바라보던 만선(滿船)의 귀선(歸船),
색색의 깃발을 날리며 꽹과리를 두들겨대던 그 칭칭이
소리 없이라도 고향으로 돌아가리라.
빈 배에 내 생애의 그림자를 달빛처럼 싣고 돌아가리라.

장군이

부모님에게 민폐를 절대로 끼치지 않을 테니 개 한 마리를 키우자며 아침저녁으로 졸라 되는 날이 보름이 지났다. 회사의 선배에게 무상으로 분양을 받아 키우기로 약속을 했단다.

나는 처음부터 애완견이든 똥개든 우리 집에서는 개를 키울 수 없다고 딸에게 여러 번 이야기했다. 개를 키우면 개털이 빠져 날리고 음식이나 호흡기로 우리 몸에 들어 올 수 있다. 하루 이틀도 아니고 배설물을 누가 치울 것이며, 때때로 예방 접종을 해야 하고, 미용실에 가서 털을 깎여야 하며 갑자기 짖어대면 이웃에게 민폐가 된다. 그리고 개의 특유한 냄새와 뒷바라지 하는 시간, 이 모두를 해결하기 위해서 정성이 얼마나 들어가야 하는지 아느냐? 처음 며칠은 약속과 의욕이 앞서 실천하겠지만 얼마못가 뒤처리는 결국 우리들 몫이 될 것이 당연하기 때문이었다.

그런데 아내가 어떻게 매수되었는지, 어제까지 나와 함께 굳은 약속을 하고 의견이 일치되어 반대를 하고 못들은 척 했는데, 어찌된 일이지 오늘은 마음이 갑자기 돌변하여 "저렇게 키우고 싶어 졸라 되니 키우도록 허락해 주자."며 슬며시 동의를 구하는 것이 아닌가. 딸이 하도 사정을 하니 마음이 약해진 아내가 허락을 한 모양이었다.

아버지가 개를 싫어하니 우리 집에는 개를 키우지 않는다고 평소에 여러 번 말했다. 그렇게 말을 했으면 어느 정도 인식이 되었을 텐데 그래도 개를 키우고 싶은 열망이 얼마나 컸으면 날마다 저러겠어요. 아내의 승낙에 나도 못이긴 척 하며 뒤처리를 잘 하기로 다짐을 받고 개 한 마리를 키우기로 허락을 하였다.

그런데 이 녀석이 처음 우리 집으로 오던 날 나는 깜짝 놀랐다. 생후 육 개월 되었다는 녀석이 현관문 앞에 떡 버티고 섰는데, 덩치가 크고 색깔은 누런 게 서로가 초면인데도 나를 보더니 주인인줄 알았는지 꼬리를 내리며 경계를 하지 않았다. 나는 애완견이라 하여 조그만 하고 사랑스러워 사람들이 안고 다니며 예쁜 털과 귀여운 꼬리를 흔들며 애교를 부리는 그런 개인 줄 알고 허락 했는데…

아뿔싸~~ 이게 뭐냐? 내가 생각하는 것과는 전혀 달랐다. 어이없고 기가차고 화가 치밀었지만, 내가 키우라고 허락했으니 어떻게 할 수가 없었다. 돌려주라고 야단 칠 수도 없고, 애완견에 대하여 지식이 없어 어떤 종류가 있는지 잘 모르다 보니 종을 묻지도 못하고 이런 실수를 하고 말았다.

개 종류가 골든니트로버라나 뭐라나 최근에 인기가 많은 견종이라 하는데 보기에는 몸집이 크고 온순하며 어질게 생겼지만 처음에는 관심이 없어 눈길조차 주지 않았다. 딸은 개가 늠름하고 잘 생겼다고 이름을 장군이라 불렀다. 함께하는 시간이 많아진 순한 장군이는 우리 식구들에게 순종하며 잘 따랐다. 나만 보면 주인님하며 아는 척하고 이제 화를 푸시고 자기를 사랑해 달라고 꼬리를 흔든다. 하루 이틀 지나다보니 나도 어찌나 영리하고 착한지 조금씩 호감을 갖기 시작하여 가끔 머리를 쓰다듬어 주기도 하였다.

장군이를 보면서 오늘 날 개의 위상이 높아진 좋은 시절에 태어나 우리 집에 온 걸 참으로 다행으로 생각했다. 옛날 같으면 잡동사니가 늘려있는 마루 밑에서 잠을 자며 세끼도 낳고 집안에 수상한 사람이나 도둑이 들어오면 큰소리로 짖어야한다. 이빨 빠진 사기그릇이나 양은그릇에 여러 가지 먹다 남은 음식물 찌꺼기가 개의 밥이었다. 그런데 요즈음은 맞춤식 사료 밥을 먹고 간식도 먹고 아프면 병원에도 가고 미용실에도 간다. 심심하다며 뼈다귀 장난감도 선물로 주니 속된 말로 개 팔자가 상팔자다.

가끔 개보다 못한 신세라고 한탄하는 사람도 있다. 어쩌면 좋은 환경에 자라는 개만큼 대접 받지도 못하는 사람들도 있을 수 있다. 얼마 전 아내의 지인들과 이야기를 나누다 한 분이 딸의 전화를 받고 약속이 있어 먼저 가겠다고 하여 급히 갔다.

그분과 친하게 지내는 분이 웃음을 짓기에 왜 그러느냐고 물었더니, "키우던 개가 작년에 죽었는데 오늘이 기일이라 빨리 간다."며 이야기를 듣고 아내와 나는 동시에 얼굴을 마주보며 할 말을 잊고 웃고 말았던 일이 있었다.

그런데 이 녀석이 우리 집에 온 뒤부터 딸에게 놀라운 변화가 생겼다. 평소에 게으르던 딸이 매우 부지런해 졌다는 것이다. 뒤처리를 잘 하기로 다짐을 받은 것이 정말 잘 한 것 같다. 평소 같으면 아침에 출근을 하려면 몇 번이나 깨워야 일어났다. 요즈음에는 깨우지 않아도 스스로 일찍 일어나 개의 배설물을 치우고 밥을 주고 끌어안고 입을 맞추며 정을 쏟는걸 보니 은근히 질투심과 시기심이 생겼다.

"너 장군 이에게 쏟는 정성을 나한테 삼분의 일 만큼만 해 봐라. 그러면 내가 너를 얼마나 좋아 하겠니" 하고 푸념조로 던진 말에

"ㅎㅎㅎ아빠는 이젠 잘 못하면 사번이에요."하는 말에 웃으려고 한 말이지만, 잠시 멈칫하였다.

시대가 요상하게 변하여 개의 위상이 높아져 노인의 서열을 앞섰다는 우스개 이야기가 있지만, 부모의 서열을 앞선다면 이건 참으로 씁쓸한 문제다.

어제는 저녁을 먹고 처음으로 장군이와 함께 산보를 하였다. 오랜만의 나들이라 기분이 좋았는지 순순히 나를 잘 따랐다. 유엔평화공원을 지나 문화회관 광장 입구에서

같은 종의 여자 친구를 만났다. 이 녀석이 여자 친구를 본 순간 눈빛이 달라지더니 헥가닥 하여 주인님은 뒷전이 되어 버렸다. 집으로 갈 생각을 하지 않고 끙끙거리고 큰 덩치를 앞발로 버티면서 억지를 부리며 데이트 한 번 시켜 달라고 난리를 피우자

"놀게 개를 한 번 풀어 주세요."

중년쯤 되어 보이는 부부는 개 주인이었다. 마치 웃으면서 이것도 인연이니 혹시 누가 압니까? 개 사돈이 될지 하는 투로 들린다. 부부는 개에 대하여 많은 것을 알고 있어 이것저것 친절한 설명을 듣고 많은 도움이 되었다. 이야기를 나누는 동안 장군이는 여자 친구 앞에서 안하던 짓을 하며 멀리 뛰어갔다 달려오고 이리 뛰고 저리 뛰고 난리 법석을 떨고 있었다. 혹시나 이상한 짓을 하여 집안 망신 시킬까봐 신경이 잔뜩 쓰였고 몇 번 불러 보았지만 소용이 없었다. 이십분 쯤 지나자 이젠 지쳤는지 헉헉 거리며 내 곁에 오자 재빨리 목줄을 걸었다.

집으로 가는 길에 이 녀석은 기분이 좋아 어쩔 줄 모르는 것 같았다. 오늘 저녁 장군이가 이십분 정도 데이트를 하는 동안 녀석의 본성을 쪼매 알게 되었다.

"앞으로 주인 얼굴 뜨겁게 하는 천박한 행동을 하거나 이상한 행동을 하면 혼날 줄 알아라." 하며 머리를 한 대 쥐어박았다.

평화공원 중간쯤 왔을 때 장군이와 함께 뛰다가 우스운 이야기가 생각나 멈추었다.

개하고 같이 뛰어 개보다 앞서가면 개보다 낫다고 말하고, 개가 앞서가면 개보다 못하다고 말한다는 것이 생각나 웃으며 함께 뛰는 것을 멈추며 걸었다.

집에 도착하자 잠시 후 장군이가 오늘 저녁 산책에 무리한 활동을 했는지 컥컥거리며 쓰러져 구토를 하였다. 이 녀석 까불며 생 쇼를 할 때 알아봤다. 안 하던 짓 하더니, 매사에 분수도 모르고 너무 무리해서는 안 된다고 경고를 보냈다.

뒤에 알았는데 골든니트로버는 순하고 영리하며 사람이나 개들에게 장난을 좋아하고 각종 재난 현장을 누비는 듬직함과 맹인견과 마약탐지견, 도우미견을 하는 총명하고 온순한 개란다. 처음 보는 사람과도 잘 지낼 수 있는 얌전하고 경계심이 없는 편안한 종인걸 알게 되었다.

좋은 만남

우리는 한 평생 살면서 수많은 사람들을 만나기도 하고 헤어지기도 한다.

만나면 즐겁고 함께 있고 싶은 사람이 있는가 하면 만나기 싫고 피곤한 사람도 있다. 어떤 사람을 만나는가에 따라 좋은 시간을 보내며 미래에 행복해 지기도 하고 불행해 지기도 한다. 따라서 좋은 만남이 참으로 중요한 것 같다.

나는 많은 사람과의 만남 중에 지금도 좋은 만남으로 기억되는 만남이 있다. 이 만남을 통하여 퇴직 후에 나의 삶이 상상도 못한 작가로서 글을 쓸 수 있는 기회를 얻었으며, 행복한 시간을 보내고 있으니 이보다 더 귀한 만남이 어디 있겠는가?

유행가 가사처럼 우연히 만남이 아니고 행운의 만남이었다. 하나님께서 부족한 나를 사랑하여 직장을 퇴직한 후 여가선용을 잘 활용하여 행복한 시간이 되길 예비 해놓은 것이 아닌가 하는 생각이 든다.

2012년 2월초, 바깥은 겨울의 찬바람이 옷깃을 감싸게 하고 봄은 아직 멀리 있었다.

그날 오전 추운 날씨에 용당 초등학교 강당에서 구청이 주관하는 '구정보고회'가 열리는 날이었다. 나는 기관장으로 참석하였고 회의가 시작되기 전 내 옆의 뒷좌석에서 용당동 향토사를 쓰기 위해 옛 자료를 수집 한다며 옆 사람과 나누는 이야기를 엿듣고 누구인가 싶어 고개를 돌려 보았다. 초면이었고 낯선 얼굴이었다. 나도 평소에 우리 마을의 향토사에 관심을 많이 가지고 있었기에, 자연스럽게 그의 이야기에 귀를 기울이게 되었다. 그리고 나에게 오래 전 부터 모아 두었던 용당동에 관한 약간의 자료를 갖고 있어 더욱 관심이 갔다.

나는 용당동 토박이로 오랫동안 살아왔기 때문에 참석한 사람들을 대부분 잘 알고 있었다. 그런데 유일하게 안면이 없는 저분은 누구이며 무엇을 하는 분인데 우리 마을의 향토사 자료를 수집할까? 회의 중에 궁금증을 자아내게 했다. 회의를 마치면 명함을 건네며 인사라도 해볼까 생각하다가, 신분도 모르고 먼저 아는 체 하는 것도 선뜻 마음이 내키지 않았다. 괜히 아는 체하여 시도 때도 없이 방문하거나 전화를 한다면 귀찮아질 수도 있다고 생각을 했다. 이런저런 생각을 하는 중에 회의는 마쳤다. 추운 날씨에 몸이라도 녹이려고 뒤편에 마련된 설록차를 마시기 위해 섰는데 여기서 그분과 마주쳐 인사를 하며 서로 명함을 교환하였다. 명함의 신분을 확인한 후

"시간이 나시면 한 번 방문해 주십시오. 차라도 한 잔 합시다." 라고 먼저 인사를 한 것이 공 기화 교수님과 첫 만남 이였다.

그날 오후 교수님이 예고도 없이 회사(새마을금고)에 불쑥 찾아와 나를 놀라게 했다. "금년에 남구청에서 남구 향토사를 발간하기 위해 용당, 감만, 우암동의 향토사를 쓰게 되어 용당동의 자료를 수집하러 왔다."고 말했다.

옛날 용당동에서 산을 넘고 장보러가던 장고개의 정확한 길과 망넘어 고갯길, 소쿠리터 등 여러 가지 옛날 지명에 관하여 서로 이야기를 나누었고 내일 장고개 길을 실제 답사하러 가봐야겠다고 하며 헤어졌다.

이야기 중에 알게 된 사실은 대연동 출생으로 대연초등학교를 졸업하였으며 용당의 몇몇 선배들과 친분이 있었고, 나이가 나보다 다섯 살 많은 형님이었다.

초대 남구 농협 조합장을 지낸 본동의 故조소진 씨와 교수님의 춘부장과는 친구였다는 사실과, 장로이며 전 교육대 교수였다는 것 때문에 더 신뢰와 믿음이 갔다.

며칠 후 교수님이 향토사 자료 수집 차 방문하였을 때 오랫동안 보관하고 있었던 고故 윤 랑근 선배가 쓰신 자료들을 건네주었다. 자

료를 건네주고는 본동출신이 아닌 분이 용당의 향토사를 실제 얼마나 알며 깊이 있고 충실하게 쓸 수 있을지 의문이 들었다. 이날 이후 만날 때 마다 용당의 역사와 지명과 사건들을 들려주었고 식사를 함께하다 보니 자연스럽게 가까워지게 되었다.

자료 수집 때문에 때때로 발품을 팔며 함께 현장 답사를 하기도 했다. 어느 날 점심식사를 다리횟집에서 장어탕을 먹고는 너무 맛이 있다고 하여 가끔 오시면 장어탕을 대접했는데 입맛도 나와 비슷한 것 같았다.

봄이 깊어 갈 즈음, 교수님이 향토사 집필에 칩거 중인지 방문은 눈에 띠게 뜸 하였다. 가끔 한 번씩 오시면 주로 선배들과 이야기를 나누며 탐문조사를 하였다. 그러다 어느 날 오후, 교수님이 직접 쓴 향토사를 건네주고 가셨다. 향토사에는 용당의 역사, 지명, 교육, 문화, 사건 등 광범위하게 조사를 하여 실려 있었다. 짧은 집필기간에도 불구하고 여러 분야의 글을 쓰기란 쉽지 않았을 텐데, 빠른 시간에 집필을 끝냈으며 잊혀져 가는 것들을 다시 조명하여 쓴 흔적이 남아 있었다. 향토사도 역사인데 시공산을 초월하여 쓰기란 쉽지 않았을 것이다. 더군다나 우암, 감만, 용당동의 향토사를 남구 전체의 향토사에 한 권의 책으로 만들다 보니 한정된 지면에 많은 것을 구체적으로 싣지 못하는 아쉬움이 있었음을 쉽게 추정할 수 있었다.

옷깃만 스쳐도 인연이라 했는데, 계절이 바뀌고 시간은 흘러가도 교수님과의 만남은 계속되었다. 가끔씩 만나 뵙고 싶으면 초청하여 좋아하는 장어탕을 대접하며 이런저런 관심사를 이야기하였다.

2015년 뒷산은 녹음으로 짙어지고 뻐꾸기가 간간히 울어대는 늦은 봄에 나는 오츠 슈이치가 쓴 『죽을 때 후회하는 스물다섯 가지』라는 책을 읽었다.

그는 1,000여 명의 말기 암 환자의 죽음을 지켜본 호스피스 전문의사로 임종을 앞둔 사람들이 가장 많이 하는 후회 중에 「첫 번째 후회가, 사랑하는 사람에게 고맙다는 말을 많이 했더라면, 두 번째 후회가, 진짜 하고 싶은 일을 했더라면, 그리고 열두 번째 후회가, 내가 살아온 증거를 남겨 두었더라면」 이었다.

나는 두 번째 와 열 두 번째 후회가 나의뇌리 속에 강렬하게 다가왔다. 지금까지 내 마음속에는 무엇인가 매듭을 풀지 못한 숙제가 있었다. 진짜 오래전부터 하고 싶은 일이 있었다, 이것을 하지 않으면 내가 죽을 때 엄청 후회할 거라고 생각했다.

책 속에 이런 글이 있었다.

「바로 지금 자신이 누구인지, 어떤 사람인지, 그리고 진정 원하는 것이 무엇인지 들여다보자. 하고 싶은 일을 내일로 미루지 말고 지금 하자. 시간은 영원히 남아 있지 않다. 괜찮다고, 이 정도면 참을 만 하다고 말한다면 어쩔 수 없다. 하지만 나는 이 글을 읽고 있는 당신이 참고 인내하는 삶을 살다가 마지막에 가슴을 치며 후회하는 사람들 중 한 명이 되지 않길 바란다. 힘이 들더라도 자신이 살아온 흔적을 남기는 과업은 스스로 자신의 생명을 격려하고 토닥여주는 일이기도 하다. 생명이 사라져도 자신의 과업은 오래도록 사라지지 않는다. 이런 진실을 깨달을 때, 인간의 힘과 의지는 더 강해진다.」

이 말에 나는 자책과 부끄러움을 느꼈다. 그리고 무엇인가 쓰고자 하는 강한 욕구를 느꼈다. 그래 오늘부터 쓰자. 그 동안 오래전부터 향토사를 쓰기 위해 자료들을 준비해 놓고 차일피일 미루어 왔던 막연한 시간이 흘러 갔다. 내가 태어난 우리 마을의 향토사를 쓰지 않으면 마지막에 가슴을 치며 후회하는 사람이 될 것이다. 내가 아니면 누가 쓰겠는가? 지금도 소리 없이 사라져 가는 마을의 옛이야기들과 기억들이 더 퇴색되기 전에 고향의 오래된 전설과 문화를 발굴하여 알리고 보존해야 한다.

어렵고 힘든 일이지만 발품을 팔기 시작했고 선배들의 고증을 듣고 현장답사를 하기 시작했다. 아지랑이 피는 봄철에 부산박물관, 전쟁기념관, 대학교, 관공서등을 방문하였고, 삼복더위에 땀을 연방 흘리며 봉오리 산에 올랐던 일, 낙엽이 곱게 물들고 부산항이 한눈에 들어오는 신선대 탐방, 추운 겨울날 경로당을 방문하여 선배들의 이야기를 듣기도 했다.

그날 이후 3년이란 시간이 강물처럼 흘러갔다. 2017년 가을이 깊어 갈 때, 향토사 원고를 마감하고 책이 출판되기까지 교수님께서 많은 지도편달을 해 주셨다.

책의 축사도 써주셨고, 재목도 지어 주셨다. 막연한 의욕만 앞세워 책을 쓴다는 것이 천지도 모르면서 달려들었다가, 그 길이 힘들고 고통스러운 일이었고, 자신과의 싸움이라는 어려운 일임을 깨달았다. 교수님이 도와주시지 않았다면 책의 발행이 상당히 늦어졌을 것이다. 참으로 고맙고 감사한 것 이루 말할 수 없다.

그러던 어느 날, 교수님이 느닷없이 오시더니

"수필 3편을 써서 부산크리스천문학 수필부문 신인상 공모에 응모하면 좋겠다."고 말했다. 처음에는 예사로 하는 말인 줄 알고,

"글 쓰는데 소질도 없고 별로 관심이 없습니다." 라고 말했다.

"용당동의 사계를 읽어보니 글을 쓸 수 있으니 쓰면 된다."고 하시면서 표정이 그냥 넘어갈 것 같지가 않았다.

"글을 쓴다는 것이 무에서 유를 만드는 창작이고 너무 힘든 작업이라 싫다."며 정중히 거절을 했다.

"그렇다면 용당동 사계를 제출 하자"고 하여 그건 오래전에 쓴 글이라

"그것은 아닙니다."라고 말하자 그러면 수필을 써보라며 권면 비슷한 강압을 하고 가셨다.

그 후 수필을 썼는지 전화를 하고 관심을 보이며 아껴 주시는 마음을 알고는 쓰지 않으면 안 될 것 같았다. 더군다나 지금까지 교수님의 친절한 도움을 생각하니 더욱 거절할 수 도 없었다.

지금 생각하면 다듬어지지 않은 함양 미달의 글이요, 부족하고 어

설픈 글이었데, 수필부문에서 신인상을 수상하여 부산크리스천문학과 인연을 맺어 기라성 같은 좋은 선배님들을 만나 문학도로 정진하게 됨을 하나님의 은혜라고 생각했다.

이 중요한 만남의 사건이 내 인생의 새로운 길을 걸으며 삶의 창을 열었고, 큰 분수령이 되는 획기적인 계기가 되었다. 그리고 2018년 <문학도시>에 수필 신인상에 응모하여 부산문인협회 회원이 되어 더 넓은 곳에서 유영하게 되어 조금씩 새로운 품새를 익혀나가고 있음이 감사하다.

좋은 만남을 통하여 새로운 길을 열어주신 교수님께 감사드리며, 동역자로서 함께 먼 길을 동행 하고 싶다. 교수님과의 만남은 주님의 은혜였고, 나의 삶에 나침반 하나를 던져 주었다.

산山 고양이

야산에 있는 농장에 문이 없는 작은 허름한 창고가 있다. 어느 날 그 앞을 지나가다가 갑자기 고양이 한 마리가 창고에서 팔짝 뛰어나와 깜짝 놀랐다. 자세히 보니 진회색 고양이가 풀숲에 재빠르게 몸을 숨겼다. 이 산 속에 고양이가 살다니, 이곳에서 무엇을 먹고 사는지 궁금했다.

오래전 주말이면 등산을 다닐 때 어떤 산에는 정상에서도 고양이를 볼 수 있었다. 어떤 놈은 살이 통통 했었다. 등산객들이 점심을 먹고 남겨주는 음식 때문인 것 같았다. 먹이 따라 길 고양이가 산으로 이동하여 야생의 산山 고양이가 되었던 것 같다. 그런데 이곳에 살고 있는 고양이는 등산객도 없고 나도 음식을 준적이 없는데 어디서 와서 언제부터 살고 있었는지 의아했다. 먹이는 새나 들쥐나 곤충들을 잡아먹거나 아니면 옆집 농장에 몰래 숨어들어 개밥으로 해결하는지 알 수 가없다.

어느 날, 커다란 치자나무 옆에 새의 깃털이 많이 흩어져 있어서 이상하게 여겼다. 며칠 뒤 고양이가 치자나무 덤불 속에 숨어있는 있는 것을 보았다. 황량한 겨울동안 치자나무의 노란 열매를 먹기 위해 새가 나무에 앉으면 그때를 노리고 있었다.

또 어느 때엔 배나무 근처에서 두더지 한 마리가 죽어 있었다. 틀림없는 고양이 짓인 것 같기도 하여 은근히 고양이에게 고맙고 관심이 갔다. 두더지는 지렁이를 먹기 위해 땅속을 헤집고 다니며 나무의 뿌리를 파고 심하면 과수가 말라죽는다. 지난해 두더지 때문에 배나무 한 그루가 말라죽었다. 이런 놈을 잡아 죽였으니 고마울 수 밖에 없다.

그날이후 야생에서 자란 탓인지 나와 마주치면 고양이는 항상 두려워하며 경계를 하였다. 나는 요즈음 고양이에게 관심을 보였지 솔직히 고양이를 별로 좋아하지 않았다. 그렇지만 여기저기 과수를 쪼아 피해를 입히는 새를 가끔이지만 잡으니 좋고, 과수나무를 고사시키는 두더지를 잡아주니 좋아 할 수밖에 없었다. 이제는 고양이가 배나무 아래서 낮잠을 잘 때도 방해하지 않고 화초밭에 어슬렁어슬렁 걸어도 못 본 척한다.

초보농부가 농사일을 하기위해 농막을 지었고, 주중에는 농장에 두세 번 가는 것이 일상이 되었다. 그런데 어느 날부터 오전에는 보이지 않던 고양이가 점심때가 되면 어디서 나타났는지 농막 주위에서 나의 눈치를 살피며 먹을 것을 찾고 있었다. 야산에 살기에는 먹을 것이 없는 환경이라 애처로워 식사 후 음식 잔반을 한 동안 주다가 어느 날부터 사료를 사서 주었다.

농장 일을 마치고 집으로 갈 때면 2~3일 분량의 사료를 놓아주고 이틀이나 삼일 후 농막에 가면 밥그릇을 깨끗이 비워놓곤 했다. 그러다 어느 날, 깜박 잊고 핸드폰을 농막에 두고 와 다음날 아침 일찍 농막에 가니 고양이 밥그릇이 깨끗이 비워져 있었다. 지금까지 고양이가 사료를 먹는 줄 알았는데, 그 많은 양의 사료를 도대체 누가 먹었을까? 누구의 소행일까? 고양이가 며칠 먹을 양이었다.

은근히 누구의 소행인지 밝히고 싶었다. 많은 양의 사료를 부어놓고 다음날 새벽 일찍 다시 오기로 했다. 다음날 역시 밥그릇은 깨끗하게 비워져 있었다. 위쪽 농장에서 개를 몇 마리 키우고 있었는데, 이날 농장에 도착 했을 때, 개 3마리가 길 위쪽으로 가고 있는 것을 멀리서 보았고 개들의 소행이라 추측을 했다. 이 일이 있은 후 고양이밥은 농막에 머물 때만 주었지만 얼마 지나지 않아 사료가 바닥이 났다.

그 춥던 겨울은 가고 이른 어느 봄날, 농막에 가니 지독한 지린내가 비위에 매우 거슬렸다. 한동안 영하의 추운겨울 농한기라 농막에 가지 않았다. 이때를 틈타 굴러온 돌이 본 돌을 빼다드니, 자기 집이라고 마음 놓고 여기저기 영역을 표시한 모양이었다. 이 역겨운 냄새를 재거하기 위해 집 주변에 물을 뿌리고 한바탕 청소를 하며 소동을 벌였다. 고양이가 이제껏 우리를 해코지 한 적이 없었고, 그동안 쥐들이 없어 좋았고, 좋은 사이로 오랫동안 잘 지내고 싶었다. 그렇지만 고약한 냄새 때문에 나는 정나미가 떨어져 나와 고양이 사이에 보이지 않는 앙금이 생겼다. 내가 생활하는 농막을 자기의 아지트라 여기며 영역표시를 계속 한다면 나는 그 냄새 때문에 열을 받을 것 같았다. 생각 끝에 방을 빼고 전처럼 여기를 떠나 독립적으로 살아가도록 한동안 먹이를 주지 않기로 했다. 아내에게 먹이를 주지 말라고 이야기를 했다. 그러나 아내는 나의 말을 들은 척도 하지 않고 불쌍하다며 밥뿐 아니라 심지어 집에서 음식을 챙겨와 주었다. 내말이 씨알도 먹히지 않았다. 먹이 때문에 신경전을 벌이기 싫었는데 다행히 고양이는 내가 싫어하는 태도를 알아 차렸는지, 아니면 나의 경고를 엄숙히 받아 드렸는지, 그 이후로 농막 주위에는 영역표시를 하지 않았다.

점심때가 되면 검정색과 황색 무늬가 섞인 고양이가 언제 나타났는지 평상 밑에 몸을 숨기거나 철쭉꽃 나무 뒤에 숨어서 우리의 동정을 살피기도 한다. 털의 색을 보니 진회색 고양이의 몇 대 손인지 알 수 없지만 지난 가을에 태어난 새끼 중에 한 마리였다.

작년 시월 초인가? 회색의 어미가 새끼 3마리를 거느리고 유유히 나타났을 때, 나는 깜짝 놀랐다. 아내에게 소리치며 "저것 좀 봐 고양이가 새끼 3마리를 데리고 왔어 너무 귀엽다." 조그만 한 것이 신기하고 사랑스러워 한참 동안 바라보았다. 가까이 다가가자 놀라 장독 사이로 몸을 숨기는 귀여운 모습들을 바라보면서 생명의 경이로움을 보는 것 같았다. 거칠고 황량한 산에서 새끼를 낳아 기르고, 자라면 분가하여 생명을 보존하고 종족을 퍼뜨리며 살아가고 있는 것이다.

햇살 좋은 가을날 잠시 새끼를 보여준 그날 이후 한 동안 새끼들을 볼 수 없었다. 농장에 갈 때 마다 오늘은 볼 수 있을까 기대를 하였지만 번번이 기대가 빗나갔다. 시간이 지나 갈수록 궁금했지만 언젠가는 다시 찾아오겠지 생각하며 잊고 있었다. 그런데 달포쯤 지난 어느 날 어미는 귀엽게 장난을 치며 훌쩍 자란 새끼 3마리를 데리고 장독 주위에 나타났다. 참으로 반가워 가까이 가면 잽싸게 달아나 버린다. 장난을 치며 놀고 있는 것이 사랑스러워 애정 어린 시선으로 바라보았다.

장독 주위가 새끼고양이들의 놀이터가 되었다. 주는 밥을 잘 먹고 무럭무럭 자라, 중 고양이가 되었을 즈음에 회색의 어미 고양이가 보이지 않았다. 한 동안 새끼들만 사이좋게 음식을 나누어 먹고는 각자 갈 길을 갔다. 음식을 주면 배가 불렀는지 모르지만 혼자 다 먹지 않고 남기어 다음 차례를 배려하는 것을 보며 고양이는 영물이라는 것을 알았다. 이 아름다운 광경을 처음 보는 나로서는 감동적이었다. "야~ 뭐한 사람보다 낫다."고 혼자 중얼거렸다.

가을이 가고 겨울이 시작될 때, 사이좋게 잘 지내든 녀석들 중 한 마리가 어디론가 떠나고 두 마리만 보이더니, 한 겨울이 되었을 때 또 한 마리가 보이지 않았다. 각자의 삶의 터전을 찾아 떠나고 한 마리만 남았다. 새끼 3마리 중 한 마리가 지금 남아있는 검정색과 황색 무늬가 섞인 놈이다. 이 놈이 홀로 넓은 영역을 차지하며 농막 주위를 맴돌며 살아가고 있는 것이다. 고양잇과 동물들은 새끼들이 성장을 하면 어미와 수컷들은 떠나고 암컷이 어미의 영역을 물려받는다고 한다. 점심을 먹고 난 뒤 아내가 밥을 주면 맛있게 먹고 어디론가 가 버린다.

겨울 야산에 찬바람이 불고 메마른 풀들이 흔들리며 적막이 깔릴 때는 황량하다. 황량한 이 곳에도 시간이 흐르면 땅에도 나무 가지에도 봄기운이 감돈다.

그런데 며칠 전 점심을 먹고 밥과 먹다 남은 생선을 먹으라고 접시위에 두었다. 밥을 먹는 고양이를 살펴보니 배가 불러 임신을 한 것 같았다. 아내에게 "저것 좀바 고양이가 임신을 한 것 같아." 놀랍고도 신기하였다.

아내는 "어떻게 보면 임신을 한 것 같기도 하고 어떻게 보면 아닌 것 같기도 하네, 좀 더 지켜봐야 되겠는데." 임신이라고 확신하기에는 이른 것 같다는 표정이다.

"임신을 하면 잘 먹어야 한다는데 사료를 한 포 사와야 되겠어."

고양이를 좋아하지 않았지만 그동안 정이 들었는지 마치 동물 애호가가 된 것처럼 말했다. 이 척박한 환경 속에서 어디에서 왔는지 모르지만, 여기에 터를 잡고 자연의 섭리대로 종을 보존하기 위해 힘겹게 살아가고 있는 것이다. 하지만 도회지에 살았더라면 길고양이가 되어 먹이와 영역 다툼이 치열했을 것이다. 그래도 야생의 산고양이가 되어 넓은 농장에 이웃농장과 창고주변을 영역으로 살아가는 것이 먹는 것은 부실해도 최상위 포식자로 마음이 편하기 때문에 여기서 살아가는 것 같다.

제2부

화려한 휴가

화려한 휴가

어제 밤 잠 자리에 들기 전 내일 아침은 늦잠을 푹 자고 느긋한 아침을 먹으리라 생각하면서 잠을 청했다. 알람을 맞추어 놓은 것도 아닌데 평소 일어나는 시간이 되자 습관처럼 눈을 떴다. 몸을 뒤척이며 잠을 더 청해 보았지만 잠은 오지 않고 정신은 더 맑아지는 것 같았다. 주위는 얼어버린 듯 고요하다.

일어나 사방을 둘러보아도 어느 것 하나 변함없이 제자리에 있다. 바뀐 것은 아침에 일어나면 출근 준비를 위해 습관적으로 바쁘게 움직이는데, 오늘은 한가하게 창밖을 바라보고 있다. 여유가 넘치고 편안한 분위기는 시간이 멈춘 듯 나를 에워싸고 있다. 살아오면서 지금까지 느껴보지 못한 편안함이 약간 나를 심란하게 만들었다.

이제까지 걸어온 길을 단절하고 새로운 변화의 길을 찾아야 함에도 불구하고 걸어온 길이 너무나 길어 미련을 완전히 떨쳐버리지 못한 것 같다. 시간이 지나면 잊어 지겠지 생각 하면서도 회사 사무실 풍경이 스치며 지나갔다. 사십여 년 동안 비가 오나 바람이부나 한결 같이 다니며 가족을 부양했던 회사를 하루아침에 잊기란 결코 쉬운 것이 아닐 것이다.

주위의 모든 것이 변함이 없는데 나만 변한 것 같아 마음은 허전하며 텅 빈 느낌이다. 먼 길을 가다가 잠시 쉬었다가 출발을 하려니 목적지가 없어 갑자기 멈춰 선 기분이다. 아침을 먹고 나면 갈 곳이 있었지만 오늘부터 갈 곳이 없다.

본질은 그대로 인데 나를 둘러싸고 있는 나만의 껍데기만 변한 것뿐이다. 평소 같았으면 이 시간에 일찍 일어난 아내는 싱크대에서 물 흐르는 소리와 함께 아침을 준비하는 소리가 들렸을 텐데 오늘은 조용하기 그지없다. 남편이 출근을 하지 않으니 마음 놓고 단잠에 빠졌는지 아니면 평소처럼 일어났지만, 시간에 쫓기지 않는 아침의 변화에 지금까지 느끼지 못한 여유를 누리고 있는지도 모른다.

고요하고 편안한 아침이다. 그런데 마음은 홀가분한 것 같은데 뭔가 허전하고 잃어버린 것 같은 느낌이다. 망망대해에서 오랫동안 거친 파도와 씨름하고 험한 바다를 항해 하다가 본항에 닻을 내리고 정박한 배 같다.

그저께 긴 시간을 함께 했던 직장을 명예롭게 퇴임을 하고 익숙하지 않은 편안한 시간 앞에 백수라는 완장을 차고 나 자신을 돌아보았다. 그동안 직책에 걸맞게 일을 했는지, 내가 머문 자리가 아름다웠는지, 동료직원들을 힘들게 하지는 않았는지, 또 나를 어떻게 평가 할 지…

뒤돌아보면 회한과 함께 즐거운 일, 아쉬웠던 일, 얼굴이 붉어지는 일, 만감이 교차 된다. 만남과 헤어짐은 기쁘고도 슬프지만, 많은 시간을 함께하며 일하던 동료들과 주위 사람들조차 점차로 안개속의 희미한 존재로 잊혀지는 것이 아쉽고 슬프다.

수많은 계절을 보내며 한 결 같이 성실하게 열심히 일한 당신, 이제 무조건 쉬라는 것이다. 휴식의 중요성을 알고 있지만 본의 아니게 세월에 떠밀려 휴식이라는 배에 승선하니 서운함과 아쉬움이 수면아래 잠기고 말았다.

하계휴가나 명절 연휴가 있을 때 그때의 휴식은 기쁘고 달콤했다. 그 휴식이 어찌나 빨리 지나 가는지 서운하여 며칠만 더 쉬었으면 좋겠다고 아쉬워 할 때가 얼마나 행복 했던가. 지금의 쉼과 그때의 쉼이 질적으로 차이가 있고 너무나 다르다. 마음 놓고 휴식을 하라니 느낌부터 다르고 휴식의 달콤함이 사라졌다. 풍요속의 빈곤을 느꼈다.

우리나라도 언제부터 인지 기대수명이 높아져 80세가 넘어가지만 신체나이가 70세가 넘어도 건강한 분들이 많이 있다. 나 역시 육체적으로 건강하여 얼마든지 일을 더 하고 싶지만 본인이 원하던 원하지 않던 인생의 선배들이 받아 들였던 것처럼 나도 그 쉼을 숙명처럼 받아 들여야 한다.

쉼은 내일을 위한 재충전이라고 하지만 그것은 현직에 있을 때 실감나는 말이다. 현재의 쉼은 충전이 아니라 방전이 되고 있는 것 같다. 앞으로 주말이면 손자들과 잘 놀고 일과 쉼의 간극을 넓게 벌여 지나간 시간 속에 나를 가두어 두어선 안 된다고 다짐을 해 본다. 퇴직 후 첫날 이어서 그런지 어딘가 어색하고 마음이 안정이 되지 않고 자꾸만 주마등처럼 일터의 모습이 떠오른다.

일을 하는 동안 가끔은 목표와 성과에 지치고 힘들어 목표와 경쟁이 없는 곳에서 일하고 싶다고 했었다. 인간은 간사한 동물이라 하더니 시간이 얼마 지나지도 않았는데 지금 생각하면 그때가 힘이 들어도 즐겁고 기쁨이 있어 그리워진다. 이제 모든 일을 내려놓았으니 욕심 없이 살아간다면 새로운 삶이 보일 것이다. 지금부터 미래의 행복한 시간표를 만들기에 시간을 보낼 것이다.

새로운 길을 만들어 가야한다. 일을 하는 것이 아니라 내가 좋아하는 것, 내가 하고 싶은 것을 찾아 즐기며 여유로운 삶을 누리고 싶다. 수년 전부터 텃밭농사를 조금씩 지으면서 땀 흘리는 즐거움과 식물들이 자라고 약간의 소출에 재미를 붙였다. 나도 모르게 몇 시간씩 일을 하며 일에 빠져 버렸다. 일을 즐기는 것이 아니라 아예 노동을 하고 있는 나를 발견하게 되었다. 일에 빠져 시간 가는 줄 모른다면 이것도 행복이 아닌가 하는 생각이 들 때도 있지만, 몸이 피곤

하니 이제는 시간표를 정해 놓고 일을 해야 할 것 같다.

오래 전 부터 화려한 휴가가 시작되면 전원생활을 하며 글쓰기도 하고 싶었다. 그런데 글을 쓴다는 것도 마음의 양식이 준비되어 있지 않으면 어렵고 힘든 일이라는 것을 깨달았다. 미려한 문장과 표현력의 부족함을 느끼고 기본에 충실하기 위하여 책도 많이 읽어야겠다고 마음속으로 다짐했다. 앞으로도 노력을 하겠지만 언제 공감하는 좋은 글을 쓸지 모르겠다. 열심히 습작을 해야 할 것 같다. 그동안 나름대로 농사와 글쓰기로 약간의 경험을 했지만 새로운 변화와 환경에 적응하면서 길을 떠날 것이다. 어떤 시인이 세상은 큰 무대요 우리는 잠시 소풍 나왔을 뿐이라고 했으니 해가 지기 전에 그런대로 읽을 만한 작품 한 점 만들어 놓고 가는 것도 괜찮을 것 같아 조금씩 노력 해 보련다.

반쯤 담긴 물 잔을 보고 절반밖에 안 남았다고 말하는 사람이 있는가 하면, 절반이나 남았다고 말하는 사람이 있다. 사물을 보고 생각하는 차이가 긍정의 삶이되기도 한다. 아름다웠던 지난 숱한 세월들이 파노라마 같이 흘러갔지만 긍정의 생각으로 지나간 삶보다 다가올 남은 삶을 잘 가꾸어야 하겠다.

너무 많은 사람들이 자신이 하지 않은 것을 과대평가하고, 자신이 하는 것을 과소평가 한다는 말콤S. 포브스의 말이다. 누가 뭐라고 해도 지금 자신이 하고 있는 것이 가장 멋지고 대단한 것이다. 다른 사람과 비교하거나 의식 할 필요가 없다. 지금의 자신을 격려하고 칭

찬하며, 당당하고 멋진 자신을 보고 미소를 지으며 행복과 기쁨 가득한 나날을 보낼 것을 소망한다.

그해 여름

우리는 살면서 가끔 예기치 못한 사고가 발생하거나 감당하기 어려운 일이 본의 아니게 일어나는 경우가 있다. 이런 일을 당하면 당사자는 물론 가족들도 엄청난 충격을 받는다. 어느 날 갑작스런 교통사고로 인한 가족의 죽음, 병원에 가벼운 진찰을 받으러 갔다가 말기 암 선고를 받거나, 평생을 모은 노후자금을 보이스피싱에 날려버린 충격, 폭우로 인한 살던 집이 완파되어 망연자실한 일, 일터에서 안전사고로 인한 죽음과 사고 등, 이런 갑작스럽고 예고 없이 찾아온 불행은 자신과 가족들에게 큰 상처와 허탈감을 주어 삶의 질을 떨어뜨린다. 슬픔과 실의에 빠져 살아갈 의욕을 잃게 만들어 일상의 생활을 어지럽게 흩뜨려 놓는다. 정신적 충격은 방향감각을 잃어버린 것처럼 일을 어떻게 처리해야 될지 판단이 서지 않을 때도 있다. 아무런 대책 없이 무방비로 당하는 사고는 가혹하리만큼 처절하고 비극적이다.

이런 예기치 못한 사고를 경험한 것은 2019년 8월 15일 광복절 아침이었다. 평온한 휴일 아침, 거실에서 한가롭게 뉴스를 보고 있었다. 한·일간의 무역 분쟁을 보도하였고 광화문광장에는 보수진영에서 집회가 있고 진보진영에서도 아베 수상을 규탄하는 촛불집회가 열린다고 방송매체가 전한다. 온 나라가 한·일간의 무역전쟁, 지소미아 문제로 떠들썩하고 국내에는 여러 가지 어려운 문제들이 산적해 있는 가운데 법무부장관 예정자의 청문회 문제로 날씨만큼이나 뜨겁게 달구고 있었다.

그런데 갑자기 안방에서 비명소리가 들리고 유리가 깨어지는 소리에 깜작 놀라 황급히 가보니 아내가 방바닥에 쓰러져 있었다. 너무 놀라 가까이 가서 흔들어도 의식이 없었다. 조심스럽게 목에 손을 대어보고 뺨을 토닥이자 눈동자가 조금 움직이고 손가락을 움직였다. 안도의 숨을 쉬며 다행이 심폐소생술을 하지 않아도 되었다. 머리맡에는 액자의 유리가 깨어져 유리조각이 여기저기 흩어져 있는데 다치지 않은 것이 천만다행 이었다. 눈을 뜨며 의식이 조금 돌아오는지 책상위에 액자를 바꾸어 달려다 고개를 돌리는 순간 어지러워 그 뒤 의식을 잃어 버렸다고 떠듬떠듬 어눌하게 말했다. 어지럽고 구토를 할 것 같다고 하여 머리를 심하게 다친 것을 알았고 일어서지 못해 조금 안정을 취하라고 다시 눕혔다. 경황이 없는 가운데 119에 신고를 하고 입원준비를 위해 정신없이 가방에 필요한 세면도구 등을 바쁘게 챙겼지만 무엇을 챙겨야 할지 덤벙거렸다. 그리고 대학병원에 근무하는 정 장로님에게 도움을 청하자 응급실에 전화를 해놓겠다고 친절하게 말했다. 전화를 한지 5분도 되지 않았을 것 같은데 구급차는 도착하였다. 병원으로 달려가는 구급차 안에서는 아무 탈 없이 무사하여야 할 텐데 하면서 나도 모르게 기도를 하고 있었다. 흔들리는 구급차 안의 좁은 공간에서 한손에 구토를 대비한 검은 비닐봉지를 다른 한 손은 중심을 잡기위해 침대 난간을 붙잡았지만 자리가 협소하고 불편하였다. 차가 흔들리자 내가 어지러워 차멀미를 할 것 같았고 정신이 없었다. 경황이 없는 와중에서도 119팀장은 태블릿 피시에 기록을 남겨야 하는지 몇 가지 질문을 하였다. 몇 시에 무엇을 하다가 다쳤느냐, 평소 지병이 있었느냐, 무슨 음식을 먹었느냐, 다니는 병원이 어디냐 등 이런 일에 익숙한 듯 계속 질문을 하였다. 불편한 자세로 선 나는 어지러워 약간 짜증이 났지만 싫은 내색을 하지 못하고 묻는 말에 순순히 대답하였다. 간간히 구급차가 흔들리자 환자는 어지러워 머리의 통증을 호소하고 구토를 간헐적으로 계속하였다.

병원의 응급실에 도착하자 바로 시티 촬영실로 직행했다. 안내하는 분의 인도에 따라 접수처에 인적사항을 적고 보호자 대기실에 넋이 나간 사람처럼 정신없이 앉아 있었다. 뭐가 뭔지 한 차례 폭풍우가 지나간 것 같았다. 옆에 앉아있는 분이 핸드폰으로 전화를 하자 비로소 정신을 차리고 딸과 아들에게 전화를 하고 처제와도 통화를 하였다. 그러고 보니 수고한 119대원들에게 감사하다는 인사도 못했다. 미안해하던 참에 대원 한명이 차안에 있던 아내의 신발을 가져 왔다. 정말 감사하고 고마운 119대원들이다. 아내가 쓰러져 있을 때 일으키려고 해 보았지만 혼자서는 어림도 없었다. 119대원 3명이 의자 겸용 침대를 가져와 환자를 쉽게 싣고 골든타임이라는 빠른 시간에 병원에 올 수 있었다. 평소 119구급차가 지나갈 때 무심코 보고 지나 쳤는데, 이날 이후부터 119구급차는 위급한 환자를 도와주는 수호천사였다는 것을 알게 되었다.

매일 뉴스를 보면 크고 작은 사건 사고가 전국 어디선가 일어나고, 보도 되지 않은 사고는 이 보다 훨씬 많을 것 같다. 이런 일을 당하고 보니 우연한 사고가 남의 일이 아니라 바로 나의 일이였다. 이참에 유언장이라도 한 장 써 둘까하는 생각도 해봤다.

얼마 전 처가의 작은 아버지도 아들과 함께 어버이날을 맞이하여 점심을 먹으러 갔다가 차에서 내려 주차정지 턱에 걸려 넘어져 일주일 만에 돌아 가셨던 안타까운 사고가 있었다. 알고 지내던 학교 여선생님이 주차장에서 후진하던 차를 피하려다 넘어져 며칠 투병 생활을 하다가 젊은 나이에 돌아가신 것이 생각났다.

갑작스럽게 찾아온 불행이 가정의 비극과 상실감을 견뎌내야 하는 가족들의 충격과 슬픔은 얼마나 힘들었겠는가? 나는 그래도 불행

중 다행이라 사람을 알아보고 말도 하니 천만 다행이어서 하나님께 감사를 드렸다.

얼마의 시간이 지나자 아내가 시티촬영실에서 응급실 병실로 옮겨와 링거를 꽂고 누워 있었다. 의사 선생님이 컴퓨터의 영상을 보여주며 왼쪽 뒷머리가 부딪친 충격으로 부었으며 왼쪽 귀주위에 둥글게 피가 고여 있고 출혈이 멈추면 괜찮지만 출혈이 계속되면 수술을 해야 하니 조금 지켜보아야 한다고 말했다. 머리에 수술을 해야 한다는 말에 가슴이 털썩 내려앉았다. 나도 모르게 하나님! 하고 기도가 나왔다. 부딪힌 부분에 미세한 실금이 보이며 그 충격으로 어지러움이 당분간 계속되며 통증도 있을 것이라고 상세하게 설명을 하여 주었다. 환자는 말은 하고 있었지만 계속 어지럽고 구토가 나올 것 같다. 머리가 아프다고 통증을 호소하였다.

아침에 멀쩡하여 같이 아침밥을 먹었던 사람이 갑자기 중환자가 되어 또렷한 의식이 없이 누워 있으니 기가 찰 노릇이며 충격은 말할 수 없었다. 지금까지 살아오면서 수많은 시간들을 함께 하며 별로 어려움 없이 순탄하게 지내 왔는데, 하루아침에 근심걱정이 나를 에워싸고 있었다. 지나간 시간들을 반추해 보면서 힘들고 어려울 때도 일편단심 나의 편이 되어준 그녀다. 오랫동안 옆에서 건강하게 있어 주었으면 좋겠다는 바람이었다. 안타까운 것은 환자의 보호자로 여기에 있지만 환자를 위해 내가 할 수 있는 일이 아무것도 없어 짧은 기도만 하였다.

계속해서 119구급차에 응급환자들이 실려 오고 보호자들은 당황하며 걱정스러운 얼굴을 하고 있음을 보면서 나 또한 저들처럼 당황하고 걱정스런 얼굴을 했으리라.

오후가 되어 응급실에서 외상병동으로 병실로 옮겼다. 여성들의 입원실에 남자가 보호자로 병간호를 하니 약간 서먹하였다. 주말에는 딸이 병간호를 한다고 했지만 당분간 어쩔 수 없이 나는 아내의 수발을 들어야 했다. 지금까지 아내의 도움으로 잘 지내다가 졸지에 모든 것을 내 스스로 해결 해야 하는 처지가 되었다.

결혼 후 나는 마른체형으로 몸이 많이 야위었다. 아내는 약한 나의 건강을 위하여 내가 좋아하는 반찬과 음식에 정성을 다하여 신경을 쓰며 뒷바라지 했다. 그런 덕분으로 중년이 되어서 보기 좋은 체형이 되었다. 이제 그 보답을 조금이라도 갚는다는 생각으로 정상적인 몸 상태로 돌아올 때까지 말없이 잘 간호해 주어야 한다는 것은 인지상정이다.

나이가 들면 몸이 여기저기 아프고 성인병이 생기기 마련이다. 부부가 사는 날까지 건강하게 사는 것이 얼마나 큰 행복인지 누구나 바라는 염원일 것이다. 오늘은 지금까지 한 번도 경험하지 못한 끔찍한 일이 발생하여 놀라고 긴장한 탓인지 많이 피곤하였다. 환자의 침대아래 보조침대에서 쪽잠을 자다 말다 하였지만 코를 심하게 곤다는 이유로 병실에서 추방을 당했다.

다행히 입원 일주일 만에 아내는 퇴원을 했다. 당분간은 안정을 취하면서 일상적인 일에도 어지러움을 때문에 항상 조심하여야 하며 그림자처럼 옆에서 도와 주어야한다. 아침을 먹고 설거지를 하고 나면 점심이요, 점심을 먹고 나면 저녁을 준비하는 처지가 되었다. 하루가 얼마나 짧은지 시간이 엄청 빠르게 지나갔다. 주부들의 가사노동이 얼마나 힘든지 조금은 알 것 같다. 그해 여름은 나에게는 잊지 못할 광복절의 여름이다.

농막에서 하룻밤

올 여름 무더위는 다른 해 보다 일찍 찾아오더니 폭염과 폭우를 동반한 태풍이 어느 해보다 많았다. 장마일수도 기상대가 생긴 이후 최장기간이란다. 지긋지긋한 장마가 끝나자 바로 태풍 마이삭이 한반도를 강타했다. 비와 강한 바람을 동반한 태풍은 위력이 얼마나 강했던지 고층건물의 유리창들이 깨어지고, 남해안과 서해안 일대의 피해는 엄청났다. 우리 집도 바다가 보이는 아파트라 강한 바람이 불면 씽씽 거리는 바람소리가 무서울 정도다. 강한 태풍이 올 때는 창문이 바람에 흔들리지 않도록 시건장치를 단단히 고정을 시키고 긴장하며 문단속을 한다.

비바람을 동반한 태풍이 지나간 다음날, 농장에 피해가 없어야 될 텐데 걱정을 하면서 차를 몰았다. 대리마을로 가는 길에 도로 건너편 공장지붕의 일부가 처참하게 찢겨져 파손되어 있는 것이 보였다. 도로 위에는 붉은 토사가 군데군데 쌓여 태풍의 흔적들이 남아있었다. 농장 입구에 도착하자 숲을 무자비하게 할퀴고 지나간 상흔이 폭탄을 맞은 듯 완전 아수라장이 되어있었다. 길바닥은 패이고 물길이 만들어진 곳에는 군데군데 돌덩어리가 쌓여있었다. 강한 비바람에 농막이 쓰러지지 않고 온전하게 있는 것이 천만 다행이었다. 화단의 꽃들이 꺾어지고, 부러진 소나무 잔가지들과 상수리 나뭇잎들이 덮여 쑥대밭이 되어 있었다. 강한바람에 물건들이 어지럽게 여기저기 흩어져 널려 있었다. 팔을 걷어붙이고 갈퀴로 점심때까지 땀을 흘리며 낙엽을 긁어모았더니 큰 더미가 되었다. 태풍은 우리에게 피해만 주는 줄 알았는데 낙엽을 선물로 남기고 떠났다. 모아둔 낙엽들은 썩혀서 텃밭의 거름으로 사용하면 좋을 것 같았다.

열대성 저기압인 태풍이 가뭄이나 더위를 해소해 주고, 식물들의 세력을 재편성하여 강하게 만들고, 바다 생태계를 활성화 시켜주면서 적조현상을 완화 시켜준다고 한다. 이러한 태풍이 우리에세 피해만 주는 것으로 생각하지만, 환경의 재편성으로 이로움을 주는 것을 우리는 잊고 사는 것 같다.

오후에는 쓰러진 고추밭 지지대를 세우고 자소엽과 국화는 큰 포기로 줄로 묶어 놓았다. 이런 와중에 또 태풍이 올라온다는 뉴스다. 전국 곳곳에 태풍의 상처가 아직 아물지도 않았는데 연이어 불어오는 하이선은 마이삭 보다도 더 위력이 강한 비바람을 몰고 온다니 걱정이 앞선다. 물로 씻고 주위를 깨끗하게 치우고 싶었지만, 태풍이 다시 온다는 뉴스에 대충하고 말았다. 환경 전문가들은 인간들의 끊임없는 탐욕 때문에 지구의 환경을 파괴하여 해마다 태풍의 위력은 강해지고 횟수도 늘어날 것이라 하니 우울해 진다.

며칠 후, 초저녁부터 강한 비바람이 요란하게 몰아치던 태풍 하이선이 지나갔다. 태풍의 영향권에 있었던 한반도에 남기고 간 상처는 전국적으로 피해가 엄청 컸다. 다행히 농장은 큰 피해가 없이 지나갔다. 해안의 방파제가 유실되었으며 농가의 유실수는 낙과되고, 많이 내린 비는 복구가 채 끝나기도 전에 수재민의 아픈 곳을 다시 한번 때렸다. 사람들이 당하는 상처 중에 물과 불이 주는 천재지변의 상처가 가장 아프다고 하는데, 아픈 정도는 당해보지 않은 사람은 알지 못한다.

유년시절 추석날에 불어온 기상 관측이래 최악의 태풍으로 강한 비바람을 몰고 온 사라호 태풍이 바닷가에 인접해 있던 우리 집을 큰 파도가 완파시켜 버렸다. 바닷물이 밀려오자 가족들은 인근 친척 집으로 피신하여 위기를 모면하였지만, 판자 집의 형체는 순식간에 사라지고 집터만 남아 있었다. 집안에 남자는 철없이 뛰놀던 초등학교 일학년인 나 혼자였고, 슬픔에 잠겨 망연자실한 누나들과 어머니를 보며 수재민의 아픔과 비참함을 일찍이 경험하였다.

농장의 배나무는 올해 긴 장마 때문인지 꼭지부터 썩어 저절로 떨어져 수확량이 저조하였다. 그나마 조생종이라 태풍이 오기 전에 수확하여 우리식구가 먹을 만큼이나마 수확한 것이 다행이었다. 농막 주변의 나무들은 태풍에 가지들이 부러지고 붙어있는 나뭇잎도 바람에 얼마나 시달렸는지 온전한 것이 제대로 없었다. 앞산도 며칠 전의 아름답던 푸른 숲은 사라지고 강한 바람에 잎들이 떨어져 속살이 군대군데 드러나 보였다. 금년 가을 단풍은 기대에 미치지 못할 것 같다. 변덕스러운 날씨는 많은 사람에게 슬픔과 괴로움을 주더니 오늘은 언제 그랬냐는 듯이 따가운 햇볕과 눈이 시리도록 푸른 하늘을 연출하고 있다.

봄과 여름의 화단을 풍성하게 장식하던 글라디올러스, 수국, 백일홍, 한잎세이지, 자소엽등은 연이은 태풍에 명을 다하였는지 맥없이 쓰러져 낫을 기다리고 있었다. 화단 아래 뻗어있는 호박덩굴 속에서 뜻밖에 주먹만 한 호박을 여러 덩이 수확하는 기쁨도 있었다. 하루 종일 치우고 또 치워도 끝이 보이지 않아 농막에서 하룻밤을 지내며 내일 치우기로 했다. 봄철에는 가끔 농막에서 하룻밤을 묵고했지만 여름철엔 모기들의 극성에 아예 포기 하고 있었다. 모처럼 머무는 오늘저녁은 여름이 끝자락에 와 있음을 느꼈다.

태풍 전과 후의 바람결은 확연한 온도 차이를 보이며 시원함이 묻어 있었다. 강한 비바람이 지나간 때문인지 모기 없는 시원한 저녁이다. 한낮에 따가운 햇살 속에 간간히 이름 모르는 풀벌레 소리가 들리더니 어느새 소리 소문도 없이 가을이 온 것 같다. 밤이 되자 황홀한 오케스트라의 연주가 새로운 계절의 서막을 알리는 전주곡이 시작 되었다. 도시의 아파트에서는 들을 수 없는 아름다운 선율을 연주하는 풀벌레들의 합주는 이미 산 속의 적막을 깨어버렸다. 다양한 악기로 연주하는 단원들의 음악은 감미롭게 이어졌다 끊어졌다 반복하며 그칠 줄 모른다. 어디가 무대며 어디가 객석인지 구분이 되지 않는다. 가을을 맞이하는 축제의 향연 같기도 한데 임을 간절히 부르는 소야곡이란다. 어쩌면 찌는 무더운 여름 한철은 짧지만 화려한 계절을 살아온 생과 사랑, 종족 번식을 위해 최선의 악기로 연주하는 풀벌레들의 처절한 몸부림이다.

이번 태풍으로 졸지에 삶의 터전을 잃어버린 이들도 내일이면 가족을 위해 몸부림 칠 것이다. 초저녁부터 시작된 황홀한 축제의 밤이 깊어 가는데 잠자리가 바뀐 탓인지 아니면 풀벌레 소리 때문인지 한 동안 뒤척이면서 이런저런 생각에 잠을 이루지 못하는 밤이다. 풀벌레 소리에 우리의 삶은 인위적인 것과 자연적인 것으로 대비 할 수 있다는 생각이 들었다.

각종 악기로 아름다운 음률을 내는 오케스트라가 있다면 풀벌레의 감미로운 오케스트라가 있고, 잘 가꾸어진 정원의 나무와 꽃들이 있다면 자연 속에 자유롭게 자란 나무와 길섶의 풀꽃이 있다. 흙먼지 날리던 비포장도로가 아스팔트로 포장되고 자동차가 달리는 길이 되었다. 주위를 둘러보면 인위적인 것들로 도배 되어있다. 이런 것들이 우리들의 생활의 질을 향상 시켰지만 자연도 파괴되었다.

신선대에서

화사하게 수놓은 사월의 벚꽃이 신선대로 가는 길을 물들이던 날이다. 벚꽃 터널을 지나며 꽃잎 사이로 반짝이는 봄빛을 즐기면서 신선대로 향했다. 신선대의 임도를 만들 때 심어졌던 벚나무 묘목은 이제 고목이 되어 가지마다 꽃가지가 되어 길을 덮었고 밑둥치 굵기가 거목이 되었다. 맞은편에 일렬종대로 잘 자란 동백나무도 꽃피는 봄이 오면 붉은 동백꽃을 하나 둘 길가에 떨어진다.

봄이면 길가에는 노란 꽃으로 운치를 더하던 개나리는 언제 심었는지 동백나무 그늘아래서 서서히 성장을 멈춘 것 같고, 올봄에는 개나리꽃의 멋진 운치를 예전처럼 볼 수 없었다. 식물의 세계에는 공존의 법칙이 존재하지 않는지, 햇빛을 빼앗긴 개나리는 키 큰 동백나무 아래서 힘겹게 생명을 부지하고 있었다.

신선대 정상에는 사월의 봄바람이 땀을 씻어주고 대한해협의 넓고 푸른바다는 마음 속까지 시원하게 해 준다. 신선대 바닷가 절벽에는 기암괴석이 많고 수목도 울창하다.

발아래 펼쳐지는 옥 같은 바다는 잔잔하기가 호수 같다. 건너편 영도는 손에 닿을 듯 눈앞에 있고 불과 몇 년 만에 고층 아파트들이 우후죽순처럼 들어서 섬이라고 믿기지 않는다. 푸른 바다 위의 조도는 아름답기가 그림 같고 태종대도 한 낮의 봄볕을 즐기는 것 같다. 서쪽의 부산항은 멀리 부산항대교가 위용을 자랑하고 큰 배들과 부두에 일렬로 솟아 있는 캔트리크레인이 부산이 항구도시임을 알려주고 있다. 북쪽에는 조용한 갯마을 이였던 나의고향 용당동이다. 고향 뒷산에는 부경대 용당캠퍼스가 명당자리를 찾지 하였고 컨테이너 하치장과 물류창고들이 들어와 옛 모습을 찾을 수 없을 만큼 많이 변했다.

신선대는 남구의 명승지요 경관이 빼어나 부산시 지방문화재 기념물 29호로 지정 되었다. 부산의 5대(해운대, 오륜대, 태종대, 신선대, 몰운대)중의 하나다. 정상에는 무제등 해발 170미터라는 표적 팻말이 있다. 무제등은 큰 바위를 말하는데, 신선들이 유화주를 마시며 풍류를 즐겼다하여 신선대가 되었다는 유래가 있다. 다른 설은 신라 때 최치원 선생이 여기서 신선처럼 놀았다는 전설에 따라 신선대가 이름 지어진 곳이라는 유래도 있다. 이러한 신선대를 내가 태어난 집에서 문을 열면 신선대가 바로 보인다. 매일 눈만 뜨면 바라보고 주야장천晝夜長川 보고 자랐다. 신선대에는 전설도 많고 역사적인 사건들도 많이 있지만 추억이 머물고 있는 곳이다.

용당만의 바다는 연못이요, 신선대는 우리의 정원이라고 이야기 하던 시절도 있었다.

유년시절 모래사장에서 해수욕을 하고 잘피며 조개를 캐던 푸른 바다와 울창한 신선대의 송림이 산업화의 물결에 밀려 베어졌다. 내가 놀던 뒷동산과 신선대 산의 밑자락은 깎이고 파여서 바다를 매립하여 신선대 부두가 되었으니 참으로 격세지감隔世之感을 느낀다.

신선대 하면 긴 송림 숲이 유명했다. 송림이 시작되는 신선대 초입에 1908년에 준공된 3층 목조 건물인 검역소檢疫所가 있었다. 이 건물은 1912년 이전에 지어진 부산의 주요 목조건물 연표에 올라있는 건물이었다.

검역소는 지금도 항만이나 공항에 중요시설이다. 2015년 메르스 사태나 지금의 코로나19 사태에 전염병을 국내 진입 하는 것을 막기 위한 질병관리본부 소속의 일선의 방역 시설이다. 검역소는 일본 제국주의 침략 야욕과 대평양 전쟁의 확대로 검역 이외 다목적 으로도 이용 되었다. 전쟁 막바지에는 많은 조선의 청년들이 징용으로 끌려나가 병원선에 실려 이곳에 와서 신체검사를 받은 다음 알 수 없는 격전지로 끌려갔다고 했다. 나라를 빼앗기고 청년들을 지켜 주지 못한 가슴 아픈 역사는 다시는 이 땅에서 있어서는 안 될 것이다.

1960년대 중반 친구들과 가끔 신선대에 놀러가기도 했다. 검역소 건물의 창틀과 문짝은 없어져 버렸고 벽체는 시커멓게 그을려 있었다. 구석에는 쓰레기가 쌓여 있고 바닥은 군데군데 파여져 있었다. 6.25동란 때에는 피난민들이 이곳에 몰려와 살았던 흔적들이 여기저기 남아 있었다. 한 시대의 풍상을 겪은 목조건물이 마지막을 앞두고 부서지고 찢긴 참혹한 모습이 을씨년스럽기도 했다.

1970년 초 동명목재가 번창하여 신선대를 개발하면서 검역소 건물은 역사 속으로 사라졌다. 1980년대에 신선대부두를 조성하면서 아름답고 울창한 신선대 송림도 경제개발이라는 미명하美名下에 사라지고 말았다. 아름답고 소중한 시간들이 머물고 있던 고향의 유적지와 푸른바다는 오래전에 사라졌지만, 그리운 추억만이 가슴에 아리하게 남아 있다. 지금까지 신선대의 정상은 변함이 없지만 여기도 언제 어떻게 변할지 장담 할 수가 없다면 기우일까?

정상의 무제등에서 오륙도가 보이는 동쪽으로 굽어진 오솔길 아래에는 한 영 첫 만남의 기념비가 있다. 이 기념비는 2001년 4월 20일에 제막 되었다. 조선왕조실록에 의하면 용당동 해안에 물과 식량을 얻기 위해 기항했던 영국함정 프린스윌리엄헨리호의 사건이 기록되어 있다. 이 배의 브로우턴 함장의 항해 일기 중에는 이른 글이 있다.

'이른 아침 낯선 우리 배를 보기 위해 호기심에 찬 남자, 여자,

어린이들을 가득 실은 작은 배들이 우리 배를 둘러쌌다. 그들은 누볐거나 이중 천으로 된 흰 무명천의 헐렁한 상의와 바지를 입고 있었다. 그들 중 일부는 크고 헐렁한 두루마기를 입고 있었다. 여자들은 속바지 위에 짧은 치마를 입고 있었고 남녀 모두가 흰 무명 버선과 볏짚으로 만든 짚신을 신고 있었다. 남자들은 머리카락을 정수리에 묶어 상투를 틀었고 여자들은 머리카락을 모으고 땋아서 머리 위에 올려놓았다.'

…(중략)…

'이상한 나라의 배 한 척이 표류하여 동래 용당포 앞바다에 닿았습니다. 그 사람들은 모두 키가 크고 코가 높고 눈이 파란 사람들이였다. 그들에게 국호와 표류하여 닿게 된 연유를 역관을 통해 한나라, 청나라, 왜국, 몽고어로 의사소통을 시도 하였지만 소통 되지 않았다. 붓을 주어 글로 써 보라고 하였더니 글자의 모습이 구름이 낀 산과 같았고 그림을 그려도 알 수가 없었습니다.' 급보를 접한 동래부는 봉화를 올리고 경상도 관찰사 이형원李亨元은 사태를 파악하여 발견 경위 등을 장계에 적어 조정에 올렸다. (조선왕조실록, 음력 1797년 9월 6일 정조20년)

영국 해군 함정은 긴장 속에서 항만을 측량하고 식수와 땔감 등을 구해 체류 8일 만에 아무런 마찰 없이 용당을 떠났다. 브라우턴 함장은 출항 직전 감사와 호의의 표시로 조선 측에 권총과 망원경을 답례품으로 내놓았다. 이 사실은 1992년 한국쉘석유에 부임한 라일리 사장에 의해 세상에 알려졌다.

이날 조선 땅에 영어를 사용하는 사람들과 최초의 만남이 용당포의 모래사장에서 용당 사람들과 만났다는 것은 경이롭고 역사적인 사실이었다. 이 사실을 근거로 용당 초등학교에 영어 특성화 학교로 만들어야 한다며 교장선생님께 건의 한 적이 있었다. 그때 고개를 끄떡였는데 소리 없는 메아리가 되어 버렸다.

오늘도 신선대 공원 입구 주차장에는 화사한 벚꽃 구경을 하기위해 많은 사람들이 철새처럼 모여 들었다. 주차장 자리는 용호동과 용당동의 경계지점으로 사람들은 뻴끼고개라고 불렀다. 뻴끼는 묵은땅을 개간하여 들을 넓히는 것이다. 라는 설로 알려져 있다. 이 고개는 용당동에서 백운포로 물에끼(수산물 채집) 하러 가는 부녀자들과 낚시꾼들이 자주 다니던 길이다. 경사진 산길을 숨을 헐떡이며 올라서서 이 고개에서 숨을 고르며 쉬어 갔던 곳이다. 시원한 바다 바람이 땀 뿐 아니라 마음까지 뻥 뚫어주고 눈앞에 펼쳐지는 망망대해의 푸른 바다와 오륙도의 아름다운 풍광에 한동안 무아지경無我之境에 빠진다. 가끔 날씨가 좋은 날이면 멀리 대마도도 보인다.

태평양전쟁 당시 이곳에 일본군의 고사포 부대가 주둔하였고, 주차장 옆 무제등 소공원 자리는 한 때 쓰레기 소각장 이였지만 흐르는 세월 속에 흔적들은 간곳이 없고 간간히 벚꽃 잎이 바람에 흩날리고 있었다.

신선대

파란 바다위에 솟은 청산
푸른 꿈이 물안개처럼 피어오를 때
모래밭 해안에는 어린 영혼들의 꿈이
해조음 소리에 피어난다.

해안가 송림에 햇살이 들면
송진 향기 녹아있는 숲속에는
고단한 삶의 조각들이 흩어지고
부서지는 파도소리 사랑의 세레나데가 된다.

신선대 모퉁이 맹뭍에는
전설과 숱한 이야기가 있고
멀리 수평선에 걸려있는 추억은
시공을 초월하여 부서지는 파도.

시련과 변절, 살을 찢는 격랑의 세월 속에
변함없이 정절을 지켜내고
오늘도 장엄하게 솟아있는 존재감
파란 바다위에 솟은 청산.

아버지의 바다

올해 여름 무더위는 유난히 덥고 참으로 대단한 것 같다. 지구가 점점 더 온난화 되어간다고 하더니 기상대에서 100년 만의 무더위라고 발표가 있었고, 방송에서는 8월 말까지 불볕더위가 계속 될 거라고 한다.

만나는 사람마다 올해는 너무 덥다고 한 마디씩 한다. 최근 10년 동안 켠 에어컨 시간보다 올 한해 켠 시간이 더 많을 거라는 둥, 너무 더워 간밤에 잠을 설쳤다는 말은 이구동성으로 하고, 식욕이 떨어져 제대로 음식을 먹지 못한다는 둥, 더위 때문에 겪는 짜증이 최고조에 달 한 것 같다.

이런 무더위를 피하기 위하여 4가정의 8명은 2대의 차량으로 2박

3일 동안 푸른 바다가 넘실거리는 남해로 향했다. 예나 지금이나 언제나 여행은 준비할 때와 출발할 때가 즐겁다. 모처럼 매여 있던 일상에서 해방감을 맛보는 날이다. 차안에서 웃고 떠들고 이야기를 하다 보니 어느새 고요한 바다와 섬들이 그려내는 아름다운 남해에 도착했다. 예약해 놓은 펜션에 각자 가져온 짐을 풀어 놓으니 어찌나 많은지 방안에 조그만 동산이 만들어졌다.

오후가 되자 피부에 닿는 햇볕이 예사롭지 않게 따갑다. 짐을 옮기느라 몸을 조금 움직이니 이마와 등줄기에 땀이 줄줄 흐른다. 방으로 들어가니 여성들이 못마땅한 얼굴로 찡그리고 있는 모습이 어찌나 우스운지 "집 떠나면 고생입니다. 그래도 지옥보다 훨씬 낫다." 라고 말하자 한바탕 웃었다.

한낮의 뜨거운 햇살은 방안을 찜통으로 만들고 있었다. 벽에는 색이 바랜 조그만 구식 에어컨이 켜져 있었지만, 방 크기에 비해 용량이 너무 적었고 성능도 좋지 않았다. 말이 펜션이지 시골의 이동식 조립주택을 옮겨다 놓은 것 같았다. 방은 두개 붙어 있고 가운데 출입문 두개가 있었다. 사방이 집으로 둘러싸여 기대했던 아름다운 바다풍광도 볼 수 없었고 답답하고 덥고 불편하기만 하였다. 사용료를 미리 입금하고 예약 했으므로, 오늘은 여기서 1박하고 내일 다른 곳으로 옮기기로 합의를 보았다.

여행지의 숙박도 발품을 팔아야 풍광이 좋고 시설이 괜찮은 곳을 차지한다는 것을 알게 되었다. 여행을 자주 다녀야 주변의 편의시설도 알고, 여행정보와 유명 맛 집 등 볼거리를 누릴 수 있을 텐데 자주 다니지 못한 게 아쉬웠다. 그러고 보니 어쩌면 내가 지금까지 열심히 일만하며 살아온 일중독자인지도 모르겠다. 나는 일중독자가 아니라고 생각하지만, 고작 여름휴가 때만 반짝 여행을 하니 다른 사람들이 볼 때 그렇게 보였을 수도 있다.

재작년에도 아내가 북유럽으로 여행을 함께 가자고 권유했지만, 회사일 때문에 여러 날 휴가를 낼 수 가없어 아내는 지인들과 함께 혼자 여행을 갔다 왔다. 그곳에서 아름다운 경치를 볼 때 마다 당신 생각이 많이 난다, 함께 하지 못해 서운하다고 하면서 미안해서하는 말인지 위로하는 말인지 문자를 보내왔다.

한해는 해외여행 다음해는 국내여행을 한 번씩 가기로 작정을 하고, 서너 번은 실천했지만 언제부터인가 회사일 때문에 그것도 그리 쉽지 않았다. 인생의 현자들은 여행에 관해 가고 싶으면 지금 바로 떠나라고 하지만, 현실은 그렇게 녹록하지 않다. 선배들도 나이가 하나라도 적게 먹었을 때, 다리에 힘이 있을 때, 여행을 많이 다녀라. 미루다가 너무 늦어버리면 가지 못하는 경우가 생긴다고 알려주지만 말처럼 쉽게 행동에 옮길 수 없는 것이 현실이다.

저녁에는 일행들과 함께 바닷가로 마실을 나갔다. 가는 길에 주민들의 집에서 피워 놓은 메케한 모깃불 냄새가 났다. 참으로 오랜만에 맡아보는 모깃불 냄새가 아련한 옛 시절을 생각나게 했다. 한여름 우리 집은 검은 루삥으로 덮은 판잣집 지붕의 열기는 대단 했다.

방은 찜질방이 되어 잠시 있기도 힘들어 저녁에는 마당에서 쑥이나 풀을 태워 모깃불을 피워놓고 가마니 멍석위에서 식구들과 둘러앉아 저녁을 먹었다. 저녁상을 물리고 나서 멍석위에 누우면 눈앞에 은하수가 펼쳐지는데, 하얀 소금을 뿌려 놓은 듯하고, 온 하늘은 별로 가득했다.

시원하리라 기대했던 남해 바다의 해안가에는 오늘따라 고요하고, 바람마저 더위에 숨을 죽이고 비릿한 갯냄새만 살갗에 눅눅히 붙는다. 낚시꾼 두 명이 언제부터인가 해변의 어두움 속에서 더위를 잊은 채 밤낚시를 하고 있다. 불빛 따라 반짝이는 물결과 밤바다의 신비함에 한참 넋을 놓고 바라보다 실없이 팔뚝만 툭툭 치며 끈적거림을 못 견뎌 숙소로 돌아왔다.

다음날 아침, 다들 분주히 짐을 꾸리기에 바빴다. 아침을 먹고 천천히 출발하자고 했지만, 무엇이 급한지, 왜 이리 여유가 없는지, 다들 무슨 전쟁을 치는 것 같다. 부산사람 아니랄까봐 아침부터 부산을 떨고 있다.

마침 잘 알고 지내는 지인의 집이 비어있어, 거기서 아침을 먹고 펜션으로 이동 한다고 한다. 바닷가의 아침 공기가 신선하다고 느낄 즈음 전화가 왔다. 밤잠이 없어 일찍 일어난 회원이 갈치와 병어를 샀으니 빨리 오라고 재촉한다. 부지런한 회원 덕분으로 입이 즐거운 것도 여행 속에 포함되어 있는 것이 아닌가. 펜션을 떠나 선창가로 달려가는 차창에 불어오는 남해의 맑고 시원한 아침 공기가 그동안의 갑갑함을 날려 버렸다.

생선요리를 잘하는 회원님 덕분으로 생선회로 포식하며 아침을 대신했다. 주인 없는 집은 작년에 집수리를 깨끗하게 하여 방마다 잘 정돈되어 있었고, 넓은 거실에는 최신형 에어컨에 모두들 편안한 자세로 웃고 떠들며 나그네들이 주인처럼 행세를 하였다. 점심시간까지 여유가 있어 소개받은 펜션 두 군데를 직접 방문하여 숙소를 정하기로 했다.

해마다 이맘때(8월 15일) 쯤 이면 무더위는 물러가고, 여름의 끝자락에 시원한 바람이 불어 계절의 변화를 느낄 수 있는 날인데, 올해는 가히 살인적인 날씨에 뜨거운 여름 한 가운데 있는 것 같고 더위가 꺾일 줄 모른다. 며칠 지나면 처서지만, 올해는 폭염으로 인한 사망자가 사상 최고로 많다고 한다. 오늘도 바깥은 내리쬐는 햇볕에 숨이 막힐 지경이다. 실내는 에어컨을 켜고 선풍기 2대가 쉴 새 없이 돌아가니 피서가 따로 없는 것 같았다.

이런저런 이야기를 나누고 있을 때, 펜션을 답사한 회원이 남해바다가 한 눈에 내려다보이고 풍광이 너무 좋아 다들 마음에 들것이라 설명하면서, 숙박료도 활인을 받았다며 들뜬 목소리로 전화를 했다. 첫 번째 실수가 약이 되었는지 발품을 판 것이 효과가 있었다.

땡볕이 뜨겁게 내려쬐는 한낮에 펜션에 도착한 우리는 큰 창문으로 멀리 보이는 남해의 푸르고 아름다운 바다의 풍광에 환호성을 지르며, “그래 역시 이런 곳이 제대로 된 펜션이지, 그게 펜션이냐”고 말하는 회원의 말에 나는 웃고만 있었다.

여장을 풀고 나서 해수욕을 가겠다고 하는 분과 에어컨 있는 시원한 방에 있겠다는 분으로 반으로 나누어 졌는데 나는 해수욕장행을 택했다.

해송으로 둘러싸인 두곡해수욕장의 넓은 백사장에는 피서객이 몇 명밖에 없었다. 여름철이지만 한적하였고, 계절의 끝자락에서 해수욕을 하며 잠시 더위를 까맣게 잊었다. 이날 저녁 남해의 밤바다가 훤히 내려다보이는 이층 테라스에는 초저녁부터 이야기꽃을 피우고 가끔 옛 노래를 부르며 삼겹살 파티가 열렸다. 이웃 펜션도 어둠속에 외등만 켜진 채 조용하고, 우리가 머물고 있는 곳도 투숙객은 우리뿐이다. 손님들은 썰물처럼 빠져나가고 깊어가는 남해의 여름밤을 즐기고 있었으나 해수욕을 한 탓인지 눈꺼풀이 무거워 먼저 잠자리에 들었다.

다음날 아침, 일찍 일어나 아내와 함께 바닷가로 아침산책을 갔다. 바닷가로 내려가는 구불구불한 길의 곳곳에 환삼덩굴이 좁은 길옆을 덮고 있었다. 이른 아침 조용함에 묻혀있는 갯마을의 시골냄새가 신선하게 코끝을 스쳤다. 해안가 도로는 잘 포장 되어있었고 길옆에 새로 지어진 몇 채의 펜션은 이국적인 스타일로 잘 지어져 있었으나 인적은 없고 자가용 두 대만이 멈추어 있었다. 펜션이 끝나는 곳에서부터 아름드리 해송이 병풍처럼 해안을 감싸고 있는 정경이 그림 같았다.

파도가 없는 잔잔한 아침바다, 둘이서 로맨틱하게 걷고 싶어 바닷가로 내려갔다. 맑고 깨끗한 바닷물은 해변에서 잘게 부서지기를 반복하고 있었다. 바닷가는 예쁜 자갈돌이 아닌 주먹보다 큰 몽돌이 깔려있어 걷기가 힘들어 얼마 걷지 못하고 해안가 도로에 올라 왔다. 오랜만에 바닷가의 추억을 만들어 볼까 했는데 남해의 큰 몽돌들이 심술을 부렸다. 해송 숲 사이에 놓인 평상에 앉아 밝아오는 아침의 검푸른 넓은 바다에 떠있는 하얀 고기잡이배를 바라보니 어부였던 아버지 생각에 잠시 아련한 슬픔과 그리움에 잠기고 말았다.

아버지는 바다가 하루하루 살아가는 생활의 터전 이였고 가족들과 함께 고단한 삶을 살면서 바다가 고향과 같았다. 아침 바다는 평온하고 잔잔하지만 때로는 노도와 같은 파도를 숨겨놓은 야누스의 두 얼굴을 가지고 있다.

옛날 라디오가 없던 그 시절, 새벽하늘에 별이 총총 빛나고 화창한 봄 날씨에 만선의 꿈을 꾸며 출항을 하였다. 아침이 되자 갑자기 먹구름과 함께 비바람은 몸을 가누지 못할 만큼 강하게 불었다. 바다는 집채만 한 파도가 일었고 커다란 너울 속에 거센 바람과 풍랑 앞에 조그만 돛단배는 망망대해에 일엽편주였다. 그날 이후 세 명의 어부들은 육지를 밟지 못했고, 나는 어머니의 모태에서 오 개월이 경과하고 있었다. 어부들의 아내들과 자식들은 망연자실하였고, 지아비 없는 세상에서 혹독한 가난과 모진 세월의 아픔과 설움을 참고 살아야만 했다.

고요하고 침묵하는 아침 바다를 바라보고 있던 나는 햇살이 얼굴을 비치자 눈물을 움치며 자리에서 일어났다. 숙소로 가는 길에는 모진 가뭄 속에서도 나락들이 잘 영글어 가고 밭 언저리엔 주먹만 한 호박이 아무렇게나 나뒹굴고 있었다.

족보族譜

저녁식사가 거의 끝날 무렵 집안 조카에게서 전화가 왔다.

"족보를 정리해야 되는데 현재 집안의 제일 어른이 삼촌입니다. 일가친척들의 인적사항에 관한 여러 가지 도움을 주시고 족보를 기록해야 된다."며 설명을 하였다.

퇴직 후 일상을 여유 있는 시간을 보내고 있지만 지금까지 족보에 대한 생각과 관심은 까마득하게 잊고 살아왔다. 평소 조상들의 은덕에 감사하며 그 얼을 잘 보전해야 하는데, 조카가 먼저 전화를 하여 이 문제를 거론하니 미안하였다. 현제까지 족보의 등재가 늦어진 이유는 문중에서 누군가 책임을 맡아 일을 처리 할 사람이 없었고, 어떻게 해야 하는지 알지 못하여 많은 세월이 흘렀다.

등재를 하기 위해서는 개개인의 구체적인 인적조사는 직접 만나서 확인해야 하는데 대부분 직장 따라 전국적으로 뿔뿔이 흩어져 살고 있어 어떻게 연락이 할지 의문이고, 또 만만찮은 경비가 소요 될 것이라는 생각이 들었다. 그렇지만 자신과 조상들의 정체성을 설명하고 자식들과 후손들이 자신의 뿌리에 대한 자긍심을 갖도록 하기 위해서는 정리가 되어야 한다는 조카들의 생각이 믿음직스럽고 대견스러웠다.

한국인의 생활 속에는 조상들의 공경과 족보에 대한 애착이 뿌리 깊이 내려 있지만, 세월의 흐름 속에 이것이 퇴색이 되고 자신들의 정체성을 점점 잃어버리고 있는 것 같다. 내가 중학교 다닐 때만해도 벌초나 명절날에는 함께 식사를 하며 집안 어른들과 형님들에게 항렬과 촌수 등 족보에 관한 이야기를 귓전으로 듣고 배웠다. 지금은 묘는 오래전에 이장이 되었고 명절이 되어도 함께 모여 제사를 지내지 않은지도 오래 되었다. 집안에 새 식구를 맞이해도 오랜만에 결혼식장에서 잠시만나 인사를 나누면 끝난다. 다음에 만나도 누가 누가인지 잘 알 수가 없다. 이것이 요즈음 현실이다. 빠르게 변하는 우리사회는 유교의 형식적인 의례에서 많이 벗어나 있다.

족보에 관한 문화도 지금까지 살아오면서 족보 문제로 어떤 어려움이나 불편함을 한 번도 느끼지 못하고 살아왔다. 어쩌다 가뭄에 콩 나듯 친구들과 족보 이야기가 나오면 시조가 누구이며, 몇 대손이며, 본이 어디다, 이정도로 이야기하다가 대화의 흐름이 바뀐다.

그리고 시간이 지나면 족보에 대한 개념은 잊어버린다.

현대의 젊은이들도 핵가족화 되고 정보화 시대에 살고 있으니 족보에 대해 관심도 없어 보인다. 심지어 아들도 지금까지 나에게 족보에 관한 질문을 한 번도 한 적이 없었다. 그런데 몇 년 전 집안의 조카가 나에게 족보에 관한 질문을 한 적이 있었다. 부끄럽게도 그 질문에 정확하게 알지 못하여 답을 주지 못한 것이 미안하여 마음에 찜찜하게 남아 있었다. 집안의 큰 집에서 족보를 보관하고 있어 육촌형님께 족보를 보여 달라고 했지만 이런저런 사정으로 차일피일 미루어 한 번도 보지 못했다.

내가 초등학교 다녔을 때, 문중에서 가첩을 만들어 한 권씩 배부를 했는데 오랜 세월이 흐르는 동안 없어졌다. 어떻게 분실 되었는지 알 수도 없고 가첩에 대한 기억도 가물가물 했다.

족보에 관한 이야기를 하니 오래 전에 읽었던 알렉스 헤일리 『뿌리』라는 소설에서 노예로 팔려온 자신의 조상에 대한 뿌리에 관심을 갖게 되어 미국, 유럽, 아프리카의 수 십 곳의 문서 보관소를 찾아다니며 쿤타킨테 집안 6대에 걸쳐 찾아낸 가족의 생생한 기록이 뿌리다. 그의 자서전적인 이 작품에서 조상의 뿌리를 찾기 위해 갖은 고생을 하며 무에서 유를 만들듯 백방으로 노력했던 그를 생각하니 앉아서 편안하게 전화 몇 통하고 발품을 파는 것이 너무나 호사처럼 느껴졌다.

뿌리가 깊고 튼튼하면 큰 나무로 자랄 수 있고 많은 열매와 꽃을 피울 수 있다. 흐르는 물도 근원이 있듯이 조상 없는 후손은 존재할 수가 없다. 조상들의 역사를 지금까지 잘 정리 되어 있는 족보에 등재되지 않은 집안의 후손들을 찾아 정리하여 약간의 경비와 함께 서원의 도감에게 인터넷으로 전해주면 된다.

족보에 관한 더 자세한 것을 알고 싶어 경주에 있는 경주최씨 사성공파 서악서원을 방문하였다. 처음으로 와보는 이곳은 조상들의 숨결이 남아있고 역사가 남아 있는 유서 깊은 서원은 고즈넉하였다. 도감을 만나보니 마침 "올해 시월까지 책으로 만든 활자 족보를 정리하고 내년부터 전자 족보로 넘어 간다."며 잘 찾아오셨다고 친절하게 설명을 해주었다. 주변이 잘 정리 되어 있는 서원의 옛집 상서장에서 족보 보는 법을 가르쳐 주어 많은 도움이 되었다.

족보를 만드는 과정과 혈통을 올바르게 관리하고 족보의 진실에 관한 이야기를 듣고 오래전에 족보장사가 있었다는 것이 희미하게 떠올랐다.

조카들과 모여 집안 친척들의 거처를 확인하다 보니 어려운 문제에 봉착하게 되었다. 육십 년 전만해도 마을에 집성촌을 이루며 살아 왔을 때는 가족관계를 쉽게 정리를 할 수 있었다. 수 십 년의 세월이 흐르고 삶의 터전을 따라 이곳저곳으로 옮기다 보니 전국으로 흩어져 연락 할 길이 없는 가정이 제일 어려운 문제였다. 연락이 닿지 않은 사람에게서 나중에 원망이 돌아오지 않을까 생각도 했다. 또 장남이지만 딸만 있는 집안에 족보가 나에게서 끝이 나는데 굳이 경비를 들이고 족보를 만들 필요가 있겠습니까? 하며 반문하는 이도 있었다. 오늘날에는 옛날처럼 양자를 잘 들이지도 않는다. 본인이 그렇게 생각 한다면 어찌할 도리가 없었다.

족보를 보니 몇 십 년 전만 해도 여자들은 기록되지 않았지만 지금은 딸과 사위도 족보에 등재되어 여기도 시대의 변화에 따라 변했음을 알 수 있었다.

어느 목사님이 미국의 하버드대학의 도서관을 방문 했을 때 한국의 족보가 있어 목사님의 가문의 찾아보니 그 족보에 자신의 이름이 있는 것을 발견하여 깜짝 놀랐다는 이야기를 들은 적이 있다.

수백 년의 유구한 역사에서 조상들의 면면을 충실하게 기록으로 남겨놓은 민족은 유대민족과 한국인이라고 한다. 한 가문의 조상을 같이하는 씨족의 혈연관계를 체계적으로 그 관계를 기록한 책이 족보다. 우리 가문도 조상들의 유산인 족보의 가치를 잘 알고 다음세대에도 면면히 이어 갈 것을 기대해 본다. 연락이 닿지 않아 족보등재를 하지 못한 집안 친척과 조카들에게 미안함이 남아있다.

일상의 자유

사람들이 아프지 않고 건강하게 살며 장수하는 것, 이것은 누구에게나 관심을 끌 수 있는 문제다. 현대의학의 발달과 다양한 채널을 통한 의료정보, 건강식품, 식생활정보도 건강하게 장수하는데 일조를 하였다.

그러나 요즈음 코로나 바이러스 출현으로 건강하게 살 살고 있어도 전염병에 감염되면 냉혹하게 격리되어 완치될 때까지 불안과 두려움에 떨며 치료를 받아야한다.

짧은 시간에 코로나가 온 나라에 들불처럼 번져 나가 병원마다 환자들로 북새통을 이루고 의료선진국이라는 이라는 말이 무색해졌다. 정기적인 각종 모임도 무기한 연기 되어버렸다. 이제 사람과 사람 사이에 간격을 두어야 하며, 다중시설을 피하고 경로당, 교회, 문화공연, 박물관등도 문이 굳게 잠겼다. 천 원짜리 마스크 한 장을 사기위해 줄을 어디까지 서야 하고 모두가 힘든 시간을 보내고 있다.

나 역시 바깥에 나가지 못하고 일상의 자유를 빼앗긴 채 구금 아닌 구금생활이 시작 되었다. 방에서 고작 책을 보거나, 글을 쓰거나, TV를 보는 단조롭고 무료한 시간을 보내야 했다. 하루 이틀 삼일이 지나자 권태롭고 좀이 쑤시고 밋밋한 일상에서 벗어나고 싶었다. 마침 집에서 가까운 극장에서 골든 글로브 작품상, 감독상을 수상한 1917이라는 영화를 개봉하여 감상하러 갔다. 영화관에 가면서 과연 몇 명이 영화를 관람할까 호기심도 생겼다. 점심시간이 지난 시간이지만 넓은 매표소 앞에는 평소 시장처럼 북적거리던 젊은이들은 한 명도 없었고 텅 빈 공간에 적막감마저 감돌았다. 그 많은 사람들은 어디로 갔는지 한 사람도 보이지 않고 객장에는 나 혼자였다. 이 시국에 사람들이 표를 체크하는 나를 보았다면 간이 크게 부었거나 아니면 상황판단이 잘 되지 않는 얼빠진 사람으로 볼 수 있었다. 분위기가 침울하고 어색했지만 어떻게 보이든 상관없다는 듯이 태연하게 어둠이 깔린 영화관 안으로 들어갔다.

학교에 다닐 때 반에 꼭 문제를 일으키는 학생 한 두 명이 있었는데 그 학생 같은 느낌이다. 오래전 회사에 다닐 때 동료들과 중국에 워크샵을 갔다. 가이드가 여기는 치안이 안전하지 못하니 저녁에 밖에 나가서는 안 된다고 신신 당부를 했었다. 저녁 식사 후 룸메이트에게 몇 년 전에 왔을 때도 치안이 불안하며 통제했지만 일행 모두가 야시장에서 이국적인 경험을 한 적이 있다고 말했다. 치안이 우리나라 보다는 못하지만 호텔 근처는 외국인이 많아 치안이 안전하다. 행여 사고라도 나면 골치 아프니까 밖에 나가지 말라고 엄포를 놓는 것 같다. 호텔로 오면서 차창 밖을 보니 상점들과 가로등도 불이 훤히 켜져 있고 사람들도 많이 다니던데 치안은 괜찮은 것 같았다. 야시장과 밤 문화를 구경할 겸 밖으로 나가자고 꼬드겨 호텔 밖으로 나갔다. 낯선 이국의 밤거리를 배회하며 상점의 진열된 물건을 구경하였고, 야시장에서 다양한 음식을 맛보며 밤늦도록 놀다가 자정이 가까울 무렵 아무런 사고 없이 호텔로 돌아왔다. 이 때도 엇박자를 내며 행동하였다.

영화관에는 젊은 연인과 중년 남자 한 명 그리고 나, 모두 네 명이 텅 빈 넓은 영화관을 점령하여 상영을 기다리고 있었다. 대부분의 사람들은 다중시설이라 전염병 위험도가 높아 극장을 피하는데, 이 사람들은 코로나19로 인하여 몇 명 입장하지 않을 것이라 예상하여 허를 찌르는 행동으로 느긋하게 영화감상을 하기 위함인가, 아니면 안전 불감증인가, 아마 나처럼 설마 내가 걸리겠나 하며 객기客氣를 부리고 있는 것처럼 보인다. 젊은이들의 객기는 애교로 봐 주기도 하지만 지하철세대는 추태를 부리는 것이다. 바람이 강하면 납작 엎드려 기다려야 하는 것도 배웠고, 까마귀 싸우는 곳에 백로야 가지 마라는 것도 배웠는데, 가지 말라고 경고를 했는데도 그 말을 무시하고 2% 모자라는 철부지처럼 행동하는 것도 병이라면 병이다.

영화를 재미있게 감상한 이날 저녁 아내에게 좋은 영화였으니 한 번 감상하라고 권유를 했다. 잠시 후 언제 딸에게 고자질을 했는지 간호사 출신인 딸이 전화를 했다. 아버지는 연세도 있고 고혈압이 있는 기저질환자인데 다중시설인 극장에 가는 것은 무모한 행동이라며 이러쿵저러쿵 아이가 어른 걱정을 하였다. 연신 다중시설에 절대 가지 말라는 말을 들었다.

> 프랑스의 유명한 작가 알퐁스 도테 글 중에 '스갱씨의 염소'라는 콩트가 있습니다. 스갱씨가 기르는 염소가 매일 막대기에 묶여 있고 울타리 안에 있는 자신의 모습이 속박으로 느껴져 짜증을 부립니다. 저 멀리 펼쳐진 풀밭을 마음껏 뛰어다니며 풀을 뜯어 먹으면 얼마나 좋을까 열망합니다. 그러던 어느 날 이 염소는 속박을 벗어나 탈출에 성공하게 됩니다. 아 얼마나 기다리고 기다리던 순간이었던가. 그는 이리 저리 뛰면서 신선한 풀을 뜯어 먹습니다. 풀밭에서 뒹구는 기분은 정말 하늘을 날 것 같았습니다. 행복한 순간은 잠시, 늑대가 나타납니다. 두려웠지만 사력을 다해 저항합니다. 그러나 역부족이었습니다. 염소는 피를 흘린 채 죽어갑니다. 점점 희미해지는 눈으로 멀리 주인의 집을 응시한 채…

막대기에 묶여 울타리 안이 염소에게는 불편한 나날이었고 자유를 속박하는 것이었지만, 진정 자신의 생존과 자유를 지켜주는 안전

장치인 것을 깨닫지 못한 우매한 염소는 스스로 죽음을 자초했다.

듣는 대로 이해할 수 있다는 이순耳順이 지났지만 아직도 부족하고 어리석은 철부지 같은 행동을 하고 있다. 다수가 함께 지키는 행동에 불편함이 있었는지 알 수 없다. 울타리를 벗어나기 전에 현명한 판단과 자발적인 순종이 필요로 하는 이유이다.

거실은 따뜻한 햇살이 비치지만 바깥은 아직까지 겨울의 찬바람이 불고 을씨년스럽다. 밖에 나가고 싶어도 나가지 못하고 TV앞에 앉아 리모컨만 만지작거리고 있으니 이전의 평범한 자유가 얼마나 소중한 것인지 이제야 깨닫는다. 그래도 나는 이 삼일에 한 번 야산의 농장에 가서 바람을 쐬며 농사일을 하면 몸은 피곤해도 일하는 재미에 시간가는 줄 모르고 지낸다. 과수나무 전정을 하며 밑거름을 주고 농사 준비로 봄이 오기를 기다리고 있다. 집에 머무르는 동안 삼시세끼 꼬박꼬박 받아먹는 밉상이 될까봐 설거지는 자청해 하고 있다.

텃밭 풍경

시간은 흰 구름처럼 유유히 흘러가고 있다. 지나간 시간을 뒤돌아 보면 언제 그렇게 흘러갔는지 살 같이 빠르다. 퇴직을 한지도 많은 시간이 흘러갔다. 평생 다니던 직장을 퇴직한 게 처음에는 실감이 안 났지만, 하루 이틀 지내다 보니 이제는 지나간 추억속의 한 조각이 되었다.

오랜만에 친구들과 지인들을 만나면 요즘 어떻게 지내고 있느냐고 안부를 묻는다. 백수가 과로사 한다더니 요즘 내가 그런 것 같다고 하면 빙그레 웃는다. 먼저 퇴직한 친구들은 과로하지 말고 여유를 가지고 즐기면서 시간을 보내라고 염려까지 해준다.

몇 년 전 부터 몇 그루의 배나무와 감나무 그리고 텃밭을 가꾸면서 주말 농장이란 이름으로 농사를 지어왔다. 많은 봄을 보냈지만 올해의 봄은 퇴직 후 여유롭고 자유로운 시간 속에 맞이하는 특별한 봄이다. 찬바람 부는 황량한 겨울을 보내고 주위가 아름다운 연두색으로 서서히 물들어가는 찬란한 봄을 어느 해 보다도 많이 기다렸다.

비가 오고나면 대지는 흙냄새를 은은하게 풍기며 겨우내 성장을 멈추었던 모든 식물들이 원기를 회복하여 일제히 기지개를 편다. 이제는 농사철이라 텃밭에서 소일消日하며 농부 티를 내고 있지만 농사초보라 어딘가 어설프다.

얼마 전 농막 앞 화단에 천리향이 이른 봄 찬 기운 속에서도 꽃을 피워 주위가 온통 봄 향기로 가득했다. 이제는 한창이던 꽃과 향기는 서서히 지고 마지막 남은 작은 별 같은 조그만 꽃을 보며 이별을 아쉬워했다.

그저께는 농사 준비를 하기위해 밭을 매고 퇴비를 넣고 산짐승 피해를 방지하기 위해 울타리 거물을 치고 나니 녹초가 되어 이틀을 쉬고 나서야 몸이 회복되었다. 얼마 전까지만 하여도 피곤하여 자고 나면 몸이 빠르게 회복되었지만, 이제는 그렇시 않은걸 보면 세월 앞에 장사가 없는 것 같다. 오래전에 어른들이 몸이 작년 다르고 올해 다르다고 하더니 이제야 그 뜻을 알 것 같다.

퇴직 후 누구에게도 간섭을 받지 않고 마음껏 자유하며 텃밭을 가꾸며 여유로운 생활을 하겠다고 기대에 부풀어 있었다. 그런데 실천에 옮겨보니 텃밭농사도 생각보다 쉬운 일이 아니고 힘이 들 때가 많다. 그러다 어느 날 텃밭에 나가보면 뿌린 씨앗들의 새싹이 고개를 내밀며 함초롬히 비에 젖어있거나 열매가 점점 커지는 것을 보면 놀랍고 기쁨이 넘치니 이 맛에 농사를 짓는 모양이다.

텃밭 주위는 숲으로 둘러싸여 봄의 향기가 아련하게 녹아있다. 우듬지 마다 연두색으로 물든 나무들은 신세계로 만들어 놓았다. 산골짜기에서 시작된 봄이 바람을 타듯 어느새 높은 달음산 꼭대기까지 서서히 영역을 넓혔다. 계절마다 변하는 자연을 보며 도시에서 느낄 수 없는 조용함과 맑은 공기에 몸과 마음이 편하다. 세상살이 모든 것 잊어버리고 자연과 혼연일체가 된다. 격이 높고 신선한 쉼을 누릴 수 있다. 여기에 발을 들여 놓으면 누구든지 힘든 삶의 현장을 벗어나 자연스럽게 자연과 동화 되는 자연인이 되는 것 같다.

아내는 올봄 쑥과 부추, 산나물을 캐며 봄나물 삼매경에 푹 빠져 있다. 지난주에는 도다리쑥국을 끓여 먹었는데, 초봄의 쑥 향기와 맛이 어찌나 감미롭든지 말로 형언 할 수 없는 맛이었다.

프로이트는 "인간생활에서 가장 중요한 두 가지는 일과 사랑"이라고 말했다. 할 일이 있고 사랑하는 사람이 곁에 있다면 이것이 행복일 것이다. 아내는 텃밭일 보다는 화초를 키우는데 더 신경을 쓰지만, 그래도 함께 일하고 함께 음식을 먹어주는 사람이 곁에 있으니 이 봄이 더욱 아름답고 화려하다.

텃밭 주위의 숲은 철따라 여러 가지 색으로 변하는 정경이 아름답다. 키 큰 상수리나무의 연두 빛 잎새들은 한 줄기 바람에 몸을 맡기고 물결처럼 일렁거리며 춤을 추고 있다.

푸르름이 짙어지는 5월로 접어들면 과수나무 약재살포와 적과, 심어 놓은 작물 돌보기가 시작된다. 어린 묘목으로 심어놓은 고추는 병충해 없이 잘 자라기 위해 어린아이 돌보듯 손이 많이 가는 작물이라 스무 그루만 심었다. 고구마는 한번 심어 놓으면 병충해도 없고 수확 때까지 잔손길이 가지 않아도 잘 자란다. 나에게 적격이다 싶어 고구마를 심었다. 그런데 고구마를 심고 몇 일째 비가 오지 않아 애를 태우고 걱정을 하다가 생각 끝에 물뿌리개로 멀칭위에 심은 고구마 순에 물을 주었으나 언 발에 오줌 누기다. 고구마 순이 말라가고 아사 직전에 다행히 비가 내려 새잎이 돋아나는 것을 보았다.

내가 부지런히 돌보고 좋은 거름을 아무리 주어도 하나님께서 때에 따라 비를 내려주지 않으면 아무것도 아니요, 인간들이 아무리 몸부림 쳐도 소용이 없다.

고생하지 말고 사서 먹는 것이 사게 치인다고 말하는 친구들이 있지만 일하며 땀 흘리고 손수 농사를 짓고 수확하는 기쁨을 모르고 하는 말이다. 한두 평만 텃밭을 가꾸어도 텃밭의 농사 재미가 쏠쏠하다는 것을 알 수 있다.

나는 텃밭 농사를 하지만 도회지에서 자라 농사 경험이 전혀 없는 내가 농사짓는 것을 재미있어 하고 즐거워하는 것을 보면 내 몸 속에 농부의 끼가 흐르고 있다는 것을 알고 놀랍기도 하고 신기하기도 했다.

오래전 아들이 고교 2학년 때, 학교서 적성검사를 받고 적성이 농부로 나왔다고 말했을 때 웃은 적이 있었다. 농사 짓는 것을 보지도 못한 네가 농부라니 아닌 밤중에 홍두께 같다고 말한 것이 문득 생각이 났다. 이제야 조금 이해가 된다. 아들의 몸에도 농부의 끼가 흐르고 있다는 것을.

나눔

금년 구월은 태풍의 간접적인 영향도 있었지만 유난히 비가 많이 내렸다. 요즈음은 기상이변으로 비도 국지성으로 내린다. 어떤 지역은 한꺼번에 양동이로 붓는 것처럼 많이 내리고, 어떤 지역은 강수량이 적어 농작물이 타는 가뭄을 겪으며 비가 내리기를 간절히 기다리는 지역도 있다.

농장에도 비가 오는 날들이 많아지면서 과수의 낙과피해가 많아지고 상품가치와 당도도 떨어졌다. 과수라 해봐야 배나무와 감나무 열 몇 그루가 전부지만, 시도 때도 없이 내리는 가을비에 결실을 앞두고 있는 감나무가 많은 피해를 입었다. 장마와 병충해로 인하여 짧은 시간에 감이 노란색으로 물들더니 제대로 영글지 않고 있다가 가을장마가 끝나고 햇살이 따갑게 내리쬐자 일시에 감이 익기 시작하여 주황색으로 변해갔다. 감나무 잎에 단풍이 들면 아름다운데 올해는 둥근무늬낙엽병 때문에 잎마다 울긋불긋 하고 둥글고 칙칙한 초록색을 띤 갈색 단풍이다.

해마다 가을이 오면 붉고 잘 익은 감부터 차례로 따며 한 달가량 시차를 두고 수확을 한다. 잘 익은 감을 지인들에게 나누어 주기도 하고 나머지는 장독에 저장을 하여 두고 먹는 즐거움이 있었다. 그런데 올해는 일시에 감이 익어 저장할 수가 없다. 장독 밑바닥이 텅 비어있으니 뭔가 허전하고 아쉬운 마음이 든다.

맑고 푸른 가을날 감나무에 탐스럽게 달린 감을 보면 그림처럼 아름답다. 멀리서 보면 목가적인 풍경에 더 아름답게 보인다. 그런데 어디서 소문을 듣고 왔는지 까치, 산비둘기, 딱새, 등 온갖 새들이 모여들어 감 잔치를 벌인다. 먼동이 트기 시작하면 모여들어 짹짹 거리며 잘 생기고 빛깔 좋은 것부터 쪼아대며 이것 저것 시식을 한다. 이건 별로 기분 좋은 나눔이 아니다. 인기척을 내며 감나무에 접근하면 나 잡아보란 듯이 사방으로 흩어진다. 새가 쪼아놓은 감은 일반 감보다 크고 단맛도 더 있는 것 같다.

지난겨울 매서운 추위 속에서 감나무 가지치기를 하고 유황합제 살포와 거름을 한 포씩 넣은 탓인지 올해는 예년에 비해 감이 많이 달았다.

그러나 문제는 적절한 시기에 농약을 치지 않은 탓에 감나무는 병충해를 입어 주변에는 낙과된 홍시감이 여기저기 떨어져 있고 벌과 파리들은 정신없이 단맛에 푹 빠져있다. 새가 쪼아 떨어진 단감 속에 머리를 파묻고 먹이에 취해있는 무시무시한 말벌도 단맛에 정신을 차리지 못할 때 분풀이 하듯 장화발로 재빠르게 밟으면 아무런 저항도 못하고 여지없이 압사를 당한다.

금년에는 손길이 미치지 못하여 감나무의 열매를 솎아내지 않아 작년보다 감이 굵지 않다. 많은 감을 한꺼번에 수확을 하다 보니 아파트 이웃들에게 한 소쿠리씩 돌리고, 친구들이며 지인들에게도 나누어 주어도 많이 남았다.

열매를 키우고 수확하고 들어 올리고 차로 실어와 좋은 것을 선별하여 배달하고 나누어 주는 것이 받는 사람은 대수로울 수도 있겠지만 힘이 드는 작업이다. 때로는 귀찮고 피곤하다. 집집마다 전화를 하고, 나누어 주는 감은 크고 색깔 좋은 것을 골라 담다 보면 나중에 남는 것은 흠이 있고 못생긴 것만 남는다.

땀 흘리며 농사짓고 수고한 우리가 좋은 것 먹어야 하는데 하는 생각이 들지만 이것이 농산물 나눔의 미학이다. 그래도 나누는 기쁨이 있어 좋다. 나누면 나눈 만큼 더 많은 것이 들어온다더니, 어떤 분들은 답례로 시골에서 가져온 고구마며, 감자, 참기름, 김 등을 답례로 하는걸 보면 생각하지도 못한 선물에 따뜻한 인정을 느끼고, 아직도 훈훈한 이웃의 정을 느끼며 함께 호흡하며 살아 갈만한 세상임을 느낀다.

지난 유월중순에도 치자 꽃이 한창일 때, 붉고 푸른 자두가 탐스럽게 많이 열렸다. 초여름 더운 날씨에 땀을 흘리며 모기가 기성을 부리는 가운데 자두를 땄다. 흐르는 물에 깨끗하게 씻고 포장을 하여 나에게 이런저런 모양으로 도움을 준 지인들에게 선물을 하였다. 받는 이마다 다들 좋아하며 맛이 있다고 고맙다고 말할 때 나눔이 잔잔한 기쁨을 주었다.

오늘 아침도 식탁 위에는 먹음직스러운 반시감이 한 쟁반 가득히 놓여있다. 잘 익은 감을 반으로 쪼개어 숟가락으로 떠서 입에 넣으면 과즙이 많아 부드럽고 달콤함이 입안 가득하다. 다섯 개를 맛있게 먹고 나니 포만감에 아침식사 생각도 없어졌다. 이러한 식생활이 벌써 며칠째 계속되고 있다. 과식을 한 것 같아도 소화가 잘 되는지 속은 편하다.

어제는 옆 동네에 살고 있는 죽마고우 생각이 나 감 한 봉지를 전해줄 겸 친구와 함께 내일 점심을 먹기로 했다. 친구는 학창시절에 마음과 뜻이 맞아 운동도 같이하고 온 종일 붙어 다녔다. 검은 가마솥 두개가 걸려있던 친구 집의 넓은 부엌의 부뚜막에서 종종 점심을 먹었던 기억이 난다. 그동안 세월이 많이 흘러 강산이 여러 번 변할 시간이 지났지만 나와 친구는 처음처럼 관계가 유지되고 있다. 그것은 지금까지 한 번도 이해관계에 얽혀있지 않기 때문인 것 같다. 가끔 뜸하게 만나지만 서로를 생각하는 마음과 변치 않는 믿음이 있기 때문이다. 앞으로도 우리는 서로가 언제나 그 자리에 같은 모습으로 있어줄 거라고 믿는다. 친구간의 우정도 관심과 서로의 노력으로 유지된다. 무심코 던진 말 한마디나 사소한 일로 마음이 상하고, 무엇이던 다 들어줄 것 같은 친구가 서로간의 이익 때문에 멀어지기도 한다.

오래전 내가 다니던 직장에서 방카슈랑스라 하여 금융기관에서 보험 상품을 팔기 시작했다. 그 당시에는 세간世間에 보험이라면 평판이 별로 좋지 않은 시절이었다. 나는 판촉실적이 부진하여 떨어지지 않는 발걸음으로 어렵게 친구를 찾아가 보험을 권유하니 첫말에 가입하여 주었고, 그 뒤 가족들도 가입하여 주어 실적을 올려준 그 고마움을 아직도 기억하고 있는 친구다.

주변에 이런저런 친구는 많지만 어려울 때 도와주는 의리 있고 좋은 친구로 유지하는 것이 결코 쉬운 일이 아니다. 나누는 감 때문에 오랜만에 친구와 재회하여 가족이야기도 나누는 좋은 시간이었다.

요트 유람

수영만 바닷가에도 봄이 서서히 오고 있었다. 경칩이 나흘이나 남았지만 삼월 초 바닷가는 아직 쌀쌀할 것 같아 목도리에 겨울옷으로 차려 입었다. 봄이 왔다고 하지만 아직까지 아침저녁으로 쌀쌀한 날씨에 기온이 차다. 그런데 예상 밖에 오늘 아침나절 수영만 요트경기장은 바람도 없고 햇살도 따뜻하다.

며칠 전 아내의 친목모임인 사인방에서 남편들에게 요트투어를 시켜 주겠다는 말에 "우짠 일로" 하면서 쪼매 들떠 있었다.

부산에서 태어나고 바닷가에서 자랐지만 아직 요트를 타 보지 못했다. 가끔 광안대교 위에서 계류장을 바라보면 멋진 돛대들을 세우고 정박해 있는 요트들은 이국적인 풍경들이 느껴지곤 했었다. 저

요트는 누가타나? 조금 특별한 사람들이겠지 하고 생각했었다.

이곳에는 넓은 주차시설과 요트에 관한 인프라와 시설이 잘 갖추어져 있었다. 수십 척의 고급요트가 정박해 있고 국내요트의 성지라고 불리는 곳이다. 주변에는 고층건물과 바다위의 광안대교가 아침햇볕을 받아 거대하고 웅장한 풍경을 연출하고 있었다. 계류장 가까이에서 보니 크기도 모양도 각각인 많은 요트들. 규모가 작은 것도 가격이 웬만한 아파트 한 채 값이라니 입이 벌어진다. 또한 계류비랑 유지관리비가 만만찮게 많이 드는 걸로 알고 있다. 오늘은 평소에 접근하지 못하는 요트를 타고 시원한 바다를 가르며 망망대해로 항해를 한다니 기분 좋게 스트레스는 날려버리고 새로운 활력이 될 것 같다.

오전 11시, 평일이라 그런지 두 세척의 요트만이 움직임이 있고 정박지는 조용한 분위기다. 계류장의 부잔교를 중심으로 이열 횡대로 나란히 정박해 있는 요트의 사열을 받으며 내가 탈 요트로 향했다. 우리일행은 모두가 요트를 처음 승선이라 호기심에 들떠있는 것 같다. 잔잔한 수면의 부잔교 아래는 수심이 깊은지 여기저기 수초들이 붙어 너울거리고 아침 봄 햇살에 사람들마저 눈이 부신다.

난생처음 요트에 승선하자마자 첫마디가 "와아 ~ 멋지다." 탄성이 나왔고, 다들 요란한 감탄에 자지러진다. 선실은 넓진 않지만 테이블과 빨간 소파가 타원형으로 안정감 있게 배치되어 있고 뒤쪽은 수납장과 주방 싱크대까지 잘 배치되어 있었다. 두어 계단을 내려가니 어선이라면 어창이 있을 곳에 침실을 아늑하게 꾸며 놓았다. 선장이 제공하는 차를 마시며 설명을 들으니 일박 투어도 할 수 있다고 한다. 광안대교 불꽃축제 때엔 가격도, 예약도 피크라 한다. 구명조끼를 배당 받고 이층으로 올라가자 선장은 핸들을 잡고 우리는 사진 찍기 좋은 곳에 자리를 잡았다. 해상투어를 즐기기에 안성맞춤이었다.

하얀 요트는 수영만과 육중하게 보이는 광안대교를 뒤로하고 서서히 바다로 미끄러져 나갔다. 이른 봄 바다는 아직 바람이 차갑지만 바닷물은 은은한 옥빛이다. 바다에서 보는 해운대 마린시티아파트는 더욱 높고 멋있게 보인다. 망망대해를 바라보니 잔물결에 윤슬이 은빛보석처럼 빛난다. 바다와 어우러진 해안의 고층건물들과 동백섬의 절경을 바라보는 일행들은 다들 바쁘게 셔트를 눌러대며 행복한 표정이다. 바닷가 숲속에 미려하게 지어진 에이팩 정상회담이 열렸던 누리마루 하우스와 동백섬을 뒤로하고 뱃머리를 천천히 광안리 해안으로 돌렸다. 007영화에 나오는 요트처럼 빠르게 달리지는 못해도 한 번쯤 조금 속력을 내어 신나게 달렸으면 좋겠다고 생각했지만, 선장은 시간대에 맞는 투어를 하느라 천천히 항해를 하고 있었다.

나는 처음 요트투어가 해운대에서 광안대교를 경유 오륙도까지 유람 하는 줄 알았다. 선장이 해운대 동백섬에서 광안대교를 돌아오는 투어라고 할 때 김이 빠져 버렸다. 기대에 잔뜩 부풀어 자주 가는 이기대 해안절벽을 바다에서 보고 싶었다. 오륙도를 가까이서 보며 혹시 가마우지 몇 마리라도 볼 수 있을까 했지만 기대는 물거품처럼 사라져 버렸다. 하지만 곧 기분이 전환 되었다. 처음으로 요트를 타고 바다위로 항해하면서 시시각각 변하는 해안의 풍경이 환상적으로 다가왔기 때문이다.

파란바다 위에 우뚝 솟은 현수교의 광안대교는 먼 바다에서 볼 때 상층과 하층으로 나누어진 웅장하고 그 아름다움이 해안에서 보는 것과는 확연한 차이가 있었고 명품다리로 다가왔다. 천천히 대교 아래로 지나면서 위로 쳐다보니 수없이 많은 철골 구조물들이 거미줄처럼 엮여져 연결 되어 있었다. 바다위에 세워진 대교를 지탱하기 위한 교각기둥은 가까이에서 보니 크기가 상상을 초월 하였다. 불꽃축제 때 화려한 불꽃이 밤바다에 수를 놓으면 해안에서 바라보는 광안대교는 경이롭고 아름답게 보였던 다리다. 한낮의 햇볕이 머무르는 멀리 광안리 해안은 겨울바다여서 그런지 한적 하기만하다.

광안대교 하면 지난날의 나의 좁은 안목이 떠오른다. 대교의 건설공사기간은 안상영 시장시절 1994년 12월에 착공하여 8년 만에 준공 되었다. 이 공사를 시작 하면서 공사를 반대하는 사람들도 많았다. 나 역시 그 당시에 반대를 하였다. 완공 후 몇 년이 지나자 나의 안목이 틀렸다는 것을 인정하게 되었다. 박정희 대통령 시절 경부고속도로를 착공 할 때도 여러 경제학 교수들과 야당의 대표를 비롯한 수많은 사람들이 반대를 하였다. 나 역시 반대를 하였지만 완공을 하고 몇 년 후 나의 좁은 안목이 여실히 드러났다. 이런 것을 보면 미래 경제를 보는 눈이 좁은 것 같다.

정박지로 원점회귀를 하기 위해 뱃머리를 수영만으로 돌렸다. 민락동의 상징인 백산도 고층건물에 가려 잘 보이지도 않는다. 한적한 민락동 수변공원은 옥빛바다와 어울려 그림처럼 아름답다. 민락회타운과 수변공원은 80년 중반에 매립되어 지금은 광안리와 해변관광단지가 되었다. 물길 따라 흐르는 세월이 지도를 바꾸어 놓고 빠른 변화에 격세지감을 느낀다.

바닷가에서 태어난 나는 날마다 고향 신선대 앞바다를 보고 자랐다. 어릴 적 모래성을 쌓고 놀던 고향 바닷가도 산업화에 매립이 되어 유년시절 추억만이 가슴에 남아있다. 모든 것이 시간의 흐름에 따라 변한다.

이제 선상의 유람시간도 끝나간다. 행사에 시작과 끝이 있듯이 출항 할 때의 환호성과 들뜬 마음도 잔잔해 지고 짧은 유람시간의 아쉬운 여운이 썰물처럼 빠져 나간다. 요트가 기항지에 무사히 정박을 하니 요트는 아무 일이 없었다는 듯 태평스럽다. 우리 일행은 다시 육지를 밟았고 행복한 유람이었다.

"산과 바다를 곁에 둔다는 건 친구 하나를 더 두는 일이다."고 누가 말했다.

제3부

함께 뜨는 숟가락

아내의 뜰

화창한 10월의 주말 아내가 꽃을 한 아름 안고 집으로 왔다. 지인의 아들 결혼식에 갔다가 식이 끝나고 난 뒤 꽃을 한 아름 얻어 가지고 왔는데 모두가 하얀 꽃이다. "모두 하얀 꽃이네!" 하니 순결을 상징하여 흰 꽃이란다.

아내는 꽃들을 꽃병과 집안의 크고 작은 병에 심지어 유리컵에도 꽃을 꽂아 식탁위에, 책상위에, 콘솔위에, 거실의 탁자위에, TV옆에도 꽃병을 놓아 온 집안을 꽃으로 장식 했다. 집안의 분위기는 금방 몰라보게 바뀌어 버렸고 화사한 분위기의 꽃 중에서 내 눈에는 하얀 장미, 백장미가 단연 돋보였다. 오랜만에 하얀 장미를 보면서 세상에서 이 꽃보다 더 아름다운 꽃이 있을까? 순백의 부드러운 하얀 꽃

잎은 수줍은 듯 자신의 몸을 겹겹이 감싸며 세상을 향해 예쁘게 피었다. 그윽한 향기를 가진 흰 백합꽃도 꽃봉오리를 세우고 부끄러운 듯 하얀 안개꽃 뒤에 숨어있다. 안개꽃은 앙증맞게 조그만 예쁜 꽃들이 밤하늘의 별 같은 분위기를 연출한다. 열대 난초과인 하얀 덴피레 꽃도 세련된 몸매로 우뚝 솟아 자태를 뽐내고 있다. 검지의 손톱만한 초록색 잎을 가지런히 달린 이름 모를 작은 잎도 우아한 분위를 일조하고, 갑자기 온 집안이 꽃향기와 때 아닌 꽃들로 봄의 풍경이 만들어지고, 발코니의 꽃나무와 꽃들이 조화를 이루면서 과하게 표현 하면 꽃의 궁전이 되었다.

아내는 꽃가꾸기를 좋아하여 아파트 발코니는 여러 가지 나무들과 꽃들이 계절에 따라 꽃을 피우는 아내의 작은 뜰이다. 때때로 따뜻한 햇살이 창가로 비칠 때 모든 것을 잊고 정성스럽게 나무를 손질하며, 물을 주고 바닥을 닦으며, 꽃을 가꾸는 생활에서 즐거움과 행복함을 느끼는 것 같았다.

몇 년 전 앞집이 이사를 가면서 잎은 다 떨어지고 앙상한 가지만 남은 나무를 버리려고 밀쳐놓은 벤자민과 드라세나 마지나타 나무를 얻어 와 큰 화분에 다시 심어 온실처럼 비닐을 씌워 물을 주고 정성스럽게 돌보자, 한 달쯤 지나 놀랍게도 나무는 주인의 정성에 보답이라도 하는 듯 죽어가던 나무에 새싹처럼 움을 티웠다. 버림받아 죽음 직전까지 갔던 나무는 보란 듯 건강하게 잘 자랐고, 이제 두 나무는 아내의 키 보다 크게 자랐다. 벤자민은 올해 노란 열매를 많이 맺어 아내의 뜰을 더욱 풍성하게 만들었다.

그런데 뜰에 있는 나무들과 꽃들, 그리고 다육이를 보면서 아내가 꽃가게에서 구입한 것이 거의 없다는 것을 알았다. 아파트에 버려진 꽃나무를 가져와 큰 대야에서 화분 갈이를 하고, 흙들을 채우며 몇 시간 동안 정성을 드리는걸 보면서 고생하지 말고 하나 사라고 말해보지만 소용이 없었다. 땀 흘리고 수고하며 생명을 살리는 과정이 힘들지만 즐기는 것 같고, 그것들이 살아서 꽃을 피울 때는 기쁨과 행복이 배가 되는 모양이다.

산스베리아, 행운목과 인도고무나무, 바키라도 아내의 손에서 새 생명을 얻었다. 잘 키운 산스베리아는 다섯 번이나 분가하여 이웃집에 시집을 보냈다고 아내는 은근히 자랑을 한다.

행운목은 10여 년 전, 정초에 바깥의 기온이 영하로 떨어지고 찬 바람이 부는 추운 겨울에 하얀 은색을 띤 자그마한 꽃들을 피웠는데, 꽃모양은 별로 볼 폼이 없지만 향기가 대단하여 한 달가량 그 향기를 즐길 수 있었다. 그 해 1월에 나에게 잊지 못할 행운이 찾아와 행운목 꽃의 의미는 더해졌다.

무심코 꽃나무를 보다가 깜작 놀라 가까이 가서 자세히 보니 올해 또 행운목이 꽃을 피우려고 기다란 잎 뒤에 꽃대가 솟아있는 것을 보고 얼마나 반갑든지 아내에게 기쁜 마음으로 꽃소식을 전하니, 아내는 미소를 띠며 빤히 보더니 자신은 벌써 알고 있었단다. 신기한 듯 "그것을 어떻게 알았느냐?"하고 되물었다.

기가차서 "내가 눈이 없나 코가 없나, 나는 뭐 새로운 것 찾아내면 안 되나." 평소 내가 뭘 찾는 데는 어눌하지만 오늘은 완전 눈뜬 당달이 봉사 취급을 하였다. 이를 때는 모른 척하며 함께 처음 보는 것처럼 관심을 가지고 반갑게 이야기 하면 어디 덧나는지 모르겠다. 꽃소식을 알려 주는 것을 잊어 버렸다나 어쨌다나. 아무튼 가끔 분위기 파악 못하고 김 빼는 데는 소질이 있는 아내다.

아침에 일어나면 자연스럽게 뜰에 가서 잠간동안 여러 가지 식물들을 바라보며 여유를 즐기는 것이 얼마나 행복한지 매일의 일상이 되었다, 평소 뜰의 혜택을 가장 많이 누리는 나는 꽃들을 바라보다 어쩌다 마음이 내키면 가끔 한 번식 나무와 꽃에 물을 주기도 한다.

요즘처럼 미세먼지가 자주 발생하는 날에는 푸르름이 가득한 뜰은 집안의 공기 청정기 역할과 산소를 공급해 준다. 외출을 하고 눈이나 머리가 아플 때 집에 돌아와, 잠시 휴식을 취하면, 어느새 나아버리는 고마운 치유의 공간이다.

발코니의 큰 창문으로 부산항이 그림처럼 펼쳐지는 정경과 잎이나 모양이 다양한 식물이 어우러진 이곳에 있으면 마음이 풍성해지고 여유와 평안을 얻고 안식을 취하는 뜰이기도 하다.

나는 오늘 아침 꽃향기가 온 집안 가득하고 하얀 화려한 꽃들로 장식된 거실의 분위기와 꽃에 정신이 팔려버렸다. 매일 보던 뜰은 까마득하게 잊어버리고 새로운 꽃들에게 마음을 빼앗기고 말았다. 늘 푸르름과 안식을 주던 고마운 뜰을 외면한 채, 아름답고 새로운 것을 보면 그만 정신이 팔려 버리는 모습이 세 살짜리 어린 손자 이든 이와 다를 바 없는 것 같다. 호흡이 있는 한 새롭고 아름다운 것에 관심을 가지는 습성은 인간의 특성인지 모르겠다.

아침을 먹을 때 가정에서 조그만 소품 하나가 집안의 분위기를 바꾸어 버린다고 하드니, 식탁위의 은은한 백합꽃 향기와 꽃들로 집안은 아늑한 봄의 무드로 전환 되어 버렸다. 평온한 꽃밭에서 여유를 누리면서 예쁜 꽃들과 함께 오랫동안 시간을 보내고 싶다. 내가 뜰을 좋아하고 사랑 한다는 것을 꽃나무들도 알고 있을 것이다. 지금까지 편하게 마음을 나눌 수 있는 사람과 함께 자연스럽게 꽃들을 바라보고, 정겨운 하루의 일들과 지나간 아름다운 추억들을 이야기하며 여기까지 온 것을 참으로 감사하게 생각한다.

그리운 옛집

사람이 한평생 태어난 곳에서 살아가는 것이 행복인지 불행인지 생각해 보았다.

고향 선산을 지키는 나무는 키가 작고 굽어지고 못생긴 나무들이라는 옛말이 있다. 나는 오랜 세월 동안 고향에서 나름대로 올곧게 행복한 삶을 살고 있다고 자부하지만, 고향 선산을 지키며 살아가는 굽어지고 못생긴 나무 인지도 모르겠다. 오래전 교통도 편리하고 교육시설이 좋고 병원과 시장이 있는 환경이 좋은 옆 동네로 이사를 해볼까 벼르고 마음먹은 적이 있었다.

나는 갯마을이었던 용당동 바닷가 오두막집에서 태어나 지금까지 이사를 두 번 하였다. 그것도 우물 안 개구리처럼 용당동 안에서 이사를 두 번 하였다. 첫 번째 이사는 결혼 3년 후 284번지에 이층 슬라브 집을 신축하여 이사를 하였다. 이 집의 나무대문을 열고 들어서면 아담한 화단에 자목련 한 그루가 심어져 있다. 자목련은 장인께서 결혼 1주년 기념으로 교통도 불편한 그 시절 70년도 말에 멀리 구포 장에서 힘들게 사 오셨다. 원래는 먼저 살던 집에 심어져 있었던 것을 신축을 하면서 100미터 가량 떨어진 이곳에 옮겨 심어 놓았다.

장녀인 딸을 시집보내고 평소 별로 말이 없으신 장인은 어느 날 예고도 없이 자목련 한 그루를 심어 주고 가셨다. 꽃말을 찾아보니 고귀함, 자연애였다. 결혼식장에서 딸을 사위의 손에 넘겨주고 그날 장인은 많은 눈물을 보였다는 이야기를 듣고 마음이 숙연 했었다. 애지중지 키운 딸을 출가시키고 그립고 애석한 마음에 뭔가를 남겨주고 싶어서 기념식수를 했다고 말했지만, 사위가 딸을 자기 몸과 같이 사랑하면서 오손도손 잘 살라는 뜻이 담겨져 있다고 생각했다. 그 당시 장인에게 좀 더 살갑게 잘 해드리지 못한 것이 지금도 미안한 마음으로 남아있다.

해마다 이른 봄 자목련이 꽃을 피울 때, 장인은 계시지 않지만 탐스러운 꽃을 보면 장인의 애틋한 마음이 생각났다.

어머니는 예쁜 손주들의 재롱을 지켜보며 10여 년 동안 이 집에서 행복한 시간을 보내다가 1991년에 돌아 가셨다. 집안은 오래 동안 어머니의 채취가 남아 있는 것 같았고 추운 겨울에는 거실의 남쪽

창가에는 항상 푸른 식물들이 자라고 있었다.

그러다 2005년 현재의 아파트로 두 번째 이사를 하였다. 이사를 하기 전 아파트는 분위기가 삭막하고 이웃 간에 인정이 없다며 이사 가기를 싫어했지만, 살아보니 단독주택 보다 편리한 점이 한 두 가지가 아니다. 손수 집을 관리하지 않아도 주위가 깨끗하며 전망이 좋고, 아침저녁으로 마당청소와 문단속 안 해도 되고, 한밤중에 길고양이들의 영역 다툼에 잠 깨는 일 없고, 외풍이 심하다고 잔소리를 안 들어 좋았다. 그중에서도 외관 페인트며 보일러, 배관, 전기, 크고 작은 집수리 안 해도 되는 것이 너무 좋았다.

옛날 내가 태어난 바닷가 우리 집은 검은 루삥 지붕으로 된 판자집이었다. 루삥은 두꺼운 종이에 검은 코르타르 같은 것을 코팅하고 그 위에 모래를 뿌려서 만들어졌다. 여름에는 푹푹 찌는 찜질방이요, 겨울에는 코끝에 고드름이 얼 정도로 외풍이 세었다. 집안에서 미닫이문을 열면 바다의 갯냄새가 풍겨오고 해안의 모래와 푸른 바다가 훤히 보였다. 선창에는 서너 척의 고기잡이배들이 한가로이 떠 있고, 밀물 때는 집 앞 도랑까지 바닷물이 올라와 작은 치어들이 놀고 있는 것이 지금도 눈에 선하다. 추석날 아침 사라호 태풍으로 루삥 판자 집은 강풍과 파도에 힘없이 완파 되었고, 그 후 함석집으로 바뀌어 비가 오면 토당 토당 빗소리가 들었다. 지금 생각하니 정겹고 운치가 있었던 것 같아 그립다. 이웃집과 나무판자로 만든 담이 세워져 있었는데, 나무 틈사이로 들여다보면 마당이 훤히 보였다. 여름이면 아침을 먹은 후 집 뒤 멍석에서 방학 숙제를 하였고, 팔베개를 하고 누우면 새파란 하늘에 하얀 구름이 정처 없이 흘러가는 것을 지금도 잊을 수 없다.

중학교에 입학하자 함석집을 철거하고 단층 슬라브 집을 지어 횟집을 경영하였다. 어머니가 만든 초장이 맛이 있다고 소문이 난 탓인지 장사가 잘 되어 2년 후 2층을 증축 하였다. 증축을 할 때 건축허가의 용도대로 짓지 않았다고 구청 철거반들이 몰려와 무자비하게 해머로 2층 옥상에 큰 구멍을 하나 뚫어 주고 갔다. 뚫린 천정에 하늘이 보였고 드러난 흉물스러운 철근을 보고는 친구들과 이웃 사람들에게 부끄러워 한동안 집밖에 잘 나오질 못했다. 얼마 후 집을 완공 했으나 준공검사를 받지 못했다. 처음부터 순조롭게 집을 짓지 못하여 찢기고 부서졌지만, 그래도 어렵게 집이 완공이 된 후에는 우리를 푸근히 감싸 주는 집이요 즐거운 우리 집이였다.

마당의 대문 옆에는 깊지 않은 우물이 있었다. 봄철에 우물곁의 등나무가 자주색 꽃을 피울 때는 참으로 보기가 좋았다. 여름철에는 잎이 무성하여 우물에 시원한 그늘을 만들어 주었다. 마당 한가운데 조그만 타원형의 뜰이 있어 맨드라미, 봉숭아, 사루비아, 백일홍, 국화꽃들이 계절마다 예쁘게 피어 넉넉한 마음으로 바라 볼 수 있어 삶의 여유를 누리곤 했다.

결혼 후 방 2칸과 거실이 딸린 안채를 신축하여 단란하고 행복한 결혼생활을 했다. 마당은 시멘트 포장을 하여 단순하고 소박했던 뜰은 사라지고 안채 남쪽 창문을 따라 조그만 하게 조성된 화단을 만들었다. 여기에 자목련을 심었고 딸과 아들이 이 집에서 태어났다.

며칠 전 귀소본능 인지 오래전에 삶의 흔적이 있는 고향집이 그리워 일부러 찾아가 보았다. 지은 지 50년이나 되어 너무 낡고 허름했다. 가끔 차를 타고 집 앞을 지나가다 보면 이층집의 전면은 타일을 붙이면서 설치해 놓은 가설 구조물이 몇 년 전 부터 세워져 있었다. 집수리는 언제 끝이 날려는지 구조물 때문에 공사장처럼 보였다.

우리 집은 옛날 그대로 남아 있었으나 외벽의 페인트칠도 퇴색되어 너무 낡았고 바깥 화장실 벽도 군데군데 떨어져 나가 휑하게 보였다. 사람이나 집이나 가축하지 않으면 아름다움을 유지하지 못한다. 집을 둘러보니 지나간 세월 속에 삶의 애환이 배어있고 집도 늙고 나도 늙고 변하지 않은 것이 없어 서글펐다.

집을 돌아 골목길에 들어서자 아련하게 지나간 추억들이 떠오른다. 뒷집 형수님이 지나갈 때는 언제나 간헐적으로 꺼억~ 하며 트림을 했다. 갑원 누님 말은 언제나 정겹고, 말소리만 들어도 누가 누구인지 다 안다. 대건 이와 구슬치기 하던 곳도 이 골목길이다.

마당에 들어서자 장어와 생선들을 횟감으로 만들며 비린내가 감돌던 우물은 사라지고 그 자리에는 화분 서너 개가 볼 품 없이 놓여있었다. 마당과 담벼락에는 가지만 앙상한 나무들이 정리되지 않은 채 뻗어있어 보기가 흉했다. 잡다한 물건들은 비좁은 마당 구석에 쌓여있고 언제 심었는지 마당 한 가운데는 키 큰 감나무 한 그루가 갑갑하게 자리 잡고 있었다.

젊은 날 신혼생활을 하며 보냈던 안채의 형태는 세월과 함께 퇴색되었다. 한 여름 마루에서 아이들이 낮잠을 자기도 하고, 등나무 그늘의 우물을 바라보며 식구들과 둘러앉아 아침을 먹고 여유를 부리던 푸근한 쉼이 있던 곳이다. 옥상으로 올라가 주위를 둘러보니 다닥다닥 붙은 이웃의 스레트 지붕들은 초록색으로 단장을 했지만, 오랜 세월을 보낸 흔적으로 슬럼화 되어 가고 주위는 조용하였다. 함께 놀던 친구들과 다정했던 이웃사람들은 어느 곳에서 무엇을 하고 사는지 그립다.

넓고 넓은 세상 중에 부산의 갯마을 이곳에서 태어나 유년시절을 보내고 결혼을 하여 자식들을 낳고, 많은 사람들을 만나고 웃고 떠들며 사랑했던 시간들. 이웃에 살던 술을 좋아했던 자형을 미워하고 갈등했던 시간들, 이제는 이모두가 소중하고 귀한 시간을 뒤 돌아보며 연민의 정을 느끼게 한다.

그 옛날 친구들과 놀던 뒷동산을 바라보니 언제 들어섰는지 높은 건물에 가려 일부만 조금 보였다. 뒷동산에서 친구들과 미끄럼을 타고 선후배와 병정놀이 하던 그곳은 산업화의 물결에 사라지고 아름다운 추억으로만 남았다.

그날 집으로 돌아오면서 왠지 허전하고 쓸쓸했다.

농장 가는 길

농장에 가는 날은 언제나 잔잔한 기쁨이 있다. 기장인터체인지를 돌아 대리마을로 들어서면 마을 옆으로 흐르는 일광천 개울을 따라 가는 길은 시골의 풍경을 느낄 수 있는 곳이다. 상곡마을에 가을이 오면 들판은 황금물결을 이루는 벼와 농가의 감나무에 붉은 감이 탐스럽게 달려있는 목가적인 풍경을 볼 수 있다. 때때로 사이클 동호회 회원들이 가을 속으로 일 열로 줄지어 가는 모습도 보기에 좋다. 찬바람이 부는 추운 겨울에는 철마로 가는 다리난간에 산불조심 깃발이 요란스럽게 펄럭이고 있다. 나락을 베고 난 논에는 쓸쓸함이 감돌고 군데군데 미나리꽝에서 미나리를 캐는 농부를 만날 수 있다. 용천저수지의 산 아랫길을 따라 가면 건너편 숲속에는 그림 같은 집들이 보인다. 일차선의 산길을 굽어 돌면 멋진 소나무 한 그루가 보이며 왼쪽의 경사진 언덕길을 따라 백 미터쯤 올라가면 농장이 있다. 주위의 산들이 농장을 포근하게 감싸고 있고 멀리 달음산의 풍광이 눈앞에 펼쳐진다.

이 언덕길은 십 여 년 전에 농장 위쪽의 땅 소유자가 중장비를 동원하여 길을 만들었는데 지금까지 비포장으로 되어있다. 비만 오면 흙은 씻겨나고 주먹만 한 돌이 들어나 차량이 다니기가 위험하다. 길 옆으로 빗물이 흘러 내려 처음에는 작은 도랑을 이루더니 지금은 깊은 계곡처럼 되어 버렸다. 더 파져서는 안 되는데 걱정을 하지만 개발비용도 만만찮아 어떻게 손 쓸 엄두가 나지 않는다.

몇 년 전 이 길의 열세사람 공유지번 소유자들이 모였다. 길 옆 이웃 농장주 Y씨가 택지를 개발하기 위해 자기 소유의 땅까지 포장을 하겠다하여 동의서를 요구했다. 맨 위쪽의 땅주인 L씨 한 분이 반대를 하였다. 이유는 맨 위쪽까지 포장을 하지 않으면 동의를 해줄 수 없다는 것이다. 맨 위쪽까지 포장을 한다면 백 미터 가량 더 포장을 해야 하는 거리다. 자신의 땅과 무관한 땅을 포장하라는 상식에도 어긋난 억지 주장을 하였다. 나는 Y씨 집 앞 까지 오십 미터를 먼저 포장을 하면 나머지는 모두가 공동으로 경비를 부담하여 포장을 하자고 했지만 한 사람의 반대로 결국 무산되고 말았다. 법적으로는 공동소유자 모두의 동의가 있어야 포장이 가능한 일이었다. 공동체 생활을 하면서 서로 도와주고 협력하며 살아가는 것이 기본인데 모두의 발목을 잡는 푼수 짓을 하는 이유가 궁금했다.

며칠 후 이웃에 사는 K씨로부터 L씨가 농사를 짓기 위해 무단으로 임야를 개발하고 무허가로 조그만 집을 지었는데, 누군가 고발을 하여 원상복구와 벌금을 물었다고 했다. 그 고발한 사람이 Y씨라며 그동안 원한에 응어리졌던 마음이 표출되었다고 말했다. 이 일로 두 사람 사이는 골이 깊어지고 앙숙이 되어버린 것 같았다.

그러나 이 이야기를 본인들에게 직접 듣지 않아서 석연찮은 점도 있었다. Y씨 집과 L씨 집은 제법 멀리 떨어져 있었고, 평소 일면식도 없었다는데, 정의감 때문에 고발 했을까? 아니면 자연보호 차원에서 고발 했을까? 이해가 잘 되지 않았다.

Y씨는 오래전부터 길을 사이에 둔 이웃이다. 내가 주말마다 농사를 짓기 위해 Y씨를 찾아가 처음 인사를 나누었을 때는 이른 봄 이였다. 집 마당에는 커다란 하얀 목련이 화사하게 피어 있어 나의 눈길을 사로잡았다. 그런데 군데군데 메여있던 세 마리의 개가 어찌나 사납게 짖는지 고을이 뜨나갈 듯이 짖어 주인이 호통을 치고 난 뒤에야 조용해졌다.

“올 봄부터 농사를 지으려고 합니다. 이웃끼리 잘 지내자.”며 음료수 한 박스를 들고 찾아가 인사를 하였다. 초짜농부라며 잘 가르쳐 달라고 부탁을 했다. 나보다 훨씬 연배여서 이때부터 Y선생님이라 불렀다. 선생님이라는 호칭에 상당히 좋아하는 것을 보면서 지금까지 그렇게 부르고 있다. 그래서 그런지 나에게는 친절하게 잘 대해주었다.

평소 나의 신조信條중에는 짧은 한 세상을 살면서 한 사람이라도 적을 만들며 살아갈 이유가 없다고 생각해 왔다. 이웃과 잘 지내기 위해 내가 먼저 인사하며 친절을 베풀고 상대를 존경해 주면 상대방도 나를 존경해준다 는 것을 믿고 있었다.

그 이후 배 농사를 지을 때 여러 가지 농사 방법을 가르쳐 주기도 했다. 농장에 가면 미처 내가 Y선생님을 보지 못했을 때 "왔는교"하면서 먼저 인사를 건네기도 하였다.

그때 만남이 있었던 이후, 주말에 농장 가면 나를 찾아오는 횟수가 많아 졌다. 주말에만 시간을 내어 농사를 짓다보니 할 일이 태산같이 많은데, 방문하면 갈 줄을 몰라 그렇다고 손님을 가라고 밀어낼 수는 없었다. 만나면 무슨 할 말이 그리 많은지 들어보면 지난번 했던 이야기를 다시 하며 보통 한 시간 이상 이야기를 하다 보니 싫은 내색을 하지 못하고 듣는 것이 고역이었다. 주변에 이야기를 들어 주는 사람이 없어 오죽 했으면 나에게 이야기를 하나보다 생각하여 인내하며 들었다. 이야기는 주로 L씨에 대한 원망과 괘씸함을 이야기했다. 이 길을 이용하는 사람들도 함께 전화를 하거나 적극적으로 설득을 하지 않았다고 섭섭함을 여러 번 이야기 했다. 오래전 자신의 고발사건을 본인은 모르는 것 같았다. 혹시 Y선생님은 고발하지 않았는데 L씨가 오해하고 있지는 않은가 생각하기도 했다.

나 역시 비포장 된 길을 포장을 하면 농장 마당까지 차가 쉽게 들어오기 때문에 두 번이나 L씨에게 전화를 한 적이 있었다.

"길을 포장하면 주위의 땅값이 올라가 모두 다 좋을 것이고 차가 다니기 편하여 생활하기도 좋을 것"이라고 내 나름대로 설득을 했다.

"포장을 하면 끝까지 다해야 되지 않느냐"고 하면서 말도 안 되는 억지를 되풀이 했다. 상식이 통하지 않고 보통사람들이 어떻게 살아가는지 보지도 않은 외골수 인생을 살아가는 사람이구나 생각하고 더 이상 전화를 하지 않았다.

Y선생님은 또 이 곳에서 있었던 과거 이야기를 종종 하곤 하였다. 초창기에 전기를 끌어들였든 이야기, 수도공사 이야기, 도로포장 이야기, 등 대부분 자신이 앞장서서 관공서에 가서 일을 했지만, 어느 누구 한사람 고맙다고 쓴 커피 한 잔 사주는 사람이 없었고 인정머리 없는 사람들이라고 푸념 섞인 무용담의 이야기도 여러 번 들었다.

그러나 공사 과정에서 공사비를 투명하게 밝히지 않아 주위사람들이 원성이 자자했다고 들었다. Y선생 집 옆에 택지조성공사 때문인지 몰라도 마을 이장과의 다툼도 있었고 군청에 여러 번 고발사건이 있었다며 재작년 돌아가신 작은 아버지가 이야기를 해 주었다.

지난해 따뜻한 봄 날, 밀짚모자를 쓴 Y선생님이 찾아와 하던 일을 멈추고 인사를 하였다. 찾아오는 이웃 어른을 밀어 낼 수도 없고 속으로 이제 불편하니 그만 왔으면 하는 생각을 했다. 오늘 오전 일은 이것으로 끝났구나, 또 지난번 했던 이야기를 고행苦行하는 마음으로 들어주어야 했다. 특별한 용무도 없으면서 찾아와 농사일을 방해하면서 한다는 이야기가 또 지난번 했던 이야기를 되풀이 하였다. 아직까지 분憤을 삭이지 못하는 것 같았다. 나는 인내심을 훈련한다는 생각으로 듣고 있는데, 갑자기 하던 말을 잠시 멈추더니 앞으로 포클레인으로 다니던 경사진 길을 정비를 하지 말라고 했다. 만약 포클레인으로 길을 고르면 고발하겠다고 S씨에게 전해 줄 것을 이야기 했다. 정말 황당하였다. S씨는 나보다 일곱 살 많은 형님 같은 분이다. 나의 농장 바로 위에서 농사를 짓고 있었다. 처음 이곳에 왔을 때 건강이 좋지 않았으나 지금은 많이 회복되었다. 조그만 포클레인을 갖고 있어 봄, 가을에 한 번씩 경사진 길을 고르지 않으면 차가 다니기 어렵기 때문에 길을 정리하는 형님을 항상 고맙게 생각하고 있는 이웃이었다.

나는 고발을 하겠다고 하여 놀라 내 귀를 의심했다. L씨의 반대로 길을 포장하지 못하자 자신이 소유하고 있던 땅의 삼십 미터 옆에 새로운 길을 만들었다. 이 때문에 약 이백 평가량 땅의 손실을 보았으며 그 가격이 얼마나 되는지 아느냐고 흥분하면서 말하던 때가 불현듯 생각이 났다. 아마 그 앙심을 풀지 못해 우리에게 앙갚음을 하는 것 같았다. 참으로 어른으로서 철딱서니 없는 행동이었다.

"Y선생님 길이 파여서 엉망인데 차가 다니기가 힘들면 군청에서 길을 정비를 해줘야 할 일을 개인이 하는데 고발한다면 주위 사람들이 Y선생님을 어떻게 평가하겠습니까? 괜히 욕먹는 일 하지 마십시오.” 나도 모르게 한 옥타브 높게 말이 나왔다.

“남들이 나를 어떻게 평가하든 상관없다”며 약간 흥분되어 말했다. 이웃과 잘 지내려고 노력 했는데 이제 어쩐지 상대하기 싫은 분이 되어버렸다. 이 길을 이용하는 사람들이 이 사실을 알면 모두가 손가락질 할 텐데 사려 깊지 못한 말을 하고 욕심 많은 영감의 숨겨진 본성을 드러내는 것 같았다.

“이웃끼리 황소 한 마리를 가지고도 다투지 않는다는 속담이 있는데 이웃끼리 잘 지내야 되지 않습니까? 공로로 다니는 길을 고르지 말라면 이 길로 다니지 말라는 것과 같은 것입니다. 나도 이 길로 다니는데 나보고 다니지 말라는 것과 같습니다.” 평정심을 잃지 않으려고 애써 차분히 이야기를 했지만 떨림이 있었다. 이 말에는 대답이 없었다. 화가 나서 이 땅 전부가 Y선생님 땅이냐고 심한 말을 하고 싶었지만 더 이상 말을 하지 않았다. 오후에 일을 하면서 화가 나기도 했지만 어처구니가 없었다.

며칠 후 S형님에게 있었던 일을 이야기 하였다. 만약 고발을 하면 함께 책임을 지기로 약속을 하고 포클레인으로 길을 정비를 하였다. 보름이 지나도 아무런 소식이 없었다. 사려 깊지 못한 말로 나에게 상처를 주고 이웃에게 인심을 잃고 말았다.

비만 오면 길이 미끄럽고 흙이 유실되어 파이고 통행에 불편하여 대문 앞길을 포장을 조금 했더니 비가와도 흙이 유실 되지 않고 다니기에 훨씬 좋았다. S형님도 언젠가는 길을 포장을 해야 하는데 걱정을 하면서 Y씨만 고발하지 않으면 함께 비용을 분담하여 포장을 했으면 좋겠다고 했다. 나 역시 같은 생각이어서 Y선생님을 찾아갔다. 농장 입구까지 길을 포장 하겠으니 동의를 해 달라고 정중하게 부탁을 했다.

오해는 하지 말라고 하면서 "자신은 동의를 하는데 소유자 모두에게 반듯이 서면으로 동의를 받아서 하라"고 말했다. 나는 이 말이 포장을 하지 말라는 뜻으로 생각이 되었다. 열세 명의 지분 소유자에게 동의서를 받는 것도 쉽지 않지만 L씨가 동의를 할지도 의문이다. 동의를 한다면 Y선생과 평생 원수로 살아갈 것이다.

올해도 가을은 어김없이 찾아와 산과들을 아름답게 물들이며 깊어가고 있다. 이 경사진 길을 다니는 분들은 모두 포장하기로 원하지만 비포장도로가 언제 포장이 될지 요원하다. 이웃을 잘 만나야 된다는 말이 절실히 실감이 난다.

우여곡절 끝에 2023년 가을, 농장 윗쪽의 농장주 세 명과 의기투합하여 나의농장 대문까지는 시멘트로 전면포장을 하였고 윗쪽으로는 기찻길처럼 두 갈래로 차가 다닐 수 있도록 포장을 하였다. Y선생님은 보고도 못 본채 아무 말도 하지 않았다.

함께 뜨는 숟가락

유월 초순이지만 날씨는 한 여름이다. 금년 일월 코로나가 전국적으로 확산되기 전 누나들과 샤브사브 집에서 함께 점심식사를 한지 오 개월이 지났다. 코로나도 어느 정도 진정이 되어 확진 자들이 줄어들자 사회적 거리두기에서 생활 속 거리두기로 바뀌었다. 어제 둘째 누나가 코로나 재해지원금을 받았으니 점심식사를 같이하자며 전화가 왔다.

"내가 먼저 전화를 해야 하는데 누나가 먼저 하셨네요. 이번 식사는 내가 대접 하겠다"고 말하자

"이번에는 누나가 사고 다음번에 동생이 사라"며 웃으면서 전화를 끊었다.

둘째 누나의 전화를 받고서야 몸이 불편한 큰누나에게 전화를 하지 않은지 오래 되었다는 것을 알았다. 여든 중반의 큰 누나는 보조 휠체어에 몸을 의지하며 근근이 거동을 한다. 같은 동洞에 살고 있어 식사를 하기위해 가끔 모시러 가면 힘겹게 부축을 하고 겨우 차에 오르며 매번 미안해하면서 하는 말이 "너희들끼리 가면 되지 내가 너 그들 번거롭게 하고 성가시게 하는데 뭐 하러 데리러 왔노?" 하신다.

"그래도 오랜만에 모여 식사를 하는데 얼굴도 보고 큰 누나가 빠지면 서운하지요"하고 말하면, "아이고 마 그냥 너희들끼리 가지." 하신다. 표정을 보면 마음에 없는 말을 하면서 함께 모이는 것을 은근히 좋아한다. 오래전 무릎을 수술하고 혼자 사시지만 정신도 맑고 기억력이 또렷하니 감사하다.

큰 누나와 나는 나이가 열 일곱 살이나 차이가 난다. 어머니가 열여덟 나이에 아버지에게 시집을 왔으니 그 때를 생각하면 엄마뻘이다. 내가 어릴 때 누나를 따라 시장에 가면 사람들이 가끔 아들이냐고 물었단다. 엄마가 장사하러 나가시면 큰 누나가 살림을 실머 여러 동생들과 나를 키웠다고 해도 과언이 아니다.

결혼을 하여 자형이 공무원 이었지만 일찍 사별을 하여 행복한 결혼생활을 하지 못했다. 어린 자식들을 키우면서 고생을 많이 한 누나를 생각하면 가슴이 아프다. 네 명의 자식을 두었고 아들은 직장따라 수도권에 살고 있어 가까이 살고 있는 내가 자주 전화도 하고 찾아가 봐야 하는데, 살다보니 잊어버리고 살 때가 더 많다. 다행히 딸들이 부산에 살고 있어 전화도 하고 종종 부식을 사오거나 반찬을 만들어 돌봐주고 있어 자식 도리를 해주니 고맙다. 이래서 부모가 늙어지면 자식들이 소중하다는 것을 느끼게 한다.

지난달엔 내가 점심을 대접하려고 계획을 했다가 코로나 방역이 강화되어 갑자기 취소가 되었다. 그 후 잊고 있었는데 둘째 누나의 전화로 식사 모임을 갖게 되었다. 예약한 식당은 코로나 때문인지 점심시간이지만 한산하여 넉넉하게 자리 잡고 앉았다. 반갑게 인사를 나누고 둘째 누나를 보니 건강이 눈에 띄게 안 좋아 보였다. 작년 가을 허리수술을 하고 경과가 좋았는데 오늘 보니 안색이 좋지 않았다. 앉아 있는 것도 힘들어 한다. 어릴 때에는 가난하여 고생을 많이 했지만 이제는 아들딸들도 출가를 하고 물질적으로 풍요 속에 살지만 건강이 받쳐주지 못한다.

지난해까지만 해도 누나들과 격월 마다 식사를 했었는데, 코로나가 발생하자 가족끼리 식사모임도 기약 없이 연기 되었다. 식사 모임이 있을 때에는 아내와 나는 우스개로 오늘도 위험한 상견례를 하러 간다며 웃었다.

누나들이 처음 만나면 반가워서 화기 애애 재미있게 이야기를 하다가는 지난 날 서로가 섭섭했던 애기들을 하면 어느새 냉전의 기류가 흐르고 말 한마디 한마디가 분위기를 얼어붙게 만든다. 어떤 때는 일촉즉발 위기 상태로 간적이 한두 번 아니었다. 그때마다 분위기 전환을 위해 나와 아내는 진땀을 흘려야만했다. 강한 기질을 물려받은 최 씨 집안의 딸들이 아니라 할까봐 다들 개성과 자존심이 강하다. 자녀들도 결혼 후 자식들을 낳고 얼마 지나지 않으면 서서히 가정의 핵심으로 부상한다. 가정사 모두 주도권을 쥐고 산다.

심지어 내 딸도 최 씨의 유전자 이어 받아서 그런지, 결혼하여 손자가 태어나자 어느새 사위보다 딸의 입김이 더 센 것 같아 보인다. 집안의 내림 인지도 모르겠다.

이번에 누나들을 만나 보니 세월의 흐름 속에 조금씩 늙어 가는지 말 수가 눈에 띄게 적어졌다. 예전처럼 몸을 마음대로 움직이지 못한 탓인지 위험한 상견례의 광경은 사라졌다. 누나들의 나누는 대화가 부드러워 졌고 기력이 예전보다 많이 떨어지니 말의 기세도 떨어져 버린 것 같았다.

셋째 누나도 칠순을 넘겼다. 셋째 누나를 생각하면 어릴 때 내가 철이 없어 고의적으로 심술을 많이 부리고 다투어 미안한 생각이 든다. 미녀인 누나는 성미가 급한 탓인지 학창시절에 잘 넘어져서 무릎에 반창고를 늘 붙이고 다녔다. 그래서 한 때 누나는 먼 산을 보다가 잘 넘어 진다하여 '먼 산'이라고 별명을 부른 적이 있었다.

결혼 전 누나는 화장을 조금 짙게 하였고 나는 짙은 화장을 하는 누나를 싫어했다. 마침 선을 보러가야 하는 일이 생겼다. 당시에는 관습인지 모르지만 처녀가 선을 볼 때에 아버지나 오빠나 남자가 동행해야 한다는 것이었다. 아버지는 일찍 돌아가셨고 사촌 형님을 부르기도 어렵고 동생인 내가 갈 수 밖에 없었다. 범생이인 나는 짙은 화장과 매니큐어와 속눈썹을 붙이면 참석하지 않겠다고 선언했다. 누나는 몇 번 나를 달래고 설득하였지만 소용이 없자 하는 수 없이 매니큐어도 지우고 기초화장만 하여 선을 보게 되었다. 지금 생각하니 참으로 웃기는 이야기다.

이런저런 옛이야기를 하면서 원망하고 미워했던 지난날도 덧없이 지나가고, 아등바등 힘겨운 삶을 살았던 세월도 다 지나갔다. 격랑의 순간들도 묻혀 지나 갔으니 모처럼 한가롭게 여유를 즐기며 아름다운 추억의 노트를 한장 한장 넘기고 있다.

해는 서산마루 위에 걸려있고 퇴색되어 가는 기억 속에 가족애가 녹아있는 추억을 이야기하는 이 시간이 얼마나 소중한지 다들 잘 알고 있다. 삶의 여정에서 가족이라는 울타리 안에서 젊은 날의 욕심과 희비와 애증이 이제는 새로운 사랑으로 다가와 흑백사진 속의 추억처럼 아련하게 다가온다.

자주 만나고 싶지만 코로나 때문에 다음 만남은 기약도 없다. 집으로 돌아가는 차 안에서 "우리가 자주 만난다 해도 몇 번이나 함께 숟가락을 뜨겠노?"라고 말하던 큰 누나의 말이 귀전에서 맴돈다.

함께 숟가락을 뜨는 것은 마주 보고 이야기하며 사랑과 정을 나누는 시간이다. 혼자가 아닌 함께 하는 시간이다. 사람은 사회적 동물이요 함께 살아가는 존재가 아닌가? 오랫동안 혼자서 밥을 먹는 큰 누나는 사람의 온기가 그립고 외롭고 쓸쓸하다.

우리들도 반가운 친구나 지인들을 만나면 함께 식사를 하며 그동안 나누지 못했던 이야기를 나누며 친교하며 사귀어간다. 교회에서 목장의 순모임을 하며 순원들과 식사를 할 때가 있다. 함께 숟가락을 뜨면서 도란도란 이야기를 나누면 이내 서먹서먹하였던 분위기가 바뀌어 좋은 분위기 속에서 대화가 이어지며 서로가 친근해지고 위로와 신뢰가 쌓인다.

심 씨 I

농장 주위의 숲은 하루가 다르게 녹음이 짙어가고 유월 하순 초여름의 향기가 곳곳에 푸릇하게 녹아있다.

여기서는 일의 성과나 목표도 없다. 누구도 간섭하지 않는 늘 자유분방한 곳이다. 농촌에서의 시간은 흐름이 느린 곳이라고 말 하지만, 나에게는 농촌의 시간이 빨리 간다. 녹색의 자연을 즐기며 도시에서 느낄 수 없는 조용함과 신선한 공기에 몸과 마음이 편하고 세상의 잡다한 생각들을 잊어버린다. 자연에서 생활하는 것이 얼마나 좋은지 감사 할 따름이다.

나는 이곳에서 텃밭농사를 지으며 주 2~3일 생활하며 지낸지도 3년이 지났다. 도심지와 조금 떨어진 기장군 일광면이다. 멀리 달음산이 보이고 산들이 병풍처럼 둘러싸인 농장에는 약간의 과수나무와 텃밭엔 상추, 고추, 토마토, 오이 등 여러 작물이 초여름의 뜨거운 햇살아래 풍성하게 영글어가고 있다. 직장을 퇴임하면서 내가 하고 싶은 일을 하고 즐거운 일을 하면서 유유자적 자연인으로 건강한 삶을 살기로 했다.

식탁에는 싱싱한 푸성귀들로 풍성한 밥상이다. 활동을 많이 하다 보니 별 반찬이 없어도 무엇이든지 맛이 있다. 이곳에서 잠을 자면 일찍 일어난다. 일찍 잠자리에 드는 것도 있지만 새벽에 지저귀는 새소리 때문이다. 고요한 숲속의 새벽을 깨우는 이름 모를 산새들이 먹이를 찾거나 짝을 부르는 소리 같다. 맞은편 농장의 유별난 닭 울음소리도 새벽을 알리는 소리다. 아침에 지저귀는 새소리는 청아하게 들린다. 어떤 새들은 빠르게 공중을 유희하며 포물선을 그리고 비행하다 숲속으로 몸을 숨긴다. 멀리 앞산에서 뻐꾸기의 구슬픈 소리가 허공을 가르고 아침 햇살이 숲속을 비치면 시원한 소슬바람이 하염없이 나뭇잎을 흔든다.

며칠 전 농장에 가려고 준비를 하고 있는데, 심 씨가 올 때 막걸리 한 병을 사가지고 오라며 전화가 왔다. 아침부터 술심부름을 시켜 심드렁했지만 농장에서 가계까지는 걸어서 왕복으로 1시간정도 걸리는 거리다. 심심해서 술 생각이 나나 보다. 막걸리 두 병을 사 가지고 농장에 도착하니 농막 주위와 과수나무 주위를 예초기로 말끔하게 풀들을 베어 놓았다. 향긋한 풀냄새가 진동을 했다. 내가 예초기로 풀을 베어낸 것과는 차원이 달랐다. 얼마나 감사한지 심드렁한 마음은 사라지고 땀 흘리고 수고함에 너무 감사하였다. 새참으로 가져간 수박과 빵을 대접하고 점심때 손수 김치 찌개를 끓여 함께 점심을 먹었다.

얼마 전에 땀을 흘리며 예초기로 풀 베는 작업을 하고 있을 때, 심 씨가 구경을 왔다. 그때 내가 일 한 것을 보고 어설펐던지 다음에 자기가 예초기로 풀을 한번 베어 보고 싶다고 하기에 그렇게 하라고 한 적이 있었다.

어제 오전에도 농장에 올 때 막걸리 한 병 사오라고 또 전화를 했다. 오늘은 무슨 일을 했기에 막걸리를 사가지고 오라고 할까? 이것저것 생각해 봐도 예측이 되지 않았다. 막걸리를 사들고 농장에 도착하니, 심 씨가 과수나무 주위에 있는 키 큰 상수리나무와 소나무의 가지치기를 하고 있었다. 높은 나무에 올라가 가지를 치고 있는 심 씨를 보고 깜작 놀랐다. 마치 다람쥐처럼 큰 상수리나무에 붙어 가지 치는 몸놀림이 예사롭지 않아보였다. 일을 하다 잠시 휴식을 할 때에는 나무 가지에 걸터앉아 여유 있게 담배를 피웠고, 옆의 나무 가지를 베기도 했다. 아무런 안전장비도 없이 태연하게 일하는 것을 보며 조심하라고 몇 번이나 큰소리로 외쳤다. 조그만 톱 한 자루로 제법 굵은 나무 가지들을 쉽게 베는 그를 보며 올해 고희古稀가 맞는지 믿어지지 않았다. 한줄기 바람이 불어오니 나무와 함께 흔들리는 모습을 보면서 '와호장용'의 푸른 대나무 숲에서 흔들리는 대나무를 타고 싸우는 주인공을 연상케 했다. 나이는 숫자에 불과하다드니 한창때 청년 같았다. 높은 나무 위에서 가지치기를 아무나 하나 "대단하다 와~대단하다."며 연방 탄성을 쏟아냈다.

나도 작년에 소나무 가지 하나를 베기 위해 사다리를 놓고 어렵게 높이 올라간 적이 있었다. 땅에서 나무를 쳐다보면 10미터 정도는 별로 높은 것 같지 않는데, 나무 위에 올라가 땅으로 내려다 볼 때는 엄청 높게 올라 온 것처럼 보였다. 아래로 내려다보는 순간 아찔하고 무서워 다리가 후들후들 떨렸다.

지금 내가 무엇을 하고 있는 짓인가? 낙상사고로 큰 변을 당하는 것을 여러 번 보고 듣지 않았든가? 목숨보다 중요한 게 무엇이 있다고 이런 위험한 일을 하고 있는가? 나의 조심성 없고 사려 깊지 못한 행동에 반성을 하며 스스로 엄중한 경고를 보냈다. 높은 나무 가지 위에서 힘들게 가지 하나를 베고 내려오는데 아찔하고 무서워 오금이 저리고 간신히 내려 온 적이 있었다. 등줄기는 땀에 젖었고 이날 이후 나는 나무 위에 올라가는 일은 엄두를 내지 못하였다. 이렇게 위험하고 내가 하지 못하는 힘든 일을 해 주었으니 얼마나 감사하고 고맙던지 새콤달콤한 자두 한 소쿠리를 따 드리고 후한 점심을 대접했다.

몇 년 전부터 가끔 이곳을 방문하는 지인이나 친구들이 남쪽으로 길게 뻗친 나무 들을 보고 가지를 쳤으면 좋겠다고 했었다. 어찌 할 수 없어 내버려 두었다. 언젠가는 베어야지 하고 숙제가 되어 있었다. 며칠 전 감자를 삶아 태그에 앉아 먹으며 심씨 눈에 띄었든지 큰 상수리나무와 소나무 가지는 과수나무가 자라는데 지장이 있으니 가지치기를 하라고 했다. 마음은 당장이라도 하고 싶지만 큰 나무위에 올라가서 가지치기가 쉽지 않다고 말하자, 그러면 자기가 언제 손 봐 주겠다며 말한 적이 있었다.

오늘 오전 중에 사전에 약속도 없이 다람쥐처럼 나무를 타며 시원하게 나의 해묵은 숙제를 해결해 주었다.

나와 갑장甲長인 심 씨는 일 년 전부터 농장 옆에서 밭농사를 짓고 있었지만 가깝게 지낸지는 불과 한 달 정도밖에 안 된다. 농막에서 머무르다 종종 집으로 가는데, 마침 심 씨 집은 내가 살고 있는 옆 동네에 살고 있었다. 집으로 갈 때 40분 정도 달려 심 씨를 집 근처에 먼저 내려주고 오다보니 아마 고마움의 표시로 나의 일을 도와주는지 아니면 자신의 말처럼 시간이 있어 도와 주는지 참 고맙다.

농사일은 배울 것이 많다. 아내와 나는 하루 종일 일해도 두서가 없는데 삼백 평이나 되는 자신의 밭을 면경 알처럼 해놓고 시간의 여유가 있단다. 아내는 과수원 윗쪽 묵힌 밭을 주자고 했다. 힘이 부치고 농사를 잘 짓지 못하여 경작하지 못한 몇 년 동안 묵혀 놓았던 밭이다. 묵정밭에는 작은 나무들과 잡초들이 내 키만큼 무성하게 자라고 있었다. 100평이 넘은 묵정밭을 농사지을 수 있으면 지어라고 말했다.

나무를 베어내고 묵정밭의 거친 땅을 갈아엎어 며칠 만에 반듯하고 멋진 밭을 만들어 놓았다. 경작 해놓은 밭을 보며 깜작 놀랐다. 어떻게 이렇게 빨리 경작 할 수 있었는지 물었더니, "한 숨 자고 나면 새벽 3시, 밤에 딱히 할 일도 없어 잠은 오지 않고 날이 밝으려면 두어 시간 기다려야 하는데, 머리에 헤드라이트를 쓰고 일을 하면 새벽이라 덥지도 않고 시원해서 일하기 좋아서 했단다." 정말 부지런하며 일을 잘 한다. 땅을 누가 가꾸느냐에 따라 옥토가 되기도 하고 황무지가 되기도 한다.

건설 공사장에서 오랫동안 일을 했다는 심씨, 시끄러운 공사장에서 일을 하면서 청력이 많이 상하여 보청기를 끼고 생활을 한다. 내가 농장에 머물 때는 외롭고 말벗이 그리운지 하루에도 두세 번 놀러 와서 묻지도 않은 이야기를 쉴 새 없이한다. 인간은 서로 만나고 의지하면서 살아가는 동물이라 사람이 그리운 모양이다. 나는 거의 듣는 입장인데 맞장구를 쳐주고 고개를 끄덕이지만, 내가 말을 하면 잘 못 듣고 엉뚱한 대답을 할 때도 있다. 대화를 나누어 보면 순수하고 꾸밈이 없어 보인다. 인성이 좋고 부지런하며 사람이 좋아 보였다. 서로 좋은 관계로 도와주며 친구로 이웃으로 오랫동안 살아갔으면 좋겠다.

심 씨 II

심 씨를 알고 지낸지도 2년이 지났다. 유월 중순의 따가운 햇살이 쏟아지는 정오쯤 이었다. 농장의 대문에서 마당으로 허리를 굽혀 지팡이를 짚고 간신히 걸어오는 심 씨를 보고 나는 깜짝 놀랐다. 빠른 걸음으로 다가가 부축을 하였다. 어제까지 서로 이야기를 나누고 멀쩡하게 걸어 다니던 사람이 하룻밤 사이에 몸을 가누지 못 할 만큼 너무나 충격적인 모습으로 나타나 이 광경을 보고 믿어지지 않았다. 지난밤에 무슨 일이 있었는지 혼란스러웠다.

들어 본즉. 어제 저녁 밭일을 마치고 땀을 많이 흘려 찬물에 샤워를 하다가 저녁 바람에 추위를 조금 느꼈단다. 그리고 저녁을 먹고 티비를 보다가 평소처럼 잠자리에 들었다. 한밤중에 한기가 들고 추워서 점퍼를 꺼내 입고 두터운 이불을 덮고 잠을 잤는데, 아침에 일어나려고 하니 몸이 말을 듣지 않고 허리가 몹시 아프고 걷기 힘들어졌다고 했다. 지금도 자신이 갑자기 몸이 왜 이런지 이상하다 하면서 믿어지지 않는 현실에 안타까워하면서 저녁에 갈 때 자기 집까지 데려 달라고 한다. 집까지는 함께 가면 되지만 지팡이를 짚고 근근이 서 있는 모습이 외소하고 애처롭게 보여 말문이 막혔다. 추측건대 풍이 오지나 않았나 생각 되었다. 걱정을 하면서 건강이 제일 중요하니 병원에 가서 정밀검사를 꼭 받아 보아야 한다며 말했다.

유월은 신록이 짙어지고 햇볕도 따갑다. 밭일을 하면 지열에 이내 이마에도 등줄기도 땀이 흐른다. 때 이른 장마가 올 때도 있으며 일조량이 길고 아침저녁으로 기온의 편차가 심하다. 나도 어제 저녁 밭일을 마치고 샤워를 하기 위해 미리 큰 대야에 물을 받아 놓았다가 태양이 데워 놓은 미지근한 물로 샤워를 했다. 한 낮이 아니면 지하수로 뒤집어쓰는 물은 시원하지만 오싹하다.

나도 어제 저녁에는 시원한 바람이 가을 같은 느낌이 들었다. 잠자리에 들 때도 전기 판넬 바닥에 플러그를 꽂았다. 두 사람이 비슷한 시간대에 샤워를 하고 잠자리에 들었지만 오늘 심 씨의 모습에 세심한 건강관리가 얼마나 중요한지 타산지석이 되었다. 건강관리를 잘 해야 한다는 것은 살면서 아무리 강조해도 지나치지 않다. 라는 말이 있다. 마음은 젊은 청춘 같지만 몸이 따라 주지 않음을 명심해야 한다. 젊은 청춘 시절에는 반소매와 짧은 반바지가 활동하기에는 좋지만 어른들은 시원한 바람에도 무릎이 시리다.

그는 자연 속에서 농사일하며 살아가는 것이 편하고 행복하다고 말했다. 그런데, 하루아침에 갑자기 몸에 이상이 생겼으니 마음은 심란하고 빠른 시간 내 회복되지 않는다면 자신감을 잃어버릴까 걱정이 앞선다.

혼자 기거하다 보니 가족들에게 이런저런 간섭을 받지 않아 좋았다. 담배를 피워도 눈치 보지 않고, 술도 한잔씩 하며 유유자적 살다 보니 생활이 불규칙적이다. 농사일은 규칙이 없어 다부지지 않으면 힘든데 외소해진 모습을 보면 먹는 것도 부실하였던 것 같다.

며칠이 지나 심 씨 건강이 조금 나아졌는지 걱정을 하고 있던 차에 농장에 갈 때 함께 가자며 심 씨에게서 전화가 왔다. 건강은 조금 나아졌지만 아직도 몸은 회복되지 않았다고 한다. 농장에 가기위해 차에 오르는 거동을 보니 그동안 집에서 통근치료를 하며 주사를 맞고 물리치료를 했지만 별로 차도는 없는 것 같았다. 움직이는 것이 불편하여 바깥출입도 하지 않고 집안에 갇혀 무료하게 있으니 너무 갑갑하여 숨이 막힐 것 같았는데, 여기 오니 공기부터 다르다며 살 것 같다고 한다. 병을 얻은 이곳인데도 여기가 좋은가 보다. 차에서 내려 허리를 구부리고 농막으로 근근이 걸어가는 뒷모습을 보며 안타까움과 연민의 정이 밀려왔다.

심 씨가 여기 오기 전까지 이곳에는 조용하고 한적한 곳이었다. 나는 혼자서 일을 하며 자연 속에서 여유 있는 시간을 보내며 나름대로 농사를 짓고 있었다. 심 씨가 이곳에 온 후로 이틀에 한 번씩 농장에 가는 나를 기다리고 있는 그가 친구로서 말동무로서 참 좋다. 상대를 배려하며 바쁜 일이 있으면 도와주기도 하고 농사 정보도 나누며 여러모로 서로가 필요한 존재다.

오늘은 하루에도 두세 번 찾아오던 심 씨가 몸이 불편하여 찾아오지 않아 내가 오히려 궁금하여 찾아갔다. 밭 한가운데 퍼질러 앉아서 열무 씨 파종을 하고 있었다. 겸연쩍은 듯 웃으면서 허리 복대를 하고 앉아서 일하는 것은 아프지 않다고 한다. 부지런함이 병인 것 같다. 삭아서 죽기보다 닳아서 죽고 싶다고 하더니 숨이 붙어 있는 한 농사를 지을 것 같다. 빈 땅에 씨앗을 넣고 며칠이면 뾰족이 새싹이 돋아나고, 꽃피고 열매 달면 가슴이 영그나보다. 몸이 망가져도 흙을 만지고 있으면 저렇게나 좋아 하는걸 보면 타고난 농사꾼이다.

고향 마을에 자기를 위해 남겨둔 집과 텃밭과 감나무들이 있다지만, 한 평생 거칠고 억눌렸던 삶의 무게에 헤어나지 못하고 세월과 씨름하며 꿈을 키우고 있었는데, 저런 몸으로 고향에 돌아갈 수 있을지 한 여름 밤의 꿈이 될지 알 수 없다.

큰 병원에 가서 MRI를 찍어보고 원인을 알아야 치료를 할 수 있다고 하며 꼭 큰 병원에 가서 진찰을 받으라고 신신당부를 하였다.

이틀 후 심 씨에게서 전화가 왔다. 허리뼈 3,4번이 문제가 있어 월요일 병원에 입원하여 시술을 하기로 했다며 알려줬다.

이후 심 씨는 허리수술을 하고 완치되지 않은 몸이지만 가끔 딸과 함께 농장에 와서 쉬엄쉬엄 농사일 했는데, 작년 11월 초순 새벽에 갑자기 경련이 일어나 119에 실려 병원으로 응급으로 갔으나 안타깝게 자연으로 돌아가고 말았다.

야외 결혼식

신록의 계절, 유월의 첫 번째 주말이다. 오늘은 초여름의 맑고 화창한 날씨가 산과들의 신록을 더욱 짙게 물들인다. 이렇게 좋은 날씨에는 나들이 차량이 많아 차가 정체될 것이라 예상하여 농장에서 일찍 출발하였기에 정시에 미포에 있는 결혼예식장에 도착할 수 있었다. 야외 결혼식이고 저녁에 치르지는 결혼식에 참석하기는 처음이다.

식장에 들어서자 야외에 테이블이 큰 나무들 사이에 여기저기 적당한 간격으로 놓여 있고 하객들의 예쁜 옷차림과 석양의 풍경이 아름다웠다. 안내된 좌석에는 잘 알고 지내는 지인들이 먼저 자리를 잡고 있어 반갑게 인사를 나누고 지정된 좌석에 앉았다. 주위는 초록색 숲 때문인지 편안했다. 코로나로 인하여 초청된 인원만 예식에 참석한 탓인지 시끌벅적한 잔치 집 분위기가 아니라 조용하고 평온하며 차분하다. 주위의 키 큰 나무들의 잎들이 하늘을 가리고 나무들 사이에 매달린 작은 전등이 은은하게 빛을 발하는 숲속의 야외 결혼식장이다.

오늘은 바람도 없고 날씨가 맑고 좋다. 그저께 비가 온 탓인지 공기도 신선하다. 만약 오늘 비가오고 날씨가 좋지 않았다면, 야외 결혼식은 어떻게 했을까? 날씨가 너무 화창하고 좋은 탓에 이런 생각이 스쳐 지나간다. 혼주가 장로요 권사이며 신랑신부가 믿음 좋은 크리스천이니 하나님이 축복을 해준 모양이다.

예식이 시작되기 전 신랑과 하얀 드레스와 하얀 부케를 든 예쁜 미국인 신부는 연방 즐겁고 행복한 모습으로 하객들을 맞이하며 기념사진을 함께 찍고 있었다. 외국인 하객들도 군데군데 많이 참석하여 이국적인 분위기를 풍겼다. 혼주가 신부에게 우리부부를 마이 프렌드라고 소개하며 기념사진을 함께 찍기를 권유하여 하얀 줄장미가 만발한 아치형의 터널 아래서 신랑신부와 사진을 찍을 수 있어 좋았다. 가족이 아닌 하객으로 신랑신부와 함께 결혼식에서 식전 기념사진을 찍기도 난생 처음이다. 일반 예식장에서는 상상 할 수 없는 이런 것들이 자연과 함께 치르지는 야외 결혼식이 아름답고 신선하게 다가왔다. 먼 훗날 아름다운 추억으로 남을 것 같다.

혼주는 어릴 적부터 이웃에 살던 옆집 형님이며 선배다. 신랑은 나의 아들과 친구다. 외동아들이 장가를 가지 않아 한동안 부모의 애를 태우더니 불혹을 넘긴 나이에 장가를 가니 형님은 일흔 중반의 노인이 되었다. 손주가 태어나면 함께 놀아줄 힘이나 있을는지 모르겠다. 그래도 늦었지만 결혼식을 하게 되어 행복감에 젖어있는 혼주의 얼굴에는 웃음꽃이 만발하다. 요즈음 자녀들의 효도는 결혼 적령기에 결혼을 하면 효도를 다 하는 것이라는 말이 빈말이 아닌 것 같다. 오늘 우리 옆자리에 함께 합석을 한 두 내외분들의 아들도 불혹의 나이를 넘겼지만 결혼을 못하고 있다. 부모들은 겉으로는 태연한 척 하지만 가슴에 얼마나 애간장이 타는지 자식들은 아는지 모르겠다.

일전에 이 권사께서 웃으며 중매를 부탁하여 알아보겠다고 했지만, 언변이나 사교성이 뛰어나지 않은 나에게 그것이 쉽게 성사되는 일도 아니고, 서로 원하는 조건이 맞아야 성사되는 어려운 문제인데, 중매 전문사이트를 이용해 보면 어떨까 하는 생각도 든다. 오늘도 오랜만에 만났지만 자녀들의 근황은 함구하고 요즈음 어떻게 지내느냐, 건강은 이상이 없는지 물어 보는 성노로 안부 인사를 건넸다.

우리 집에도 딸이 혼기를 놓쳐 늦게까지 결혼을 하지 않아 부모로써 걱정을 많이 한 적이 있었다. 아내는 딸에게 빨리 결혼을 하라고 강요 아닌 강요를 하여도 성과가 없었다. 그러다 오늘 함께 합석한 마음이 천사인 이 권사님께서 중매를 하여 가까스로 결혼이 성사되었다. 신랑은 멀리 살고 있는 것이 아니라 바로 코앞에 같은 아파트 맞은편 같은 층에 살고 있는 총각이었다. 신랑 어머니와 같은 교회를 다니며 매주 구역모임에서 자연스럽게 만나 이야기를 나누던 중에 아들이 불혹을 넘기고 결혼을 해야 하는데 중매를 부탁 하였던 것이다. 등잔 밑이 어둡다더니 이렇게 사위 감을 바로 옆에 두고 백방으로 찾아 다녔으니 딸이 결혼 할 수 있었던 일등공신은 이 권사님이다. 그런데 이 권사님의 아들이 결혼을 못하고 있으니 왠지 마음이 무겁다. 딸의 늦은 결혼으로 늦게까지 결혼을 하지 않은 자녀를 둔 부모님들의 마음을 충분히 이해하며 마음을 헤아릴 수가 있었다.

"자녀들을 모두 결혼을 시켜 행복 하겠다"고 말하는 권사님의 말을 고맙게 받아 드리지만, 어쩐지 미안하고 송구스러워 결혼 후에도 a/s는 계속해야 된다고 말했다. 그렇지만 권사님 앞에서 이 말도 즐거운 비명처럼 들릴지 조심스럽다.

예식이 시작 되기 전 신랑신부는 테이블마다 하객들에게 찾아와 바쁜 주말에 시간을 내어 축하해 주셔서 감사하다며 인사를 하였다. 나는 검은 정장을 입고 인물이 좋은 신랑에게 멋지다고 축하인사를 하였다.

예식이 시작되어 주례는 영어로 주례사를 했는데 짧은 영어 실력 탓에 무슨 말을 하는지 도통 알아들을 수 없었다. 통역이 있었다면 좋겠다고 생각을 했다. 신부의 부모님들은 코로나로 인하여 딸의 결혼식에 참석하지 못한 것 같았다.

결혼식을 마치고 식사를 하는 중에 어느새 신부가 붉은 드레스로 갈아 입고 신랑신부가 테이블 마다 또 찾아와 인사를 하기에 신부의 출신지도 물어보고 신랑의 근황도 물어 보았다. 신부는 일리노이 주 출신으로 바다가 없는 곳에서 자라선지 바다를 좋아하고, 특히 부산의 해운대를 좋아 한다며 신부를 소개해 주었다. 그래서 보금자리를 해운대에 마련했다고 한다. 붉은 드레스를 입은 신부는 하얀 드레스를 입었을 때보다 더욱 아름답게 보였다. 시설이 좋은 일반 예식장이나 호텔예식장의 결혼식은 복잡한 분위기 속에 혼주와 눈도장을 찍고, 축의금을 접수하고, 오랜만에 만난 친구들이나 지인들과 식장밖에서 안부를 묻고 이야기를 나누다 식이 끝나면 뷔페음식을 먹고 집으로 가기 바쁜데, 오늘 야외결혼식은 예식장에서 찾아 볼 수 없는 로맨틱한 분위기와 편안함이 있었다. 신랑신부와 여유 있는 대화를 나눌 수 있는 문화가 있어 벼락치기로 끝나는 예식을 보다가 여유가 있고 여운이 남는 결혼식이었다.

자두 따기

아치형 나무대문 기둥에는 이곳이 늘 푸른 농장 이라고 알리는 조그만 문패가 걸려있다. 대문을 열면 마당의 길을 경계로 아래쪽에는 배나무 위쪽으로 감나무가 심어져 있고, 유월의 따뜻한 햇살에 녹음이 짙어지고 열매들이 영글어가고 있다.

농막으로 가는 길에는 팬지, 수국, 백일홍, 글라디올러스 등 아름답게 핀 꽃들이 시선을 끌며 발걸음을 멈추게 한다. 지난겨울 차가운 날씨에도 땀 흘리며 쌓아올린 석축의 언덕배기 채전 밭에는 상치와 고추, 옥수수가 탐스럽게 자라고 제법 큰 호박도 몇 덩이 달았다. 초록색 지붕의 아담한 농막은 초록의 물결 속에 잠겨있다. 옆에는 커다란 편백나무 아래 5평 정도의 데크에 나무의자가 붙어있다. 이

데크를 둘러싸고 있는 푸른 숲에는 그늘과 신선한 바람이 있어 즐겨 애용하는 쉼터다. 일을 하고 난 뒤 땀을 식히며 휴식을 하고, 지인들이나 친구들이 오면 이 곳에서 이야기꽃을 피운다. 언제나 편안한 곳이라 가끔 가족들의 즐겁고 풍성한 야외 식사장소로 이용된다. 여기서 눈을 들어 보면 사시사철 변하는 달음산의 아름다운 산세를 언제나 볼 수 있다. 주위에는 편백나무, 소나무, 상수리나무들이 진을 치고 있어 신선한 공기에 힐링이 된다. 도시 집에 머물 때에는 불현듯 가보고 싶은 생각이 나면 마법에 걸린 듯 채비를 차려 나서기도 한다.

날씨가 따뜻해지고 유월이 되면서 이곳에서 숙식을 하며 머무르는 시간이 많아졌다.

잠자리가 불편해도 이른 아침 새들의 지저귐 속에서 눈을 뜨는 것이 좋고, 이슬 맺힌 풀잎을 밟으며 걸으면 고요한 산속의 아침 정취를 느끼는 것이 좋다. 방금 채취한 채소들이 식단을 풍성하게 만들고 텃밭 일을 하다보면 시간 가는 줄 모른다. 꽃밭은 풍성하여 아내가 심어놓은 여러 가지 꽃들이 계절마다 다투어 피어 지금은 치지꽃, 시내네, 능소화도 한창이다.

어제는 손자가 보고 싶어 주말에 자두를 따면서 자연학습을 하자며 딸에게 전화를 했다. 오면 좋고 가면 더 좋다고 말하는 우리들이지만 한 동안 뜸하면 보지 않으면 또 보고 싶어진다.

과수밭의 잡초는 며칠 전 내렸던 비로 무성하게 자랐다. 손자가 온다기에 기다림은 준비하는 시간이라 했거늘 장화를 신고 땀을 흘리며 예초기로 잡초를 베었다.

주말에 하얀 모자를 쓰고 긴팔 옷을 입은 손자가 방문하였다. 오자마자 큰 항아리에 담긴 물에 손을 담그며 물장난을 한다. 개미 같은 작은 곤충을 잡아 헤엄을 치게 하고 풀잎을 넣어 구조하기도 한다. 초여름 유월의 햇볕 아래 혼자서도 잘 놀고 있는 손자를 자두를 따러 가자며 함께 자두나무로 향했다.

농막 아래쪽에 세 그루의 자두나무가 있다. 작년에는 한 그루도 열매를 맺지 않고 해 걸이를 하였다. 올 해는 세 그루 중 한 그루가 유난히 자두를 많이 맺어 가지가 아래로 쳐졌다. 자두 잎 사이로 탐스럽게 달린 붉고 푸른 자두의 아름다움에 절로 탄성을 자아내게 했다. 자두나무 아래는 떨어진 붉은 자두가 사방에 흩어져 은은한 향기를 날리고 있었다.

손자는 "자두다" 하며 떨어진 자두를 주워 먹으려다 벌레가 먹었다며 버렸다.

"할아버지 왜 벌레가 자두를 먹어요?"

"맛이 있으니 먹지. 벌레는 사람들 보다 더 맛을 잘 알아서 맛있는 것부터 먼저 먹는단다."

"참 신기하네. 맛있는 것을 벌레가 알다니."

"자연 속에는 우리가 알지 못하는 신비로운 것이 많이 있단다."

어릴 적부터 사랑스러운 손자와 좋은 관계를 유지하고 싶어 최대의 친절을 베푸는데 내 마음을 아는지 모르는지 손자는 무관심이다.

유월의 눈부신 자두나무 그늘 아래서 나는 붉고 잘 익은 자두 두 개를 따서 옷에 문지르자 탐스럽고 윤기 흐르는 놈을 손자와 마주보며 깨물었다. 과육이 싱싱하여 새콤달콤한 단물이 입안에 가득하여 저절로 침이 샘솟는 단맛이다. 일곱 살 손자도 자두를 먹어보더니 처음 접하는 맛이라 연신 맛있다며 더 따 달라고 한다. 탁구공 보다 큰 자두 다섯 개를 단번에 먹어 치웠다. 입이 즐거웠던 녀석은 새콤하고 아삭함을 좋아하였다. 아까운 것은 많은 자두를 벌레가 먹어 버려야 했다. 벌레가 먹은 자두를 먹어보면 먹지 않은 것 보다 맛과 향이 더 있다. 그래서 복숭아와 자두는 어두운 밤에 먹어야 미녀가 된다는 우스갯말이 있다. 새콤달콤한 맛에 다른 과일보다 벌레가 많이 붙는다.

이른 봄 하얀 자두 꽃이 지고 난 뒤 적과를 하며 몇 번이나 손으로 벌레를 잡으면서 약을 쳐야 하나 말아야 하나 갈등을 했다. 내 가족들이 먹을 것인데 하며 그대로 둔 것이 절반 이상을 버려야 할 것 같다. 이런 일이 해마다 반복되어 작년에도 내년에는 꼭 농약을 칠거라고 다짐을 했지만 결국 농약을 치지 못했다. 울긋불긋 사방에 떨어진 자두를 보면 아름답기도 하지만 아깝다. 내년에는 꼭 농약을 칠 것이라고 다짐해 보지만 또 마음이 변하지 않을는지 모르겠다.

내가 빨간 자두를 따 주면 밀짚모자에 담아 어린 고사리 손으로 다시 바가지에 담는 즐거움에 할아버지와 손자는 더운 줄도 모르고 땀 흘리며 열심히 자두를 땄다.

높은 곳에는 사다리를 놓고 땄다. 자두나무 가지는 연하여 잘 부러지기 때문에 조심해야 한다. 손자가 저도 사다리에 올라가서 높은 곳에 달린 자두를 따고 싶다고 했다. 위험하지만 이것도 경험하면 먼 훗날 할아버지와 자두를 따며 그 자리에서 먹고 자연학습을 한 것이 좋은 추억이 될 것 같아 사다리를 잡아주고 몇 개 따는 경험을 하게 했다.

경험주의 중심에는 교재 보다는 생활을, 지식 보다는 행동을 중시한다는 교육과정이 설명 되어 있는 것을 본 적이 있다.

개구리나 개미를 잡아 보기도 하고 나비, 잠자리 같은 곤충들도 신기해하고 관심을 많이 가진다. 작년에 거미를 곤충이라 했다가 "거미는 곤충이 아니에요" 하면서 설명을 하기에 한 수 배운 적도 있다.

땀을 흘리며 자두를 딴 바가지를 데크로 가져가더니 큰소리로 엄마를 부른다. 상기된 얼굴로 엄마에게 자기가 딴 자두를 먹어보란다. "어이쿠, 내 새끼가 자두를 땄어." 하며 맛있게 받아먹었다. 언제나 어리게만 보이던 딸이 어느새 엄마가 되어 있었다.

한 권의 책

교회 로비에 있는 아담한 공간의 북 카페로 눈길이 머물렀다. 가지런히 꽂힌 책 중에『1950』한국전쟁 70주년 사진집이란 책에 손이 갔다. 표지에는 전쟁의 참혹함 속에서 어머니가 수레를 끌고 젖먹이를 앉고 있는 여동생과 뒤에서 수레를 밀고 있는 어린 아들이 카메라를 향해 웃으며 가냘픈 희망을 의지하며 어디론가 가고 있는 모습이 담겨있다.

첫 장을 넘기니 "우리는 기억되는 존재가 되기 위해 살아간다."는 안토니오 포르키아의 말이 의미심장하게 다가 왔다. 다음 페이지는 한국전쟁 중에 찍은 생생한 역사의 현장인 사진 책이었다. 나는 평소에 역사적인 사건이나 다큐 같은 프로를 좋아하는 편이라 망설임

없이 책을 빌려 왔다.

피보디상 수상 기자인 저자 존 리치(1917~2014)는 20세기에 미국이 참전한 모든 전쟁에 군인으로 참가하거나 종군기자로 참가했다. 그의 프롤로그를 읽으며 책 속의 역사 현장으로 서서히 빠져 들었다.

우리 집 거실에는 1952년 7월에 컬러로 고향 마을을 찍은 사진 두 점이 걸려있다.

한 점은 서쪽 마을을 배경으로 해안가에 해초들이 파도에 밀려와 모래톱에 널려있고 팬티조차 입지 않은 아이가 수영을 하고 있다. 초가집이 있는 해변 끝자락엔 부서진 패선이 서너 척이 보이고, 어릴 적 친구들과 뛰놀던 민둥산의 뒷동산이 보인다. 내가 태어나고 자란 자그마한 우리 집도 보여 소중하고 애착이 가는 사진이다. 또 한 점은 그 반대편의 배경으로 지금의 부경대 용당 캠퍼스가 있는 야산에서 신선대를 찍은 사진이다. 파란바다와 U자형의 해안, 신선대의 송림과 조도가 보이고 동네 한 가운데를 가르는 두 갈래 길의 비포장도로가 해변으로 실타래처럼 이어져 한적하고 아름답다.

이 사진을 처음 접한 건 15년 전, 모 신문에 한국전쟁 부산 사진전을 백산기념관에서 개최한다는 기사가 났다. 기사 속의 한 사진이 내 고향마을 사진이었다. 사진을 보는 순간 놀랍고 흥분되었다. 지금은 산전벽해가 되어 사라진 갯마을이 꿈속에서나 그리던 고향마을이 내 앞에 나타났던 것이다.

사진전이 열리는 날 컬러로 찍은 사진을 보았을 때, 경이로움과 내 몸에 알 수없는 이상한 전율이 흐르고 발걸음은 잠시 굳어 있었다. 사진에 실로 감동하며 경탄驚歎했다. 잠시 추억 속에 빠져버렸고 마법처럼 그 시절로 데리고 갔다. 옛 어른들의 삶의 기록도 있었다. 사라져버린 유년시절의 애틋한 그리움이 고스란히 남아 있는 곳을 내게 그대로 돌려주었다. 그 시절 컬러 사진이 있었는지 의구심이 들면서 뒤카로 셔터를 마구 눌러 댔다. 사진을 CD에 담아 두고 확대하여 어릴 적 친구들과 지인들에게도 보내주었다.

가끔 거실에 걸려있는 사진을 보며 누가 찍었는지 알 수 없지만 아무튼 감사를 하였다. 당시 신문에 이름과 사연이 실렸지만, 그 때는 사진에 정신이 팔려 그냥 읽고 지나가 버렸다. 그 기사에서 기억나는 것은 종군기자로 컬러 코닥필름을 사용 했다는 것과 일본에서도 현상 할 수가 없어 본국으로 가져가 오십년 넘게 보관하고 있다가 발견 되었다는 사실을 읽은 희미한 기억이 있었다.

한 번씩 사진작가의 프로필이 궁금했었다. 그런데 이 책을 읽으면서 가슴을 뛰게 한 놀라운 발견은 거실에 걸린 사진작가가, 그토록 알고 싶어 하던 분이, 바로 이 책의 저자 존 리치였다. 잔잔한 기쁨과 흥분은 한동안 가시지 않고 남아 여운을 주었다. 북 카페에서 우연히 만난 한 권의 책이 소중한 보물을 발견한 것처럼 기쁨을 주었다.

존 리치 종군기자는 그의 책에서 당시 대부분의 기자들이 흑백필름을 사용 했지만 자신은 니콘 카메라(일본어를 전공하여 니콘사에 통역을 해준 대가로 선물로 받음)로 컬러 코닥필름을 사용한 기자는 자신이 유일 했다고 증언하고 있다. 왜냐하면 당시에 컬러 필름 현상을 뉴욕주 로체스터에 있는 본사에서만 가능했고 현상된 컬러슬라이드는 작은 종이 상자에 담겨 다시 보낸 사람에게 배달되는 번거로움이 있었기 때문이었다.

은퇴 후 메인 주 고향 집에 돌아온 그의 표현에 의하면, "케이프 엘리자베스에 살고 있던 어느 날, 저는 이웃에 사는 잭 케널리 씨에게 한국에 종군했던 시절 촬영한 컬러슬라이드에 대해 이야기를 해줬습니다. 이 컬러슬라이더들은 차를 보관하던 상자에 50년 가까이 담겨 있었습니다. 사진을 본 잭은 무척 놀라워했고, 저는 그가 왜 그렇게 놀랐는지를 제가 찍은 사진을 직접 다시 보고서야 이해 할 수 있었습니다. 그리고 그의 제안에 따라 모든 사진에 대한 저작권을 등록하고 출판사의 도움으로 한국전쟁 사진집이 세상에 나오게 되었다."는 것이다.

그는 3년이 넘는 기간 동안 한국전쟁을 보도하면서, 우리가 이 사진을 만나게 되는 운명적인 두 가지 이유가 있었다. 그것은 낙동강 전선에서, 때로는 장진호에서, 그리고 휴전회담이 길고 지루하게 반복되었던 판문점에서 계속 사진을 찍었다. 이 사진을 찍게 되는 것은 사진기자가 아니기에 더 자유롭게 민간인 사진, 풍경사진을 찍을 수 있었다. 그 사진들 중에는 나의고향 갯마을 사진이 들어있는 것은 커다란 행운이었다. 또 다른 행운은 파리와 베를린, 도쿄, 홍콩 등지를 돌아다니며 50년 가까이 외국생활을 하는 동안에도 필름은 별

훼손 없이 훌륭한 상태로 보관되어 있었기 때문이다. 이사를 할 때마다 물건을 정리하며 옛날에 찍은 필름을 대수롭지 않게 여기며 쓰레기통에 버렸다면 영영 이 사진을 볼 수 없을 수도 있었다. 나 역시 청년시절에는 사진에 관심이 있어 한때 사진을 많이 찍고 필름을 오랫동안 모아두었던 상자가 있었다. 그런데 지금 와서 생각하니 그 상자의 필름을 언제 어떻게 버렸는지 기억조차 하지 못한다. '버리는 자에게 문화와 역사가 없다.' 란 말이 실감이 난다.

전쟁의 위험 속에서 우리들에게 기념비적인 사진을 남겨주신 고故 존 리치에게 감사를 보냅니다.

제4부

여행, 그 아름다움

여행 그 아름다움

언제부터 인지 해마다 년 말이 되면 여행을 떠나 년 초를 여행지에서 보내게 된다. 학교도 방학이고 년 휴가 끼어있어 날이 그렇게 정해진 것 같다. 년 말이 가까워지면 몸과 마음도 자연히 바쁘게 움직이고 회사의 결산과 개개인의 결산이 끝나면 홀가분한 마음으로 여행을 떠난다. 여행의 목적지가 어디인지 궁금하기도 하고 자연스럽게 관심과 기대가 부풀어진다.

우리 일행들이 함께하는 여행은 그다지 화려하거나 낭만이 넘치는 여행은 아니지만, 그래도 새로운 여행지나 도시의 풍경을 구경하고 그곳의 특산물이나 먹을거리를 맛보며 여유 있고 가족적인 분위기가 기대 이상으로 좋았든 것 같다. 오랫동안 여행을 함께 하여도 불편함이 없었고, 서로 배려하며 이해하고 웃으며 지내는 시간이 많다보니 어떤 여행보다 기다려진다. 그래서 어디로 갈까 여정을 계획하고 우리가 알지 못하는 숨은 비경이 있는지 찾아보기 위해 인터넷 바다에 빠져 보기도 했었다.

올해는 큰 언니인 아내가 정한 선유도로 가기로 했다, 선유도는 전북 군산의 유명 관광 명소중의 하나다. 가는 길에 새만금 방조제도 가보고 싶은 곳이다. 우리가 부산을 출발하여 기다림과 설렘임 속에 군산 문화의 거리에서 여덟 명이 만나던 그때, 모두들 기쁜 마음으로 입가에는 웃음이 한 바가지였다.

대전의 막내동서는 언제나 미소만 띠울 뿐 소리 없이 점잖게 웃고 있다. 재작년에 신서방의 장끼인 손수 담근 최고의 고추 장아찌 맛, 우리 모두가 아직도 그 맛을 잊지 못해 해마다 고추 장아찌를 은근히 기다리고 있는 줄 아는지 모르겠다. 막내 처제는 무엇이 우스운지 한 옥타브 높은 특이한 음색으로 웃음을 날리고, 일의 현장에서 일어난 재미나는 일화를 이야기 할 때는 입담이 좋아 우리도 한 바탕 웃음보를 터뜨리고 만나면 언제나 즐겁다.

사람들의 이목도 있는데 설날 새신과 설빔을 입은 아이들처럼 거리에서 마냥 들뜨고 기쁘다. 어쩌면 날마다 반복되는 일상에서 벗으나 낯선 군산 땅의 새로운 공기와 풍경, 그리운 친구 영숙이와 오랜만의 만남, 언니와 형부의 얼굴을 보니 환희와 해방감이 밀려오기 때문일 것이다. 일 년에 한 번 만나는 여행이지만 피곤에 지쳐있는 우리의 마음을 씻어내어 주는 것 같다. 인생에서 여행만큼 더 해방감과 자유를 느끼게 해주는 것이 어디 있겠는가?

나는 우리들이 지금까지 함께한 여행 중에 제일 기억이 남아 있는 것은, 여러 번 제주도에 갔지만 언젠가 한 번 비행기 안에서 새해 일출을 보며 동녘의 아름다움이 얼마나 장관이었는지 지금도 눈감으면 아련히 그 영상이 떠오른다. 겨울의 찬바람이 부는 마라도 여행 중 유람선 선장의 입담 좋은 너스레도 떠오른다. 온 천지에 순백의 눈 덮인 영실코스에서 윗세오름까지 산행도 잊을 수 없다. 지난해 여름, 단양의 휴양림 숲속에서 시냇물 소리, 산새 소리 들리는 푸른 숲속에서 쉼과 자유는 내일을 위한 꼭 필요한 충전이었다.

그리고 우리를 더욱 추억이 남게 하는 것은 그곳의 특산물을 사와 모두가 웃고 떠들며 음식을 만들고 그것을 먹으며 이야기꽃을 피울 때, 서로가 마음의 위로가 되고 그동안의 쌓였던 피로가 풀리기 때문인 것 같다.

오랜 기다림 끝에 최고의 선물로 받은 쌍둥이 손자를 퇴근 후 숨돌릴 겨를도 없이 안아 주고 씨름을 하는 하선생(아내영숙)부부, 이 참에 때때로 지치고 갑갑함을 날려 버리고 해방감과 자유를 마음껏 누렸으면 좋겠다. 손자는 자식을 키울 때와 또 다른 점이 있다. 자식을 키울 때 보다 더 예쁘고 사랑스러워서 노련하게 키울 수 있어 좋다, 힘이 들더라도 키워 놓으면 모두 든든한 울이 되는 겁니다. 그리고 귀엽고 예쁘고, 힘들지만 지금이 제일 좋을 때 입니다.

군산의 근대역사 거리에서 근대사의 문물을 구경하고 유명하다는 소고기 무국밥집을 찾기 위해 걷다 보니 한적한 도시의 평화스러움을 느꼈다. 도란도란 함께 걷는 길은 처음 걸어 보는 길인데도 익숙한 옛길을 걷는 것처럼 피곤하지 않았다. 식당은 바로 길 건너 초원사진관과 정겹게 마주 보고 있었다. 8월의 크리스마스 영화 촬영지로 이곳이 명소가 되었다는 곳이다. 젊은 커플들은 연방 사진 찍기에 바쁘고 우리는 30분을 기다려 뜨겁고도 시원한 국밥을 먹을 수 있었다.

어두움이 깔릴 때 3대의 자동차가 도착한 곳은 서천군의 희리산 자연휴양림이었다.

나는 야심차게 준비한 부대찌개를 만들기 위해 문을 열기 바쁘게 주방을 점령하여 몇 번이나 읽고 외어 두었던 레시피를 회상하였다. 갖은 양념을 넣어 맛있게 잘 만들어 실력발휘를 해볼까 노력했지만 부대찌게가 김치찌개 비슷하게 전락하고 말았다. 둘째 동서는 이건 부대찌게 아니라 김치찌개다 하면서 그래도 맛있다며 더 달라고 하니 좀은 위로가 되었다. 작년에 우거지 찌게는 그런대로 성공적 이었는데, 올해는 국물을 많이 부어 실패작인데도 맛있게 잘 먹었다. 그러고 보면 이들의 입에는 청탁불문이라 맛없는 것이 없다는 것을 알았다. 무엇이든 잘 먹는 우리들이다. 희자매 3명은 만날 때 마다 새벽까지 웃고 떠들며 하투놀이를 했는데 올해는 자정이 되기 전에 잠자리에 드는걸 보니 이제 체력이 받쳐 주지 못하는 모양이다. 세월 앞에 장사가 없는 것 같다.

다음날 아침. 겨울 희리산 자연휴양림의 산길은 호젓하고 맑은 공기와 고요가 머무는 곳이다. 길가에 떨어져 있는 낙엽에는 찬 서리가 묻어있고 소나무는 멋있게 잘 키웠다. 겨울의 쓸쓸함이 이곳에 있고 낙엽이 진 뒤의 앙상한 나무들이 이곳에 있다. 가끔 기인奇人적인 하 선생은 오늘같이 추운 겨울아침에 맨발로 낙엽들이 길을 덮고 있는 차디찬 길을 사뿐히 밟으며 걷는다. 하얀 맨발이다. 맨발의 청춘이다. 젊은 피가 아직도 남아 있는지 지압을 하기 위해 걷는 걸음이 숙달된 것 같다. 그래도 엄동설한에 차가운 땅을 밟는 맨발이 너무 차갑게 보인다. 속살을 드러낸 산을 보니 거대한 잡목들이 외롭게 잎을 전부 떨어뜨리고 서 있다. 불현듯 우리도 저 나목처럼 언젠가는 앙상하게 늙어가는 자신의 모습을 바라 볼 것이라는 생각이 스쳐 지나갔다. 여기서 2박3일 동안 머물다 웃고 떠들다 우리가 떠나면 머잖아 여기에는 봄이 올 것이다. 빵으로 간단한 아침을 먹고 우리 일행들은 선유도로 향했다.

이서방은 우리보다 조금 늦게 선유도에 도착했다. 이서방은 손아래 동서지만 나이가 동갑이고 생일은 나보다 빠르다. 머리염색을 하지 않아 오히려 나보다 나이가 더 들어 보인다. 그래서 처음부터 말을 높인 것이 이제는 습관처럼 되어버렸고 나에게는 그것이 더 편하다. 동서 두 명이 다 충청도 양반이라 처음 만났을 때 서로 충청도 말로 이야기 할 때는 입속에서 중얼거리는 것 같아 잘 못 알아들었는데, 지금은 익숙해져 잘 알아듣는다. 그런데 막내동서는 작년 여행 때 군대시절 해병특공대 출신이라는 것을 처음으로 밝히며 우리들을 깜짝 놀라게 했다. 왜냐하면 그 사실을 몇 십 년 동안 지금까지 입 다물고 있었다는 것과 이미지가 어질고 순박한 시골사람 같기 때문이다. 도무지 특공대 대원 같지 않은 사람이 특공대에 선발 되었다고 말하고 우리는 한바탕 폭소를 터뜨렸다. 그것도 첩보원이었다기에, 우리들은 또 놀랐다. 생각해 보니 참 잘 뽑았다고 이구동성이었고 막내처제도 첨 듣는 얘기라니, 확실한 첩보원이다. 하며 한바탕 웃음바다가 되었다.

우리가 선 이곳은 장자도이고 건너 보이는 아름다운 섬이 선유도라 한다. 공기는 차갑지만 날씨가 화창하여 봄날 같은 날씨다. 고요와 한가로움에 둘러싸인 섬 같다. 부드러운 해안의 곡선이 너무 아름답고 신비롭다. 옥빛의 바다는 잔잔하고 바람도 없다. 우리는 바닷가 해변과 선착장을 거닐고 있을 때 옥희, 하 선생 부부 세 사람은 가파른 바위산 143m 장자도 정상을 정복 중이었다.

그림으로 보았던 선유도는 아름다웠는데 실제도 아름다운 섬이다. 넓은 명사십리 해수욕장은 겨울의 햇살이 봄 햇살같이 내리고 호수같이 잔잔한 바다는 섬들을 품고 있다. 이런 날씨에 해변을 바라보며 함께 여행하는 우리네는 행복하고 즐겁다. 아름다운 섬, 선유도에서 우리 마음도 봄이 한창이었다.

선유도로 들어가는 초입에는 차 한대가 건건히 다니는 해안도로라 이런 길은 처음이다. 제법 긴 도로를 따라 갔는데 중간쯤에서 엉켜버려 의도적으로 오른편으로 핸들을 꺾었다. 차 한 대도 간신히 다닐 수 있는 좁은 길을 끝까지 따라 들어갔다. 맨 끝 할머니 어두루 횟집에서 인심 좋은 주인아주머니를 만나 푸짐한 회와 매운탕을 먹었다. 손님은 우리 일행들뿐이라 여유 있는 휴식을 하였다. 맛있는 점심으로 원기를 회복하고 횟집 앞 광활한 갯벌을 쳐다보며 좁고 굽어진 길로 빠져나왔다. 잘못 들어선 길이지만 새로운 풍경을 만나고 그마저 즐거움의 연속이었다.

제주도의 봄

추적추적 내리는 봄비 속에 바람까지 쌀쌀하게 부는 꽃샘추위가 심술을 부리는 삼월 중순, 제주도 여행이 한 달 전부터 예약되어 있어 일정대로 출발을 하였다. 궂은비를 맞으며 떠나는 여행이지만 입가엔 미소가 있고 마음은 행복하고 즐겁다. 매일 단조롭게 반복되는 일상에서 벗어나 제주도 섬이 안겨주는 또 다른 낯선 풍경의 여행을 생각만 해도 신선한 해방감에 기분이 좋아진다.

제주공항에 도착하여 30분 쯤 차로 달려 숙소에 도착했을 때도 계속 봄비가 내리고 있었다. 대지를 깨우고 만물을 소생시키는 마법 같은 귀한 봄비지만 오랜만에 즐거운 여행이 되기를 기대하면서 비도 이제 그쳤으면 좋겠다.

숙소에서 늦게까지 일행들이 도란도란 이야기를 나누는 시간에 나는 내일 일정을 감안하여 살며시 자리를 빠져나와 일찍 잠자리에 들었다.

다음날 아침에도 비는 계속내리고 일정에 따라 차를 렌트하였다. 첫 여행지인 우도로 가는 길에 비는 그치고, 이제는 유명한 제주도 바람이 제법 강하게 불었다.

우도牛島는 옛날부터 소섬이라 불리는 섬으로 우도 팔경을 자랑하는 아름다운 섬이다. 흔히 보는 오뚝한 섬과 달리 타원형 쟁반을 비스듬히 들어 올린 모양의 평화로운 섬이다. 섬을 감싸고 있는 색깔 고운 삼월의 연두색 잔디는 푸른 바다와 어우러져 멋진 풍광을 연출하고 있었다. 싸한 갯바람은 속속들이 폐부를 씻어 가슴까지 시원하게 뚫어버린다. 알게 모르게 쌓였던 피곤과 스트레스는 흔적도 없다.

우도봉의 기암절벽인 후해석벽은 차곡차곡 석편을 쌓아올린 듯 단층을 이루고 있다. 세찬 파도는 바람과 함께 끊임없이 석벽을 때리며 하얀 포말을 만들고 부서진다. 우도 서쪽의 서빈백사 모래사장은 산호조각의 모래로 우리나라에서 단 한곳 뿐 인데, 바닷물은 맑은 옥색보다 진한 코발트색이 청아하여 눈이 시리다. 우도의 조화롭고 신비한 아름다움에 할 말을 잊고 감탄사만 쏟아졌다.

우도를 떠나는 뱃전에 날아드는 갈매기들이 정겹고 아쉬운 풍경을 더 한다. 다음 목적지 성산 일출봉을 향하여 달렸다. 십년 전에 왔던 제주도의 아름다운 추억이 눈에 선한데, 일출봉에 도착하니 그때

나 지금이나 변함없이 육중한 몸으로 성산리를 지키고 있었다.

많은 사람들이 언덕을 오르내리고 있다. 일출봉에서 내려다보는 풍광을 잔뜩 기대하며 오르니 몸을 가누지 못할 만큼 세찬바람이 사정없이 몰아쳤다. 숨을 헐떡이며 고갯마루에 다다르자 바람이 갑자기 거짓말 같이 잠잠하였다. 숨을 고르고 정상을 향하여 올라가는데 자연적으로 바위에 뚫린 타원형 모양의 바위구멍. 화산지대라 용암들이 용솟음 칠 때 급작스럽게 만들어진 생채기 같다. 그 속을 통하여 보는 하늘과 바다가 그림도 아닌 것이 거울에 비친 것 같은 풍경에 매료되고 말았다. 신비한 모양을 통해 보는 또 다른 정경을 카메라로 도무지 담을 수가 없음이 안타깝다.

시야가트인 정상에서 우리는 내려 올 생각을 잊고, 눈 아래에 펼쳐진 노오란 유채꽃 들판들, 옹기종기 작은 마을들과 들쑥날쑥 끊어질듯 이어진 해안 길, 평화로운 풍경들이 고요 속에 묻혀있었다. 언젠가 전설 같이 생겨난 사화산의 높고 광대함이 펼쳐진 기이한 장소에서 한참 동안 미동도 없이 대자연을 감상하며 행복감에 젖어들었다. 제주도는 발길 닿는 곳마다 관광자원이 널려 있는 것 같다.

일출봉에 아쉬운 미련을 남겨두고 섭지코지로 향했다. 섭지코지에 도착하니 또 바람이 되살아나 자연공원의 행복의 문과 함께 날아갈 것 같았다. 해안도로를 따라 바람에 쫓겨 겨우 다다른 유채꽃 밭길에서 작고 여린 꽃송이를 사정없는 흔들어 대는 바람이 야속했다.

유리 피라미드 형태의 독특한 건축물인 아고라의 옆길을 돌아가니 여기도 초록과 노랑의 향연이 어우러진 유채꽃이 장관을 이루고 있었다. 와~~, 사진 속 삼월의 유채꽃 풍경이 제주도 여행을 부추기던 현장이 여기 있었다. 이 풍경을 오래 붙잡아두고 싶은 마음은 간절하지만 인정 없는 무정한 계절은 제주도에서도 잠시 머물다 지나갈 것이다.

구름과 햇빛과 바람이 숨바꼭질을 한다. 꽃과 돌조각이 어우러진 바람의 언덕으로 향하는 길에 저 멀리 뵈는 푸른 언덕 넘어 그림엽서나 동화 속에서 본 듯한 빨간 지붕의 예쁜 그림 같은 집이 올인 하우스라 한다. 붉은오름 정상에 설치된 방두포 등대에 오르니 광활하게 펼쳐지는 망망대해와 하늘, 바다, 바람, 구름, 수평선이 만들어 내는 부드러움과 광활함, 신비의 대자연이 만들어 내는 말 할 수 없는 경이로운 풍광에 멋진 말로 적절하게 표현 할 수 없으니 어쩔 도리가 없다.

다음날 아침 어제 여행에 지치고 피곤 할 만 한데도 다들 지친 기색이 없이 즐거운 표정인데 오늘 날씨는 흐리고 회색빛 하늘이다.

마지막 서귀포 권역의 끝자락 연속극 대장금 촬영지였던 송악산으로 향했다. 멀리 수평선은 물안개 속에서 희미하게 마라도가 손에 잡힐 듯 정겹게 보이고 발아래 펼쳐지는 검은 절벽과 부서지는 파도의 포말은 나의 넋을 빼앗아 가기에 충분했다. 하멜 기념비가 있는 용머리 해안에서 올레 길을 걷기로 하고 우측 해안의 오솔길을 따라 마치 봄의 전령사처럼 힘차게 우리는 나아갔다.

올레 길을 역으로 9,8,7길을 걸었는데, 우리나라의 최남단 섬이라 나지막한 집들과 낯선 식물들이 발길 닿는 곳 마다 신기하고 정감이 갔다.

지금도 그 때를 생각하면 순간순간 아름다웠던 풍경에 넋을 놓고 주상절리의 환상적인 비경에 가슴이 설레고 벅차오른다. 내가 지금까지 걸어봤던 수많은 길 중에 가장 아름답고 잊을 수 없는 길이 제주 올레 길이었다.

건강 검진

영하권에 있는 겨울 날씨는 한 낮에도 차갑다. 아파트 문을 나서니 차가운 바람이 볼을 스친다. 보폭을 조금 크게 하고 빠른 걸음으로 병원으로 향했다. 병원 문을 열고 들어서자 순식간에 안경에 김서림 현상 때문에 앞이 안보여 안경을 벗었다.

언제까지 먹어야 하는지 모르는 혈압약과 콜로스테롤 약을 처방받기위해 월말이면 어김없이 병원에 와야 한다. 아마 내가 죽기 전까지 병원 문지박이 닳도록 와야 될 것 같다. 혈압 약을 복용하다가 몇 년간 약을 끊은 적이 있었다. 퇴직 후 유유자적 농장 일을 하면서 좋은 공기 마시며 채식 위주로 식사를 하다가 의사와 상의도 없이 혈압 약을 먹지 않았다. 이유는 병원에 가기 싫어하는 나의 게으른 태도 때문이었다. 나이가 들면 어느 정도 혈압은 조금 높게 나오는 것이 정상이며, 서양에서 정상혈압 보다 우리나라의 정상혈압이 조금 낮게 책정되어 있다는 의료정보도 한 몫을 했다. 또 매일 약을 찾아 먹어야하는 것도 귀찮았다.

그날은 혈압약이 없어 며칠 약을 먹지 않았다. 목욕탕에 갔다가 혈압기가 있어 혈압을 재어보니 정상혈압이 나오는 것을 보고 나는 깜작 놀랐다. 약도 복용하지 않았는데 정상혈압이었다. 기계가 고장은 아닌 것 같은데, 이제 혈압이 정상적으로 돌아 왔나보다 하고 상기된 얼굴에 들뜬 마음으로 아내에게 큰 일이 난 것처럼 자랑을 하였다. 이날 이후 매일 먹어야하는 혈압약과 이별을 하고 4년 동안 혈압 약을 복용하지 않았다. 목욕탕에 갈 때 마다 혈압을 재어보면 수치가 들쑥날쑥 이었다. 어떤 날은 정상이고 어떤 날은 높게 나오곤 했다. 높은 수치가 나올 때 마다 은근히 걱정은 하면서도 약을 먹지 않고 하루하루를 보냈다.

작년유월 초순 친구의 사무실에서 지인을 우연히 만나 그 분이 근무하는 종합검진센터에서 종합검진을 받았다. 한 달이 지난 칠월 중순이 되어서야 두툼한 봉투의 건강검진 결과서를 받아 보았다. 첫 페이지에는 친절하게 종합소견을 넣어 건강 상태를 한 눈에 파악할 수 있도록 되어 있었다. 그런데 별지로 온 검진 결과지를 보고 깜작 놀랐다. 'MRI상에 우측 내 경동맥에 동맥류 의심 소견입니다. 조영제를 사용한 MRI 검사를 권합니다.' 라고 적혀 있었다. 전혀 생각지도 못한 결과에 놀라 다시 확인하고 읽어 보았지만 결과는 변함이 없었고 걱정과 불안함이 자리를 잡았다.

조심스런 마음으로 검진센터에서 상담을 하고 바로 대학병원에 진료예약을 하니 한 달 후로 잡혔다. 하루하루가 그렇게 빨리 지나가던 날들이 그날부터 하루가 얼마나 긴지 일각一刻이 여삼추如三秋 같았다. 병의 증세를 걱정하지 않고 담담하게 받아들이고 그날까지 기다려야 된다고 다짐했지만, 생각으로만 그칠 뿐 만약에 잘못되면 어떡하지 하며 신경이 쓰였다. 그동안 병세가 완화되어 더 이상 진전되지 않기만 바랄뿐이었다. 얼마 전 유명배우가 이병으로 갑자기 사망 했다는 뉴스를 본적이 있었기에 언제 터질지 모르는 시한폭탄을 안고 살아가는 기분이었다.

처음에는 은근히 걱정이 되고 불안했지만 시간이 지나면서 아픔을 느끼지 못하는 병이어서 그런지 병에 대한 걱정이 날이 갈수록 무디어 졌다. 그렇게 시간이 지나고 진료예약 일이 되어 담당교수님을 만났다. 교수님이 영상을 판독하면서 첫마디가 "어떻게 이것을 알게 되었느냐"고 물었고, "건강검진에서 발견되었다"고 말하자 고개를 끄덕이며 "조기에 발견이 되어 참으로 다행이다." 하면서 모니터 나타난 영상을 설명하며 수술을 해야 한다며 한 달 후에 수술 날짜를 잡았다.

수술을 해야 한다고 할 때 너무 충격적이었다. 더군다나 뇌 부분을 수술한다니 온몸이 얼어붙었다. 담당교수님께서 이 병이 발생하는 원인은 아직 정확히 밝혀진 것은 없지만, "혈압, 당료, 술, 담배, 스트레스 등에 의하여 발생되는 것으로 추정하고 있다."고 말했다. 사람에 따라서 약간의 머리가 아프고 어지러운 증세가 나타나는 사람도 있지만, 무서운 것은 대부분 아무런 아픔이나 증상을 잘 느끼지 못하는 병이란 것이다. 현대의학이 발달 되었다고 하지만 아직 풀지 못한 의학상의 난제들이 많은 것 같다. 그날 친구의 사무실에서 그분을 만나지 못했다면 격년제로 받는 일반적인 건강검진을 받고는 이것을 발견하지 못 할 수도 있었는데, 그분을 만난 것도 하나님의 은혜였다.

이제 또 한 달을 기다려야 한다. 기다리면서 인터넷으로 경동맥에 관한 자료를 살펴보니 상세하고 많은 정보가 나에게 큰 위로가 되었다. 그중에 시술을 하게 되면 높은 성공률과 안정성이 있다는 정보가 기분을 한결 밝게 해 주었다. 이제 겉은 멀쩡한데 환자 아닌 환자가 되어 하루하루 안정을 취하며 살아 갈 수밖에 없었다.

예약한 입원일 열흘을 앞두고 아내가 코로나에 감염되었다. 한 달 전 병원에서 수술 상담을 받을 때, 부산에서만 하루에 삼천여명이 코로나 확진자가 발생하고 있었다. 만약 코로나가 확진되면 보호자와 함께 PCR검사에 음성 확인판정을 받아 와야 된다며 미리 알려 주었다.

평소 집에서 아내가 헬스장에 다니기에 다중시설을 이용하는 사람은 당신뿐이니 코로나에 걸릴 확률이 제일 높아 조심해야 된다고 일러두었다. 하루는 콧물이 흐르고 감기증세가 있다하여 병원에 빨리 가라고 했지만, 내일이면 나을 것 같다며 내 말을 묵살을 하였다. 이튿 날 아침 기침까지 하며 증세가 심하여졌다. 병원에 갔더니 코로나 확진판정을 받았다. 다음날 나도 목이 아프고 기침을 하여 병원에 갔더니 코로나 확진을 받았다. 다행이 의사 선생님이 백신을 맞았다면 요즘 코로나는 감기처럼 지나가니 큰 걱정을 하지 않아도 된다는 말에 위안이 되었다. 모처럼 휴가차 친정에 쉬로 온 딸과 손자도 코로나에 확진이 되어 온 집안이 쑥대밭이 되었다. 안타까운 것은 무엇이든지 잘 먹던 손자가 열이 나고 입맛이 없어 끙끙거리며 누워있는 것이다. 다행히 며칠이 지나자 감기처럼 지나갔고 모두 원래대로 건강한 모습으로 회복되었다.

추석을 닷새 앞두고, 주일 오후 3시 수술을 받기위해 약속된 날짜에 병원에 도착했다. 아내는 보호자로 왔지만 구청에서 발송된 코로나 확진기간을 알리는 문자를 삭제해 버려서 보호자에서 배재되어 발걸음을 집으로 돌려야 했다. 졸지에 보호자 없이 홀로 병실을 찾아갔다. 가방에서 세면도구를 꺼내 서랍장에 넣고 옆 칸과 분리되는 커텐을 치고 침대에 누웠다. 낯선 병실 천장을 바라보면서 조용히 눈을 감으며 뇌수술을 해야 하니 걱정과 두려움이 엄습했다. 기도하면서 "두려워 말라, 내가 너와 함께 있음이라."(이사야10장11절)는 주님의 말씀이 위안이 되었다. 집도하는 의사선생님께도 주님이 함께 해 주실 것을 기도했다. 누가 봐도 멀쩡한 사람이 환자복을 입고 있다. 저녁뉴스에는 강풍과 폭우를 동반한 강력한 태풍이 올라오고 있으니 사전 피해예방을 강조하고 있었다.

다음날 아침 생각하지도 못한 딸이 보호자로 병실을 찾아왔다. 지원군으로 찾아온 딸을 보니 나도 모르게 반가움과 웃음이 나왔다. 어제 엄마의 전화를 받고 직장에 휴가를 내고 달려온 딸이 고맙고 예쁘게 보였다. 이어 간호사들이 링거를 꽂고 조영제를 투입하고 영상촬영실에서 MRI를 찍었다. 부분 마취를 하여 영상촬영을 하는 동안 무척 고통스러웠다. 특히 뇌로 밀려오는 파도 같은 후끈한 열기의 느낌은 여러 차례 반복 되었다. 그때 마다 "올라갑니다." 경고를 하고나면 눈에는 밤하늘의 무수한 별들이 빤짝이다 반딧불처럼 사라지곤 했다. 나의 양손은 힘을 주며 침대난간을 단단히 붙잡았다. 오랜 시간이 흘렀을 것 같은데 영상촬영을 마치고나니 40분밖에 지나지 않았다. 병실로 돌아온 후 온 몸에 얼마나 힘을 주었든지 기운이 고갈 되었다. 이것도 확실한 병의 진찰을 알기위한 조치로 몸에 고통이 따르는 것을 당연하게 받아 드려야 했다.

다음날 오후 담당교수님과 면담을 하였다. 모니터에 나타난 영상은 선명하게 뇌의 동맥을 볼 수 있었다. 우측 경동맥에 동맥류 0.3센티가 부풀어 올라 꽈리 모양을 하고 자리 잡고 있었다. 0.3센티라고 하지만 영상을 확대 시켜서 그런지 내 눈에는 제법 크게 보였다. 영상속의 꽈리를 커스로 가리키며 교수님이 "꽈리가 크면 수술을 해야 하고, 적당히 크면 시술을 해야 하지만 이건 너무 작아 시술도 하기 어렵다며 1년 후에 다시 검사를 하여 결정했으면 좋겠다."는 교수님의 설명이었다. 딸은 내가 생각하지도 못한 몇 가지 질문을 교수님께 했지만, 나는 시술도 하지 않고 1년 후 검사를 해보고 결정하자는 말 외에 다른 말은 들리지 않았다. 안도의 숨을 쉬었다. 사람은 때가 되면 생로병사를 받아 드려야 하지만 이정도의 증상에 하나님께 감사드렸다.

이 병은 치료약도 없다. 1년 동안 스트레스를 받지 않고 건강관리를 잘 한다면 증상을 완화시켜 주거나 더 이상 진전되지 않을 수 있기 때문에 여기에 기대를 걸어 볼 작정이었다.

그런데, 이상하게 담당교수님과 처음 면담 할 때 내가 제출한 CD 영상을 보면서 왜 수술을 해야 된다고 단호하게 말하며 수술 날짜를 잡고 나를 놀라게 했는지 원망과 서운한 마음이 들었다. 건강검진에도 동맥류에 0.3센티 의심소견이 있다고 했고 그 영상을 보며 내게 설명까지 했다. 그동안 꽈리는 크지 않고 처음 그대로였다. 두 달 동안 가슴조이며 걱정 했던 일들을 생각하니 화가 나고 억울하기 까지 했다.

태풍이 지나가고 있는 창밖의 강한 비바람은 오진이라는 말을 날려 보내는 것 같았다. 태풍이 동해안의 먼 바다로 물러가고 태양이 환하게 비추는 추석 전날 다행히 퇴원을 하여 가족들과 함께 추석을 행복하게 보낼 수 있었다.

퇴원을 하고난 뒤에도 혈압을 재어보면 여전히 들쑥날쑥 이었다.

건강관리를 나름대로 하고 있었지만, 동맥류에 꽈리가 생기는 것도 고혈압과 관계가 있다는 담당교수님의 말에 따라 고혈압 약을 다시 복용하게 되었다.

가족사진

어릴 때 설 명절이 다가 오면 대목이라고 분위기가 분주해 지고 괜히 설레고 기분이 좋았다. 설날에는 오랜만에 새 옷과 새 양말을 신고 평상시에 먹지 못하던 맛있는 음식을 먹을 수 있었다. 차려 입은 설빔에 한껏 들떠 친척 형들과 어울려 집안의 어른들과 이웃 어른들을 찾아 세배 하고 세뱃돈을 몇 푼 받으면 무척 기분이 좋았다. 일가친척들을 만나 웃을 수 있는 설날이 빨리 오기를 손꼽아 기다렸다. 그런데 이번에 다가오는 설을 어린이도 아닌 할머니가 된 아내가 손꼽아 기다리고 있다.

"이번 설 명절에 가족이 다 모이면, 한 나이 더 먹기 전에 젊을 때 가족사진을 기념으로 찍자."며 아내는 한 달 전부터 몇 번 이야기를 했다. 사실 폰으로 간단하게 사진을 찍기는 쉽지만 흩어져 사는 가족들과 모여 사진관 가서 사진을 찍는 일은 사전에 연락을 하고 시간에 맞춰 도착해야 하는 번거로움이 있다.

나는 평소 사진 찍는 것을 좋아하지 않지만, 한 나이 더 젊을 때란 말에 동의를 했다. 우리가족의 첫 가족사진은 삼십 여 년 전 아들이 고등학교에 입학을 하고 딸이 고등학교 졸업 할 때 기념으로 찍었다. 그 당시 가족사진을 찍는 것이 큰 행사인지 아이들은 교복을 입고 우리 부부도 정장차림으로 예약된 사진관으로 갔다. 그때는 번거로웠지만 찍은 사진이 지금까지 거실에 귀중품처럼 걸려있다. 가끔 사진을 보며 저때만 해도 젊고 좋은 시절이었다고 그리워한다. 이 사진을 사진관 쇼윈도에 여러 해 동안 샘플로 걸어놓았다. 몇 년 지난 뒤에도 아는 지인분이 그 길을 지나다 우리사진을 보았다고 귀띔을 해 주기도 했다. 그 때엔 나의 허락도 없이 사진관에서 초상권을 침해 했다며 웃어 넘겼다.

설날, 예약된 시간에 온 가족이 모여 화기애애한 분위기로 약속된 사진관으로 갔다. 입구에는 *** 가족전문스튜디오라는 간판이 걸려 있었다. 시설과 규모가 크고 특별한 추억을 선물해준다는 전문 사진을 찍는 곳이었다. 세월과 시대에 따라 사진관이라는 명칭 대신에 스튜디오라는 명칭을 사용하는 모양이었다. 분장실로 들어가니 벽 거울과 갖가지 소품들이 장식대 위에 놓여있었다. 결혼식 때 이후로 처음으로 메이크업을 했다. 어색하였지만 아티스트는 화장하는 동안 부드럽고 살갑기까지 한 목소리로 친절을 베풀었다. “아버님이 화장을 하니 멋있다.”며 추켜세우는 줄 알지만 그 말이 듣기 싫지는 않았다. 화장이 끝나자 흰 샤쓰와 청바지를 아이 어른 모두의 치수에 맞춰주며, 에나멜 반짝이는 구두까지 제공해 주었다. 멋진 배경에 맞춰 긴 소파에 앉고, 서고, 자유롭게 포즈를 취하며 수십 차례 눌러대는 카메라 셔터를 온전히 받았다. 아내가 머리숱이 적은 나에게 모자 쓸 것을 주문하자, “가족사진을 찍을 때는 거의가 모자를 쓰지 않는다.”고 했다.

다음 순서는 어린손자와 남자들은 흰 와이셔츠에 나비넥타이로 치장을 하였고 여성들은 웨딩드레스로 예쁘게 단장을 하였다. 옷이 날개라더니 딸과 며느리는 젊고 예쁘게 보였지만, 아내는 곱게 화장을 해도 세월의 답례품인지 예전의 아름다움을 찾아볼 수는 없었고 후덕厚德하고 인자함이 남아있었다.

눈부신 조명이 비치고 촬영이 시작되자 억지로 웃기도 하고 가끔씩 진정으로 웃음과 미소를 짓기도 하였다. 촬영기사님이 수십 차례 하나, 둘, 셋을 외치며, 자세와 표정들을 꼼꼼히 지석했나. 8명이나 되니 기사님도 힘들었을 것이다. 촬영을 마친 후 옷을 갈아입고 현상할 사진을 선택해야 했다. 편집실 대형 모니터에 수많은 사진이 하나하나 넘어 가는 중에 잘 찍힌 하나를 선택하기란 여간 어려운 게 아니었다. 그중 몇 점을 선택하여 차후 사진을 받아보고 잘 나오지 않은 부분은 그 때 알려주면 포토샵으로 편집을 하겠다고 하여 마무리 되었다.

며칠 후 핸드폰으로 3장의 사진이 전송되어 왔다. 가족 카톡방에 사진을 올린 후 수정 하고픈 곳을 구체적으로 적어서 올리라고 했다. 사진을 보고 모두들 아우성이었다. 그날 스튜디오의 큰 모니터에서 볼 때는 모두가 근사하게 잘 나온 것 같았는데, 핸드폰으로 보는 사진은 화소가 적어서 그런지 그것보다 못한 것 같았다. 보정을 전혀 하지 않은 것 같았다. 아들은 "살이 너무 쪄 보인다, 어깨와 턱선 좀 줄여 주시고 머리숱 좀 많게 해주세요." 심지어 몇 달 전에 찍은 사진을 보내 주며 이렇게 해 주시면 좋겠다는 사인을 보내기도 했다. 딸과 며느리도 "팔뚝 살 좀 날씬하게 해 주세요, 턱 선을 가름하게 다듬어 주세요, 콧대도 오뚝하게 해 주시고, 그이 목살도 줄여주시고, 눈도 좀 크게 해 주시고"… 자신들의 원판은 까마득하게 잊은 모양이었다. 그러나 두 손자 녀석은 잘 나와 수정하지 않아도 모델 같았다.

아내는 "이참에 모두 성형을 하는 건 어때요?"라며 웃는다. 우리는 하는 수 없이 다음날 아침 일찍 성형할 요량으로 스튜디오에 찾아 갔다. 현대의 놀라운 포토샵 기술로 그런대로 보기 좋게 편집을 하였지만 표정은 편집 할 수 없다고 했다. 그나마 다행이었다. 얼굴 전체를 아무리 성형을 해도 가장 중요한 부분을 차지하는 표정이 그대로이니 각자의 얼굴 특징이 남아 있었다.

아내에게 왜 가족사진을 찍어야겠다고 했는지 물어 보았다.

"사진을 거실에 걸어두고 자녀들이나 손자가 보고 싶을 때 한 번씩 보려고요. 지금이 제일 예쁠 때잖아요."라고 한다.

"먼 훗날 자녀들이 부모님이 그리울 때 추억하면서 보라고 하는 것도 포함되지 않느냐."고 반문했다.

"바쁜 시국에 애들이 자기들 사진 보기도 바쁜데 언제 우리사진을 보겠어요?"

거침없는 그 말에 어안이 벙벙하여 말문이 막혔다. 그럼 우리가 삶을 끝내고 많은 시간이 흐른 뒤 가끔씩 기억하고 그리워하지도 안는다는 말인가? 저들은 우리의 전부인데… 부질없이 자식들에 대한 서운함이 밀려왔다. 그렇지만 자신을 돌아보면 살아온 길이 보인다.

돌아가신 어머니 사진이 책꽂이 옆에 자리한지 30여년, 진정으로 어머니의 은혜恩惠와 모정母情을 그리워하며 사모思慕해 본적이 몇 번이나 있었는지 묵상黙想해 보았다. 미안한 생각이 밀려왔다. 조용히 참회懺悔하는 심정으로 어머니에게 죄송하다고 머리를 숙였다.

아내가 어느 날, 어머니 살아생전에 마당에서 무언가를 불에 태우시기에 가보니 사진들을 태우고 계셨단다. 깜짝 놀라 "어머니 왜 사진을 태우세요?" 했더니 "야야 다 지나간 세월이다. 이제 하나씩 정리를 할 때다. 여기 누구도 죽고, 아무개도 갔다." 하시며 30대에 별세하신 한 장 뿐인 아버님 사진마저도 함께 태워 버렸다고 했다.

아버지와 결혼을 하고 일찍 혼자되어 애틋한 사연은 소중하겠지만, 이제 흘러간 세월에 그게 다 무슨 소용이 있으리오. 미련 없이 기억을 지우는 모양이었다.

사진은 삶의 흔적과 추억을 남기는 것인데, 그때는 정말 왜 저러시지? 이해할 수 없었지만 지금은 조금씩 고개가 끄덕여진다. 그때가 가을이었는데 어머니는 다음해 초여름에 세상을 뜨셨다. 일찍 사고사로 가신 아버지의 사진을 태워버려 나는 내심 놀라워했지만 아무 말도 못하고 침묵했으며 의미심장하게 받아 들여졌다.

김성훈의 『사진은 무엇을 사유 하는가』에서 '눈에 보이는 것이 전부'라는 사진의 속성과 역설적이게도 '눈에 보이는 것이 전부가 아니'라는 사진의 속성을 한꺼번에 보여주며 오늘도 우리들에게 질문을 던진다.

그래도, 사진 속에서 '오늘은 남은 날의 제일 젊은 날 인 것'을 하며 웃는다.

가깝고도 먼 곳

두 달 전 모임에서 서 부산지역 여행을 시티투어 버스를 이용하기로 뜻을 모았다. 부산에 살면서도 서 부산지역은 남구에 살고 있는 우리에게 가깝고도 먼 곳이다. 그곳 명소는 평소에는 발걸음이 잘 닫지 않아 한 번은 가보고 싶은 곳이 많은 지역이다. 모임으로 구성된 8명은 함께 국내외여행을 한지도 30년이 넘는 지기知己이다. 모름지기 해외여행도 좋지만 내 고장의 명소를 둘러보는 것도 의미 있는 것으로 사료된다.

2023년 6월 29일 날씨는 장마철인데 오늘 일기예보는 흐린 날씨에 가끔 비가 온다 하여 햇볕이 쨍쨍한 날보다 오히려 여행하기에 더 좋은 날씨다.

부산역을 출발하여 자갈치 시장을 지나 천마터널을 비껴 돌아 나오니 탁 트인 시원한 바다가 보인다. 멀리 송도 외항의 묘박지에는 국적을 알 수 없는 많은 배들이 정박해 있다. 송도해수욕장의 해상 케이블카가 바다 위를 수놓고 구름 산책로에는 관광객들도 군데군데 보인다. 아담하고 조용한 오전의 해수욕장 해변은 한가한 풍경이 마음을 평온하게 만든다. 내려서 해변을 거닐고 싶었지만 한정된 시간 때문에 감천문화마을과 다대포의 몰운대, 을숙도 현대미술관을 둘러보기로 했다.

암남공원으로 향하는 이차선의 좁은 길은 숲이 우거지고 발아래 펼쳐지는 송도해수욕장과 용궁구름다리가 바다와 어울려 아름답다. 감천문화마을로 가는 해안을 따라 규모가 큰 냉동 창고들이 감천항의 위용을 드러내며 전국에서 부산의 어획량이 전국최대 규모임을 짐작케 하였다.

산자락에 있는 감천문화마을은 년30만 명이 찾는 부산의 대표적인 관광지 중에 하나라니 약간 놀랬다. 감천은 물이 달다고 하여 지어진 이름이다. 이곳은 가파른 산을 깎아 계단을 만들고 경사진 좁은 골목길과 다닥다닥 붙어있는 집들이 최근 한국의 마추피추라 하여 관광객들에게 인기가 높다고 한다.

6.25 피난민들이 신앙촌처럼 태극을 받아들인 사천여명이 개척한 삶의 애환이 녹아 있는 곳으로 현대사에 부산 역사의 단면을 간직하고 있는 곳이다. 좁디좁은 산자락에서 힘겹게 살아온 그들의 삶이

녹아있는 옛 풍경을 새로 꾸미고 단장하여 관광지로 만들었다. 담벼락에 걸터앉아 바다 너머 새로운 세상을 꿈꾸고 있는 어린왕자와 한 컷 찍고, 작은 박물관에 들러 흑백 사진들로 전시된 가난의 흔적들을 보며 안도의 숨을 쉰다. 마침 길 건너편에 정자가 있어 간식을 나누며 오가는 사람들을 구경했다. 한복을 입은 가족들이 거리를 누비며 연신 사진을 찍어 댄다. 외국인들 같다. 마을 어귀에 도착하니 갑자기 시원한 바람이 불어 여름날의 열기를 식혀 주려는 듯 한줄기 소나기를 뿌리고 지나간다. 우리는 미로 같은 골목길을 내려와 다대포를 가기 위해 감천문화마을을 빠져 나왔다.

다대포 해수욕장 초입에 있는 음악분수대 광장에서 해수욕장으로 거쳐 몰운대로 가기로 했다. 지난봄 문학회에서 몰운대 걷기대회 행사에서 사전답사와 실제탐방을 한 탓인지 주위의 지형지물이 익숙하다. 들머리 해변의 잘 가꾸어진 푸른 송림 사이를 뚫고 해수욕장에 들어서니 광활한 백사장과 겹겹이 밀려오는 파도와 갯내음을 실은 시원한 바닷바람에 아!~~ 모두들 가슴 여는 소리를 지른다. 온통 하늘과 바다는 잿빛이다. 하늘과 바다의 경계가 사라지고 이슬비까지 시원함을 더해 감성을 돋운다.

몰운대의 낙조는 전국적으로 아름답기로 유명하다. 저녁노을이 광활한 바다와 해변이 황금색으로 물들면 관광객들은 입을 다물지 못한다. 오늘 날씨는 흐렸다 개었다를 반복함에 노을을 보지 못하는 아쉬움이 남아 언제 다시 한 번 시간을 내어볼 참이다. 몰운대를 한 바퀴 돌면 그림 같은 해안가의 풍광이 절경이다. 다대진의 동헌과 임진왜란 때 부산포해전에서 순절한 정운 장군을 기념하는 순의비도 있다. 비문에는 수군의 선봉으로 몰운대 아래서 왜적을 만났을 때, 몰운의 운雲자가 자기의 이름자인 운運과 이름이 같다하여 이곳에서 죽을 것을 각오하고 분전하다가 순절하였다고 한다.

우리는 다음 목적지로 가기위해 버스시간에 맞춰 몰운대 입구에서 인증 샷을 남기고, 낙조와 해안가의 절경은 다음을 기약하며 걸음을 재촉했다.

빗방울이 하나 둘 떨어지기 시작하드니 버스정류소에 도착하자 소나기가 사정없이 쏟아진다. 버스정류소 벤치에 앉아 줄기차게 내리는 비속에서도 모두가 오랜만에 추억 같은 장면이 연출이 되니 즐거운 표정이다. “날 잘 받았다”고 누군가 한마디 던졌다. 오늘 같은 날은 야외활동 하기에 내리쬐는 햇볕보다는 가끔 소나기가 더위를 식혀주니 더 없이 좋았다. 신기한 것은 우리가 관광 할 때는 비가 오지 않고 비를 피할 장소에 도착하면 소나기가 내렸다.

낙동강 강변을 따라 아미산 정상으로 향하는 길에서 본 낙동강은 황톳물이다. 군데군데 길게 뻗은 모래톱이 물속에 잠긴 듯 보인다. 물안개 자욱한 아미산 전망대 입구에 도착할 때도 비가 계속 추적추적 내리고 있었다. 이곳에는 오르고 내리는 사람이 없어 차는 미끄러지듯 부네치아 장림포구로 향했다. 부네치아는 부산과 베네치아(베니스)의 합성어다. 차창으로 보니 하천의 방파제에는 어선들이 비속에 한가하게 정박해 있다. 공장의 각종 폐수로 오염된 하천을 정비하여 가계와 주위 창고를 무지개 색을 입히고 여러 가지 조형물을 설치하여 관광지로 만들었다.

을숙도 현대미술관에 도착 했을 때 비는 거짓말처럼 그쳤다. 꽤 규모가 큰데 비해 무료로 운영되고 주차시설도 잘 되어있었다. 미술관의 외관이 특이하여 눈길을 끌었다. 2층부터 외벽에 수직으로 150종의 식물들이 평지처럼 자라고 있었다. 1층 로비에 들어서자 현대미술관답게 키가 나만한 로봇이 돌아다니며 음성 안내를 받으려면 자신을 터치 하라고한다. 1층 전시관에 부산모카 시네미디어 행사 일정을 둘러보고 2층으로 향했다. 전시회가 열리고 있는 이곳에는 다른 관람객이 아무도 없었다. 푹신한 소파에 몸을 맡기며 헤드셋을 끼고 인간, 지구환경에 대한 자연 다큐영상을 감상하였다. 미술에 대한 조예가 깊지 않은 우리는 현대미술이 전시하는 생소한 디자인과 리듬 등, 창작영상에 대한 이해가 부족함을 느꼈다. 지하 도서관과 여러 전시물을 둘러보고 밖으로 나왔다. 을숙도에는 학창시절에 한두 번 왔을까? 근 50년 만에 다시 찾은 것 같다. 그때는 갈내숲으로 에덴공원으로 가는 길에 학생들을 상대로 장사를 하는 주점들이 많이 있었던 것으로 생각이 난다. 같은 부산이면서 50년 만에 다시 찾은 감회는 옛 모습은 전혀 찾아 볼 수 없고 너무 많이 변하여 생소한 느낌이다. 을숙도는 세계적인 철새 도래지라 겨울이면 철새를 관찰하기 위한 탐조객들 발걸음이 끊이지 않고 있다. 지금은 문화예술

공간도 함께 자리 잡았다. 을숙도 현대미술관은 아이들과 함께 한 번은 가볼만 한 곳이다.

어느 듯 시간이 오후 5시. 낙동강하구 에코센터와 부산근대역사관은 다음에 관람하기로 하고 부산역 출발지로 돌아왔다.

사량도

바쁜 일상을 잠시 접어두고 시원한 가을바람이 불어오는 시월 초순. 지인 형님부부와 함께 남해 사량도로 여행을 떠났다. 대체 공휴일이 끝난 뒤여서 그런지 차량의 흐름이 좋아 생각보다 조금 일찍 통영에 도착했다. 목적지로 갈 여객선 출항시간까지는 여유가 있어 예정에 없던 동피랑 벽화마을을 구경하기로 했다.

해안도로와 인접한 야트막한 언덕을 따라 올라가니 드라마 촬영을 했다는 집도 있고, 오래된 집 담벼락에 나무며 꽃들과 곤충을 삽화를 그려 밝음과 맑음을 안겨 주었다. 우리는 동피랑 글자가 쓰여 있고 어린왕자가 그려진 집의 벽화 앞에서 다른 여행자들처럼 사진을 찍었다. 골목길을 따라 올라가니 언덕위의 정상에는 옛 성터가 있었다. 성터에서 내려다보는 통영 항은 아담하고 호수 같은 바다가 아름다웠다. 외항 쪽의 전망은 고층아파트가 멀리 수평선과 확 트인 바다의 풍광을 가려 아쉬움이 있었다. 호수처럼 잔잔한 통영 항에는 많은 어선들이 개점휴업 상태인지 일렬횡대로 묶여있고 바다는 한산하고 고요하였다. 벽화마을을 내려오는 길옆에 눈길을 끄는 곳에 키가 작은 가로수나무가 있었다. 풍성한 그늘이 있는 그곳에 까꾸막 나전 쉼터라는 안내판을 보고 잠시 휴식을 취했다. 앉고 보니 긴 나무의자에 나전칠기가 새겨져 있어 유심히 보았다. '실내에 국한된 전통공예 예술품 나전의 작품 감상을 실외로 확장하다. 나전칠기의 본 고장 통영의 자부심, 나전을 동피랑 쉼터 의자에 담아 휴식공간의 품격을 드높이다.' 라는 문구가 그동안 까마득하게 잊혀진 나전칠기 예술품을 다시 한 번 생각하게 하는 의미 있는 곳 이였다.

동피랑을 뒤로하고 내려오니 형님께서 유명하다는 통영 꿀빵을 사 주신다. 언제 빵 값을 지불하였는지 계산을 끝내셨다. 평소에도 대접하기를 좋아하고 친구들을 만나도 언제나 먼저 베푸는 아름다운 심성을 가진 분과 여행을 함께하는 것이 행복하다.

예약된 점심시간이 되어 서둘러 동피랑을 떠나 식당으로 향했다. 통영의 해산물로 차려진 음식은 우리의 입맛을 사로잡았고 몇 년 전부터 통영에 올 때마다 찾아 왔지만 언제나 만족감을 준 식당이었다. 여행의 재미에 먹거리는 빼 놓을 수 없는 조건의 하나다. 특히 그곳의 특산물을 푸짐하고 맛있게 즐김은 오래 기억에 남는다.

연안여객선 부두에 도착 했을 때, 미수 항은 가을 햇살이 한창 쏟아지고 푸른 하늘과 푸른바다는 가을의 명화였다. 하얀 여객선에 캠핑카를 싣고 사량도로 가기하기 위해 승선하였다. 사량도로 출발하는 배에서 바라보는 연안부두는 잔잔한 해변의 한가함을 보여주었고 승선인원은 몇 명에 불과했다. 어제까지만 해도 주말과 대체공휴일까지 겹쳐 복잡하여 발 디딜 틈도 없었다고 한다. 오늘 휴게실에는 우리 일행만이 넓은 선실 방을 독차지하였다. 조용하고 한가한 오늘을 택한 것이 행운이었다. 여행지에서 시장처럼 복잡하고 떠들썩한 분위기가 취향에 따라 흥겨울 수도 있지만, 나는 조용한 가운데 풍광을 즐기는 여행이 좋다.

미수 항을 출발하여 고요하고 아름다운 남해안의 짙푸른 바다를 바라보며 불어오는 해풍을 맞으니 온 몸을 씻는 듯 상쾌했다. 떠있는 섬들이 그림처럼 내게로 다가왔다. 통영 항을 벗으나 섬 사이로 항해하는 여객선의 후미는 바다 위에 하얀 포말을 끝없이 밀어내고 있었다. 남해바다 섬 사이로 펼쳐진 바다엔 여객선의 좌우로 하얗게 떠있는 양식장의 부표가 처음에는 신기하게 보였지만, 너무 무분별하게 많이 설치되어 바다의 경관을 해치고 있었다. 어떻게 보면 바다를 효율적으로 이용하는 것 같지만 구석진 해안에는 오래된 스티로폼의 잔해들이 바다를 오염시켜 자연환경의 파괴는 뒷전으로 밀린 것 같았다.

사량도에 도착하여 면사무소 앞에서 좌회전하여 목적지 대항해수욕장에 가는 길을 잘 못 들었다. 지도에는 십 분 이내에 도착할 수 있는 거리인데 상도섬의 해안도로를 한참 달리며 섬 둘레를 구경했다. 길은 굴곡이 심하여 위험했지만 숲과 바다와 어우러진 한적한 섬마을에도 깨끗하고 예쁜 집들이며 아스팔트로 잘 포장된 길이었다. 낯선 주민에게 길을 물어 내지마을을 되돌아 나오면서 길가 밭에는 김장배추와 무우가 탐스럽게 잘 자라고 있었다.

U자형으로 된 한적한 대항 해수욕장으로 들어서자 텅 빈 백사장은 고요했고 바다에서 불어오는 바람은 쌀쌀했다. 백사장을 돌아 야산과 맞닿은 오른쪽 방파제에 주차를 했다. 선창 끝에는 두 사람이 낚시를 하고 있었고, 방파제의 왼편에 두 대의 SUV차량 뒤에는 텐트로 연결되어 있는 것이 눈길을 끌었다. 맞은편에 있는 하얀 모닝차 지붕에는 신기하게 태양열 장치가 되어 있었다. 차창이 연하게 선팅된 차 안에는 짐들이 가득 들어 있어 이곳에서 장기간 머무르고 있었음을 암시하고 있었다.

가져간 감을 깎아서 드리며 인사를 나누었다. 고희를 막 넘긴 이 분은 서울에서 왔다고 한다. "제주도에서 한 달 동안 머무르다 십일 전에 이곳에 왔어요. 갈치낚시가 잘 되어 재미가 있었는데, 어제와 오늘은 손맛을 보지 못했다."고 한다.

나는 사십일 동안이나 집에 들어가지 않고 이런 생활을 하고 있음에 놀라웠다. "집에 들어가면 갑갑하고 시간이 가지 않아 지루한데 이렇게 경치 좋은 곳에서 머무르며 자유롭게 낚시를 하며 보내는 생활이 너무 좋고 아내도 이런 생활을 이해하고 있다."고 한다. 하기야 낚시에 빠지면 못 말리는 것을, 낚시에 빠진 내 친구를 통하여 알고 있다. 차 옆에는 검게 그을린 두개의 냄비와 그릇, 불을 피웠던 화덕이 방랑하는 보헤미안의 생활처럼 보였다.

사량도에 도착했을 때, 화창하던 날씨가 어느새 하늘은 온통 잿빛으로 변하여 아름다운 석양은 볼 수 없었다. 뒷산 옥녀봉의 출렁다리는 희미하게 보였고 방파제에는 찬바람이 불고 이내 어둑어둑하기 시작했다. 저녁을 준비하는 동안 바닷가의 펜션에 하룻밤 묵을 방 하나를 염가로 빌렸다. 캠핑카 옆에서 차가운 바람을 맞으며 저녁을 먹었지만 꿀맛이었다. 밤이 되니 인적이 끊어진 해안도로와 해변에는 적막감이 감돌고 불빛에 비친 밤바다는 때 이른 추위와 칼바람에 출렁이고 있었다.

여행은 새로운 환경에서 새로운 사람들을 만나고 새로운 풍물을 감상하는 것이 좋다. 오늘처럼 낯선 곳에서 만난 낯선 사람과의 대화에는 신선함과 흥미가 있다. 사람마다 살아가는 삶의 방법이 다르고 경험하지 못한 이야기를 들으면 타산지석이 되는 점도 있다. 그분은 퇴직을 하고 힘들이지 않고 편하게 산다. 자유롭고 자신이 하고 싶은 것을 하며 유유자적 살고 있다는 생각이 들었다.

나는 조그만 텃밭농사를 짓고 있지만, 때로는 농사가 힘이 드는 일이라고 생각을 할 때도 있다. 처음에는 즐기면서 농사를 짓기로 했는데, 농사를 짓다보니 욕심을 내어 지경을 점차 넓히고 있다. 여행을 오기 전까지 김장배추를 심었고, 고구마를 캐놓고 그 자리에 양파를 심을 준비를 했다. 바쁘게 살아온 것 같다. 이제 집으로 돌아가면 삶의 속도를 줄이고 놀이터라 생각하며 사는 여유를 가져야겠다.

작은 도서관(마을문고)

용당동은 한국동란 전에는 남구에서도 살기 좋은 부촌마을이었다. 해양성기후로 여름에는 시원하고 겨울에는 따뜻했다. 반농반어로 경제적으로 부유한 마을이 동명목재가 들어오면서 많은 지각 변동이 있었다. 동명이 도산하고 본사가 있던 자리는 용당세관이 들어왔고 그 옆의 3층 건물이 새마을금고다. 이 건물 이층에는 작은 도서관 마을문고가 있다.

마을문고는 필자가 용당동새마을금고 이사장 재직 시 개관하였다. 당시 마을문고를 개관하기 위해 최 찬석 동장님은 시간이 나면 새마을금고로 찾아와 남구에서 마을문고가 없는 동은 용당동과 ** 동 두 곳 밖에 없다며 금고 이층 회의실을 마을문고로 만들었으면 좋겠다고 건의 하였다. 한두 번도 아니고 자주 건의를 하였다. 듣기 좋은 꽃노래도 한두 번이지 그렇게 필요한 마을문고라면 주민센타 이층에 만들면 될 것이지 왜 하필 마을금고에 만들어야 되는지 반문하였다. 주민센타 이층에는 영어교실과 사물놀이, 요가등 자치회 프로그램을 운영 중에 있으며, 자생단체회의와 행사 때 준비물 보관과 사전 예행연습을 하기 때문에 마을문고를 할 수 없다며 딱한 사정을 이야기하였다.

이 문제로 여러 날 고민을 하던 중 패러다임의 변화라는 말씀을 듣고 수직적 사고와 수평적 사고를 접하게 되었다. 수직적 사고는 정답이 하나이지만 수평적 사고는 유연한 사고로 문제를 해결해 나간다. 인류 역사를 보면 획기적인 변화나 발전의 이면에는 수평적 사고가 뒷받침 하고 있었다고 말한다.

우리가 살아가는데 부딪히는 많은 문제 중에는 대부분 옳고 그름의 문제가 아니다. 옳을 수도 있고 그를 수도 있는 문제들이 많다. 생각하기에 따라서 옳을 수도 있고 그를 수도 있다. 사실 명백하게 옳고 그른 것으로 나눌 수 없는 문제가 너무 많다. 수평적 사고로 도서관이 마을에 있다면 많은 장점이 있다는 것을 인정을 해주는 것이 맞다. 또한 주민센타는 조금 외진 곳에 있어 마을금고 위치보다 주민들의 접근성이 떨어져 이용하는 사람들이 적을 것 같았기 때문이었다. 이사장도 문고를 만들면 금고 회원들과 만나 대화도 나누고 차도 마시며 자연스럽게 금고를 이용하게 되어 좋을 것 같은 생각을 오래전부터 하고 있었다.

그러나 2층은 86평방미터(26평)로 좁은 장소다. 이사장실과 회의실을 겸하고 있다. 문고를 만들려면 이사회의 동의를 받아야 한다. 요즈음 추세가 규모가 크고 성장하는 금고 일수록 회원들에 대한 환원사업으로 노래교실, 탁구교실, 요가, 서예 등을 하고 있다는 것을 이사장도 잘 알고 있다. 2층에 마을문고를 만든다면 업무의 비효율성과 자유로운 행동의 제약을 받을 것 같고, 시끄럽고 불편함이 예상 되었다. 그렇지만 주민들이 편리하고 쉽게 책을 접할 수 있고, 학생들의 공부방으로 쓰이는 작은 도서관을 만든다면 기꺼이 감수 하리라 생각했다. 마을문고를 만들기 위한 비용과 도서 구입비, 운영은 구비로, 관리는 문고 회원들이 하기로 하며 새마을금고에서는 장소 제공과, 전기료, 수도료를 부담하기로 하고 이사회에서 의결이 되었다.

새마을금고 이사장실의 방을 나누어 마을문고와 같이 사용하다 보니 이사장은 문고를 거쳐서 이사장실로 가야하는 번거로움이 있지만, 동네의 작은 도서관의 개관을 위해 기꺼이 회의실을 할애하었다.

마을문고를 오픈하기 전 몇 군데 기존 마을문고를 견학하여 실태를 파악했는데, 대연1동 문고는 신축 주민센타 4층에 안락하고 좋은 시설의 작은 공간이지만 세련되게 책들이 진열되어 있었고 이용하는 주민들도 많았다. 모새마을금고에 마련된 문고는 여기서 독서를 하는 사람은 거의 없고 하루에 서 너 명이 도서를 빌려가고 반납 한다고 했다.

드디어 2017년 10월 27일 약간의 신간 책들과 구의회 도서관과 남구 문고지회에서 기증한 약 1,000권의 도서를 갖추고 구청장님을 비롯한 다수의 내빈들과 함께 개관식을 갖고 남구 21개동 중 20번째 용당동 사랑 빛 마을문고를 오픈하였다.

처음에 내가 상상했던 사랑 빛 마을문고의 모습은 대략 이러했다. 주민들을 위한 새마을금고의 환원사업의 일환으로 작은 도서관을 통해 일반인이나 젊은 여성들이에게 책을 대여하거나 독서를 하기 위해 마을문고를 방문하게 될 것이다. 어떤 분들은 여가선용의 장소로 이용하고, 책을 좋아하는 사람끼리 만나고 대화를 나누다 보면 독서를 통한 마음의 양식을 쌓을 수 있어 금고 이미지도 훨씬 좋아질 수 있을 것이라 생각했다. 나 역시 많은 책이 가까이 있으니 다양한 책을 접할 수 있어 좋고, 마을주민들이 방문하여 책을 읽거나 대여해 갈 것이라고 생각했다.

몇 년이 지난 지금 나의 생각이 빗나가고 있음을 본다. 처음 문고를 오픈 하자 방과 후 초등학생 여섯 명 정도가 늘 이용을 하여 단골손님이 되었다. 지금은 또 다른 학생들의 얼굴이 보인다. 때때로 학생들의 도란도란 이야기를 나누는 소리가 포근하게 들리고, 간간히 하루에 두 서너 명의 주민들이 와서 책을 빌려간다. 젊은이들이나 주민들이 독서하는 모습은 좀처럼 보기가 어려워 아쉽다. 핸드폰이 많은 정보를 제공해 주고 실시간 뉴스와 게임도 할 수 있으니 손안의 마법사를 놓을 수 가 없을 것이다.

나는 문고 오픈 후 다양한 신간 책들을 보며 놀랐다. 특히 학생들의 학습에 관한 책들이 유난히 많고 다양하며 종류도 많았다. 평소에 인터넷으로 책을 구입하다 보니 영광도서나 교보문고 같은 대형서점에 가서 책이 진열된 것을 본지도 오래 되었다. 그렇다 보니 지금까지 보지 못했던 책을 보면서 이런 책도 있네, 신기해하며 감탄을 하기도 했다.

마을문고가 학생들에게는 학습에 도움이 되는 공부방이 될 수 있고 성적이 향상되기도 하겠지만, 기대했던 주민들이 와서 책을 읽지 않으니 안타까운 마음이 여전히 남아있다. 좋은 시설과 다양한 장서들이 있어도 이용하는 사람들이 없다면 울림이 없는 빈 껍데기다.

나 역시 평소에 책을 가까이 하지 않아 한 달에 한권 정도 책을 읽었는데, 마을문고 오픈 후 요즘은 일주일에 두 세권 정도 읽어 나 스스로도 놀라운 발전이었다. 내 경험상으로 독서의 습관을 길들이기 위해 처음에는 만화책이나 무협지 같은 부담 없이 읽고 즐기며 재미있는 책들을 많이 읽을 때 그것을 읽다보면 습관이 되는 것 같다.

가끔 부모들이 자녀와 함께 마을문고에 오는데 책을 선별하여 읽어 주는 모습은 참으로 귀하고 보기에 좋다. 어릴 적부터 책을 읽게 하여 독서의 습관을 가지는 것은 매우 중요하다. 책을 읽다보니 내가 알지 못했던 것들을 알게 되고 감명 깊은 책을 만났을 때 얼마나 큰 기쁨인가?

"學而時習之 不亦說乎" <배우고 때때로 익히면 또한 기쁘지 아니한가.> 논어에 나오는 내용인데 여러 가지 책을 접하고 읽다보면 점점 재미를 느끼게 되고, 다양한 부류의 책이 있어 기쁨과 흥미를 줄 것이다. 톨스토이도 "인생을 바꾸려면 좋은 스승을 만나라, 아니면 좋은 책을 만나라, 그러면 당신의 인생이 바뀔 것이다."라고 말했다. 나는 요즘 책이라는 좋은 스승을 만나 독서 삼매경에 빠졌다.

시간이 흐르고 마을문고도 정착이 되어 책 읽는 주민들이 많아졌으면 하고 희망한다. 며칠 전 대연1동 쌈지 도서관 앞을 지나가는 길에 다시 한 번 방문하였다. 2명이 독서를 하고 있었고 깨끗한 환경에 벽 한쪽에 걸려있는 현수막에는 쌈지도서관 행사안내에 10월 독서 감상문 경진대회,12월 독서 왕 선발대회 현수막이 걸려 있었다. 사랑 빛 마을문고도 깨끗하고 쾌적한 환경을 만들고 문화행사와 북카페 행사, 독서 친목회 등을 만들어 주민들이 많이 이용해야 하는 방법을 찾아야 할 것 같다.

대봉 감나무

아내는 꽃 키우는 것을 참 좋아한다. 꽃 뿐 아니라 식물은 다 좋아하는 것 같다. 집안의 베란다에는 사시사철 여러 종류의 꽃들이 피고진다. 지금은 이른 봄이지만 집안에는 구견베리아, 시크라멘, 뱅쿠버제라륨 등 꽃들이 한창이다. 덕분에 아름다운 꽃들을 보며 행복해 하지만 내가 직접 심거나 거름을 주는 일은 별로 없다. 어쩌다 마음이 내키면 물을 한 번식 주거나 마른 잎을 따주는 것이 전부다. 물을 줄때는 화분에 넘치지 않도록 조심해서 주어야한다. 간혹 물이 넘쳐 타일바닥에 흙물이 내려오면 바닥 청소를 해야 하는데, 조심성이 없다고 잔소리를 하는 통에 물을 주는 횟수도 줄어든 것 같다. 농장에 가도 나는 과수나무를 전정하거나 텃밭을 일구며 상추나 고추,

가지 등을 심을 준비를 하지만 아내는 오로지 꽃에만 관심이 있어 내가 무엇을 하는지 수수방관 하는 것 같다.

삼 월 중순이 되자 추운 겨울을 보낸 화단에 이제 봄기운이 감돌고 있다. 점차로 시간이 지나고 때가 되면 새싹이 솟아 날 텐데 급한 성미에 그동안 참지 못하고 땅을 파서 뒤져본다. 막 돋아난 어린 새싹들을 유심히 살펴보며 포기를 나누거나 뿌리들을 옮겨심기도 한다. 화초의 뿌리에 대해 무지하여 곁눈으로 보다가 슬며시 자리를 뜬다.

어제는 얼마 전에 사온 글라디올러스구근을 화단에 심고 난 뒤, 두 달 전에 심어 놓았던 대봉 감나무를 보며 "와~ 살았다." 기뻐하며 함성을 질렀다. 그 소리에 놀라 쳐다보니 감나무를 만지며 유심히 살펴보더니 "나무야 살아줘서 고맙다." 며 연방 감나무에 고마움을 전하며 만면에 웃음꽃이 피어있었다. 아내는 식물을 가꾸는 특별한 재능이 있는지 죽어가는 나무와 꽃들도 아내의 손을 거치면 살아나는 걸 보면 신기하다.

이 대봉 감나무가 우리 농장에 옮겨온 사연은 이러하다. 아내는 친구와 통화를 하면서 "큰 화분에 심겨져 있는 대봉 감나무 한 그루에서 큰 감이 몇 개 열려 보기가 좋았다."며 이것을 가져가 농장에 심어라고 권하자,

"웬 감나무냐"고 물으니 친하게 지내는 분이 이사를 가면서 덩치가 큰 감나무는 가져가지 못하여 그것을 처리하기 위해 친구생각이

나서 과수 농장에 심어 놓으면 되겠다 싶어 전화를 했단다. 아내는 고맙다고 말하며 가져가겠다고 승낙을 했다.

그날 저녁 아내는 대봉 감나무를 한 그루를 친구가 주어서 농장에 심어야 되겠다고 구덩이 하나를 파 달라고 했다. 농장의 야산에는 대봉 감나무 두 그루와 단감나무가 이십여 그루 있고, 겨울철에는 땅이 얼어있어 땅파기도 어렵고 나무를 이식하지 않는데 왜 의논하지도 않고 또 일거리를 가져와 사람을 힘들게 하느냐고 타박을 했다.

언제부터 인가 혼자서 무엇을 마음대로 결정을 해 놓고 권유인지 명령인지 행동을 개시하라고 한다. 친구에게 가져가겠다고 이미 약속을 했기에 파기하면 사람이 실없이 보이고 신용도 없어 보인다. 다음부터 의논을 하고 결정하라며 마무리 했다.

다행히 금년 겨울은 춥지 않다. 이상기후의 따뜻한 날씨 때문인지 대문 옆에는 벌써 개나리가 몇 송이 꽃을 피웠고, 텃밭 언덕 옆에도 진달래가 몇 송이 피어 꽃들도 계절 감각을 잃은 모양이다. 대설이 지난지도 며칠 되었지만 겨울 날씨가 너무 포근하다. 한 겨울인 일월 달이지만 일하기가 좋은 날씨라 햇볕 잘 드는 곳에 대봉 감나무 한 그루를 심기 위해 구덩이를 파고 밑거름을 넣었더니 이마에 땀이 흘렀다.

감나무를 가지러 가기 위해 큰 대야, 장갑, 톱 등 몇 가지 연장을 챙기고 목적지에 도착했다. 그곳에는 일전에 인사를 나누었던 배 선생님과 부인이 나와 있어 반갑게 인사를 하고 나의 차에 동승을 하였다. 감나무는 여기에 있는 것이 아니고 차를 타고 조금 가야 한다며 안내 하는 대로 운전을 하였다. 차안에는 잠시 조용한 침묵이 흘러 내가 입을 열었다.

"무슨 일을 할 때는 사전에 한 마디 의논도 없이 결정을 해 놓고 뒤처리는 남편이 해야 하는 무슨 이런 일이 있느냐."고 푸념하자. 배 선생님은

"환갑이 지나면 남편들은 아내가 하자는 대로 아무 말 없이 하면 집안이 편안해 집니다. 그렇게 사는 것이 현명하다."며 아부성 발언에 한 바탕 웃고 나니 분위기가 전환되었다.

차는 대연동 주택가 골목길을 지나 문현동의 구불구불한 비탈길 산 중턱에 주택 재개발 공사를 하고 있는 곳을 지나 골목길 끝에 도착하니 큰 분재 같은 나목의 감나무가 있었다.

조그만 마당은 아랫집 지붕과 거의 같은 높이에 있었다. 이사를 간 빈집이지만 주위는 깨끗해 보였다. 좁은 마당에 붉은 큰 물통에 심어져 있는 감나무는 작지만 수령이 제법 되어 보였다. 나무를 뽑기 위해 두 사람이 끙끙 거리며 힘을 썼지만 물통에 심어진지 오래 되었는지 꿈적도 하지 않았다. 나는 장갑을 끼고 일을 잘 하는 것처럼 덤볐지만 실은 폼만 잡고 있는 풋내기였다. 배 선생님은 일을 잘 하여 이 분야에서 오랫동안 종사하였던 사람같이 보였다. 강의하는 선생님이라고 믿기지 않을 정도로 일을 잘했다. 삽으로 흙을 퍼내었지만 감나무는 꼼짝하지 않자 물통을 옆으로 눕히자 손쉽게 감나무

가 물통에서 빠져 나왔다. 좁은 물통에서 감나무가 몇 년을 자랐는지 물통 모양의 뿌리가 빼곡히 엉켜있었다. 식물이든 동물이든 환경이 좋은 곳에서 자라야 열매를 많이 맺고 튼튼하게 자랄 수 있다. 이 좁은 곳에서 자유롭게 자라지 못하고 큰 분제처럼 수족이 잘려 자라온 나무가 애처롭게 보였다. 이 대봉감나무는 이날 농장으로 이사를 왔다. 주인을 잘 만나 넓은 이곳으로 옮겨 심은 때가 한 겨울인 일 월 초순 이였다. 일 월 달에는 추운 날씨 때문에 땅이 얼어있어 뿌리가 냉해를 입기쉬어 나무를 식목하지 않는다. 다행히 요즈음 며칠 동안 날씨는 봄날처럼 따뜻하여 다행이었다. 그래도 한 겨울에 옮겨심기에 걱정을 했었다. 이제 대봉감나무가 살아났으니 금년가을에 대봉감이 몇 개나 열릴지 기대가 된다.

헤어질 결심

헤어진다는 말만 들어도 분위기가 가라앉고 우울해 진다. 친하게 지내던 이웃이 멀리 이사를 가도 정이 들어 헤어지기 섭섭하고 애석한 마음이 남는다. 사랑하는 사람과 헤어졌다면 아름다웠던 추억의 상처는 오랫동안 가슴속에 남아 있다. 아끼고 애정을 주던 반려견 같은 동물과 이별할 때도 그 아픔 때문에 한 동안 슬픔에 잠기기도 한다.

호흡하는 동물뿐만 아니다. 물건도 간혹 눈길이가는 것이 있다. 평소에 꼭 필요하지도 않으면서 없으면 아쉬울 것 같은 물건들이 얼마나 많은지, 처분 하려고하면 서운해진다. 책장에 보지 않는 오래된 책들과 헤어져야 하는데, 못내 애석하여 들었다 놨다 하며 또 구석에 쌓아 놓는다. 옷과 잡동사니 물건을 정리하려고 옷장 문을 열어 놓고, 버릴까? 아깝다. 하며 다시 걸어놓고, 다시 쓸려고 두었다가 결국 버린 적이 한두 번 아니다.

하찮은 물건도 가까이 두고 자주 사용하다보면 친근함이 생기고 손때가 묻어 왠지 버리기는 아까워진다. 그래서 집엔 오래된 골동품들이 있나보다. 오랜 시간이 흐르면서 낡고 퇴색되면 언젠가 헤어질 결심을 해야 한다.

멀쩡한 옷을 버리지 못하고 애물단지가 된 옷이 한 벌 있다. 이십년 가량 된 무스탕 외투다. 당시 꽤나 비싼 걸 누나가 선물로 사주었다. 지금까지 열손가락 안에 들 정도로 입었다. 날씨가 따뜻한 부산에서는 별로 입을 날이 없었고, 가벼운 패딩을 입다보니 무겁고 활동하기가 불편하여 거의 입지 않고 옷장 속에서 잠을 자고 있었다. 몇 년 전에 아내가 버리자고 했을 때, 누나가 사준 선물이라 차마 헤어지지 못한 것이 애물단지가 되었다. 입지도 않고 버리지도 못하고 옷장을 열 때마다 제일 큰 면적을 차지하고 걸려있다. 작년부터 나의 주변에 있는 물건들을 정리하기로 마음을 먹고 하나씩 이별을 하고 있는 중이다. 아깝지만 잘 입지 않아 이제 미련 없이 이 옷과 헤어져야겠다고 결심을 했다.

우리 집 식탁위에는 내가 이 십년 넘게 관리해온 작은 수족관(어항)이 있다. 수족관이 처음 우리 집에 왔을 때, 물속의 전경을 그대로 옮겨놓은 듯 참 보기가 좋았고, 집안의 분위기를 순식간에 바꾸어 놓았다. 크기가 60*23*27인데 밝은 조명이 비치는 어항 속에는 산소 발생기가 기포를 끊임없이 만들어내고 수초와 앙증맞은 작은집과 구조물 사이로 평화롭게 놀고 있는 물고기를 바라보면 마음이 편안하고 힐링이 되었다. 참 신기한 것은 수중의 물고기들도 끼리끼리 어울리고 노는 모습이었다.

처음 몇 년간은 귀찮아도 수돗물을 하루 전에 받아놓고 매달 한번 청소도 열심히 했었다. 수초가 가득했고 물고기가 제법 많이 있었다. 엔젤피쉬, 네온테트라, 성질 사나운 베타, 어항을 청소 한다는 입이 아귀같이 생겨 항상 있는 듯 없는 듯 숨어있는 물고기도 있었다. 구삐는 번식력이 강해 포화상태가 되어 여러 번 분가를 했다.

손자들이 가끔 오면 보초병처럼 동태를 살피지만, 우리가 시야에서 잠시 보이지 않으면 물고기 잡이를 한다. 신비하고 아름다움 때문에 물고기들이 수난을 당한다. 잠시 한 눈을 판 사이에 식탁위에 올라선 손자1은 수족관에 손을 넣어 무소불위의 손으로 헤집으며 고기가 잡히지 않자 두 손으로 싹끌이 조업을 하다가 발각이 되어 야단을 친 적도 있었다.

몇 년 후 손자2도 물그릇을 옆에 두고 국자를 들고 설치다가 식탁 유리를 깬 적이 있었다.

세월이가고 여러 계절이 바뀌는 동안 점차로 어항속의 물고기 숫자도 해마다 줄어들고, 수족관에 대한 관심도 시들해져 어항의 청소도 한 달에 한번 하는 것도 기간이 더 길어졌다.

여유가 있는 점심을 먹고 수족관을 보니 물은 우중충 하고, 유리 벽에는 여기저기 얼룩져 있고, 물 달팽이들이 붙어있었다. 바닥에는 구삐의 배설물 찌꺼기와 먹이의 잔해가 여기저기 남아있는 것이 보였다. 수족관을 훤히 비춰주던 전등은 오래전에 고장이 나 꺼져 있고 식탁위의 조명이 대신하고 있었다.

물을 갈아주고 수족관 청소를 해야 할 때가 한 참 지났지만, 언제부터 힘이 든다는 핑계로 차일피일 미루고 있었다. 수족관 안의 수초도 하나 둘 없어지더니 한 송이만 인공조형물과 함께 근근이 살아있다.

물고기를 잡아 작은 대야에 옮기고 수초와 돌들, 여과기까지 깨끗이 씻고 오염된 작은 돌을 여러 번 씻어낸 다음, 신선하고 깨끗한 물로 온도를 맞춰 셋팅 하기까지 한 시간 정도면 할 수 있는 일이다.

하지만 매달마다 이런 일을 하다 보니 귀찮아지고 게으른 나의 천성이 한계를 드러내기 시작했다. 더운 날씨 때문이기도 하고 아침저녁으로 먹이 주는 일이 성가신 일로 여겨졌다. 이 십년 넘는 세월동안 물도 갈아주고, 먹여주고 보살펴준 것을 이제는 아쉽지만 접고 헤어지기로 결심을 했다. 먹이통의 먹이가 끝날 때까지만 이라고 생각하니 나도 몰래 자꾸 눈길이 간다.

어제 마지막 수족관 청소를 했다. 남은 놈을 어떻게 해야 하나? 누가 키우고 싶은 사람 없을까? 차마 살아 있는 걸 던져 버릴 수도 없다. 아파트 건너편에 물고기를 키우고 있는 지인에게 사정 이야기를 해 보아야겠다. 아니면 수족관 판매점에 갔다 드리던지.

경관이 좋은 집도 매일 아름다운 경치를 보면 예사롭게 보이듯, 경치도 날마다 누리면 좋은걸 못 느끼고 산다. 그간 몇 번이나 수족관을 청소하고 씻었을까? 오랫동안 나의 손때가 묻어있다. 동행이 참 길었던 것 같다. 사랑도 매력 없으면 시들해지고, 소중히 여기던 물건도 필요치 않으면 버려야하고, 사람도 이별할 때가 온다.

헤어질 결심을 하였다면 단번에 헤어지면 될 것을 무슨 미련이 남았는지, 이별 연습을 하는지, 마지막 정이라도 나눌 것이 있는지, 알다가도 모를 감정에 번민을 하였다.

책이나 옷이나 아끼던 소품이 오래되고 싫증이 나서 헤어질 결심을 했다면, 바로 실행에 옮겨야 하는데, 미적미적하면 또 그 자리를 차지하고 만다.

제5부

화목火木난로

평화공원

오늘 아침은 고요하고 바람도 한 점 없는 눈이 시리도록 청명하고 좋은 가을날이다. 이런 날은 집안에 가만히 머물러 있으면 엉덩이가 들썩거리거나 좀이 쑤실 것 같다. 자연환경이 만들어주는 넉넉하고 풍성한 귀한 선물에 이끌려 평화공원에 산책을 나갔다.

공원 입구에서부터 가을정취를 물씬 풍기는 것은 잔디밭에 쌓여 있는 낙엽들과 울긋불긋 단풍이 물들어가는 나뭇잎이었다. 낙엽을 보면서 여름날에는 그토록 싱싱한 푸르름에 많은 사람들이 쉴 수 있는 그늘을 내어 주더니만 지금은 수명을 다하여 땅에 떨어져 쓸쓸함을 더한다.

빠른 걸음으로 사람들과 함께 공원을 서너 바퀴 돌다보면 이마에 땀이 흐르고 호흡도 빨라진다. 가끔 휠체어에 탄 사람을 볼 수 있는데 걸을 수 있다는 것이 얼마나 감사한지 모른다. 걷기가 힘이 들면 깊은 호흡을 하고 벤치에 앉거나 천천히 걷습니다. 동쪽 대로에서 달리는 자동차 소리가 희미하게 들리지만, 파란 하늘과 싱그러운 바람에 묻혀 버린다. 간간히 알 수 없는 꽃향기가 코끝에 날아와 깊어가는 가을의 향연을 더해주는 것 같다.

공원의 숲이 내품는 피톤치드 때문인지 공기가 신선하여 긴장을 풀게 하고 마음을 편안하게 만든다. 집 근처에 언제든지 마음만 먹으면 가볍게 걸을 수 있는 공원과 산책로가 여러 곳이 있다는 게 참 좋다. 가까이에 동명대학캠퍼스가 있어 봄날에는 산책로에 심어진 벚꽃나무가 화사함을 더하여 꽃길로 걸을 수도 있다.

공원의 중간쯤에 꽃담을 이루고 있는 댕강나무 작은 울타리가 깔끔하게 단장되어 산책길로서 어디 내어 놓아도 손색이 없을 것 같다. 조릿대와 수국이며 이팝과 팽나무 등, 수 십 종의 나무들이 어우러져 한 여름에는 시원한 그늘을 만들어주고, 계절마다 풋풋한 풀 냄새와 향긋한 꽃향기가 날리는 여유가 있는 길, 마음 편한 길이 된다.

삶의 행복지수를 높이는 것에는 여러 가지 요소가 있지만 그중 제일은 건강이라는 것을 누구도 부인하지 않을 겁니다. 오늘도 건강을 위하여 많은 사람들이 이 산책로를 걷고 즐기며 호사를 누리고 있다.

평화공원의 수목원에는 생태별로 많은 나무들이 저마다 이름표를 달고 뽐내고 있다. 예전에 몰랐던 나무들의 이름도 알게 되어 일거

양득이 되었다. 얼마 전에 은목서의 향기란 수필을 읽었는데 여기서 은목서란 나무를 처음 만나 반가웠다.

유엔기념공원과 평화공원을 경계로 흐르는 실개천을 따라 잠시 걸음을 멈추고. 아담하게 자리 잡은 정자에 몸을 맡기면 흐르는 물소리, 새소리, 잎새에 이는 바람에 저절로 피로가 풀리는 것 같다. 실개천에는 여러 가지 수생식물들이 살고 있고, 또 식물 돔과 곤충체험장, 수많은 꽃들이 있어 어린이들의 소풍명소가 되었다.

남구의 자랑은 공원을 둘러싸고 있는 우뚝 솟은 아파트가 아니라 단연 유엔기념공원과 평화공원이다. 요즈음은 이곳에서 친구들과 만남의 장소로 이용하기도 하는데, 산책을 하면서 이런저런 세상 돌아가는 이야기로 재미를 더한다. 벤치에 앉으면 불어오는 상쾌한 가을바람과 걷는 사람들의 발걸음은 늘 그렇듯 유유히 사라진다.

물의 광장 옆 잔디밭과 어우러진 나무는 잎마다 각양의 색깔의 옷을 입고 있다. 공원을 조성하기 전부터 자리한 미루나무는 하늘 높은 줄 모르고 오르고 또 오르고 몸집을 키웠다. 작은 바람에도 하염없이 떨고 있던 많은 잎들은 언제 떨구었는지 이제는 빈 가지만 남아있다. 나무들과 마른 갈색 잎 위에 살며시 내려앉는 감미로운 클레식의 음향에 잔물결이 일면 아름다운추억이 머무는 과거의 시간으로 데려 가기도 한다.

이 만추의 계절을 그냥 보낼 수 없어 어제는 바다와 숲이 어우러진 이기대공원을 한 바퀴 돌고 왔다. 그리고 독서의 계절이라 톨스

토이의 '사람은 무엇으로 사는가?' 라는 단편소설을 읽었다.

동화 같은 이야기지만 감명을 주며 이세상의 삶은 사랑으로 살아갈 수 있다고 말하고 있다. 맑고 화창한 가을날의 햇볕처럼 온 누리에 사랑이 가득했으면 좋겠다.

옷장 속의 새 옷

얼마 전 같은 동洞에 혼자 살고 있던 구순을 앞둔 큰 누님이 갑자기 쓰러져 119의 도움으로 병원에서 수술을 하였다. 뇌혈관 파열로 식물인간이 되어 의식이 없는 상태가 된지 열 달이 지났다. 병은 진척이 없어 걱정하는 마음으로 뿐 빨리 회복되기만 기도했다.

의사의 진단은 "지금 상태로는 의식이 회복되기가 어렵고 또 회복이 되더라도 예전처럼 정상적인 활동을 할 수 없다."고 했다. 이 말을 듣고 언제까지나 대학병원에 입원 할 수가 없었다. 병원비랑 간병비도 부담이 되어 요양병원으로 모셔야 할 처지가 되어 조카들과 의논하여 살고 있는 전세 집을 정리하기로 하였다.

하루아침에 주인을 잃어버린 집안의 가구와 가재도구들, 빛바랜 살림살이가 얼마나 많은지, 한 사람 뒤에 이렇게 많은 살림 도구가 필요한지 놀라웠다. 나의 시선으로 볼 때 불필요 한 물건들이 너무 많았다. 집에 가면 필요하지 않은 것은 버리거나 잡다한 것은 정리해야겠다고 생각했다. 누님이 써시던 장롱과 TV 그리고 전기장판 한쪽에 먹던 약봉지가 수북이 놓여있었다.

매일 아프다고 병원을 내 집처럼 드나들고 하시드니 이제 약을 타올 수도 없다. 무릎 수술을 받고 오랫동안 불편한 다리로 보조의자에 의지하며 힘겹게 살아왔다.

주방에 있는 큰 냉장고와 김치 냉장고에는 식자재들이 가득 채워져 있었다. 유통기간이 훨씬 지나 보이는 육 고기와 생선들, 부식과 김치들이 빼곡히 들어 있었다. 육 고기 중에는 내가 지난 설날 때 사다 준 소고기도 그대로 있었다. 딸들이 배달해 준 음식들, 자신이 음식을 만들어도 혼자 먹으니 남으면 아깝다고 버리지 못해 냉장고에 싸이고 쌓이는 것 같았다. 먹다 남은 음식과 필요하지 않은 것들을 버려야 하는데, 가난한 시절을 겪었기에 쉽게 버리지 못한 모양이다. 아끼고 절약하는 습관이 몸에 배여 있어 없을 때를 생각하여 미리미리 준비하는 맘을 평생 가지고 살았다. 이제 물질은 풍요롭지만 식구들이 떠난 빈자리에 혼자 사는 삶은 외롭고 쓸쓸하다. 냉장고에 쌓인 아까운 식료품들을 꺼내 놓으니 얼마나 많은지 버린다고 애를 먹었다.

옷장 문을 열자 평생 몇 번이나 입었는지 아끼고 챙겨 논 덮개에

싸인 새 옷이 여러 벌 걸려있었다. 몸 성할 때는 평상복으로 허드레 옷만 입고 생활했다. 이제 아끼던 새 옷은 헌 옷 수거함에 버려야 하는 처지가 되었다. 조카들은 TV와 쌀을 제외한 모든 것을 버리겠다고 한다. 작은방의 찬장에는 새 그릇과 찻잔들, 쓰지 않은 접시와 냄비들을 모두 버린단다.

요즈음 젊은 사람들은 아까운 줄도 모르는 것 같다. 누님은 안 먹고 안 입고 좋은 것은 아끼고 간수했지만 모두가 소용이 없다. 주인 없는 화장대 앞에는 누님이 쓰시던 화장품들이 덩그렇게 놓여있다. 거울 속에는 누님의 환한 얼굴이 보이지만 이제 화장품의 주인은 영영 돌아오지 못할 것 같다.

나태주 시인의 시가 생각난다.

아끼지 마세요

나태주

좋은 것 아끼지 마세요.
옷장 속에 들어있는
새로운 옷 예쁜 옷
잔칫날 간다고
결혼식장 간다고
아끼지 마세요.
그러다

철 지나면 헌 옷 되지요.

중략

이날 저녁 집으로 돌아와 지금까지 편하게 덮고 자던 이불을 미련 없이 버리고 몇 년 전 며느리가 결혼선물로 가져온 새 이불을 꺼내 덮었다. 새 이불이라 그런지 향기도 좋았고 촉감도 새로웠다.

누나가 나에게 전화를 가끔 할 때가 있다.

어느 날은 "약 병의 뚜껑이 안 열린다. 니가 와서 열어 주고 가라"는 전화를 받고는 나도 모르게 웃음이 나왔다. 그렇지만 정색을 하고 무심한 세월이 약병의 뚜껑도 열 힘이 없는 모양이다. 이건 머잖아 미래의 나라고 생각했다. 약병 뚜껑은 별 힘들지 않고도 열 수 있었다.

며칠 전에는 "수도꼭지가 잘 잠기지 않아 수돗물이 계속 똑똑 떨어지니 이것 손 좀 봐 주가." 수도꼭지를 사다 교체를 하고 온 집안을 여기저기를 둘러보고 돌아 왔다.

어느 날에는 "어제 저녁까지 잘 나오든 TV가 안 나온다. 니가 와서 손 좀 봐 주고 가라?" 코로나로 경로당에도 가지 못하고 방안에서 TV 보는 것이 낙 일진데, 어서 가서 서둘러 리모콘 건전지를 사다 교체하니 금방 켜진다. 이러니 집안에는 남자가 있어야 되는 거라며 활짝 웃는다. 시간을 내어 주었다고 고마움과 미안함을 담아 음료수를 마시라며 한사코 건네주었다.

주민센터 일, 은행업무, 때론 병원 모시고 가는 일들이 약간 귀찮은 때도 있었지만, 미안해하면서 걸려온 그 전화가 지금은 기다려진다. 아들은 직장 따라 수도권에 살고, 딸들은 같은 부산에 살아도 직장에 나가니 가까운 곳에 살고 있는 동생을 부르는 것이 쉬운 모양이다.

어릴 때부터 큰 누나는 나를 키웠다 해도 과언이 아니다.

아버지가 돌아가신 후 어머니는 어린 자식들과 살기 위해 아침 일찍 장사를 가면 저녁에 집에 올 때까지 나는 사 남매 중 맏이인 큰누나의 보살핌 속히 자랐다. 그 당시에는 지금처럼 TV나 다양한 장난감도 없었고 먹을 것도 제대로 없어 동생들을 돌본다고 참 힘들을 것 같다.

나는 초등학교에 입학을 한 뒤 심하게 말더듬을 하였다. 당감동 어느 곳에 용하게 잘 고친다는 분이 있다는 소문을 듣고 누나는 나를 데리고 당감동으로 갔다. 그 집을 찾기 위해 지나가는 몇 사람들에게 물어 보았지만 알지 못한다고 하였다. 낯선 곳에서 누나를 잃어버릴까봐 누나의 손을 꼭 잡은 것이 생각난다. 작은 가계마다 들러 물어 보았지만 모른다고 하였다. 햇볕이 내리쬐는 그날, 누나는 땀을 흘리며 비포장 길인 이 골목 저 골목을 다니며 백방으로 애타게 찾아 다녔지만 헛소문인지 그 집을 찾지 못하고 돌아온 기억이 있다.

어린 막내 남동생이 반장이 되어 여러 친구들 앞에 서야 하는데 말더듬을 하니 얼마나 안타까워했는지 알 수 있었다.

오늘 시월 일일, 딸네 집에 집들이 가고 있는 차안에서 조카의 전화를 받았다. “삼촌 엄마가…” 아~ 인생은 덧없고 초로와 같다 하드니, 의식 없이 누우신지 10개월. 날씨도 화창하고 단풍잎이 곱게 물든 시월, 요양병원에 계시던 누님이 아득한 밤하늘의 별이 되었다.

화목火木난로

아침저녁 쌀쌀한 날씨에 겨울옷을 꺼내 입었지만 한 낮의 따스한 햇살에 겨울옷은 조금 이른 것 같다. 농촌의 시계는 더디게 간다고 누가 말했는지 나에게는 허튼소리다. 꽃피는 봄인가 했더니 금세 낙엽이지고, 일주일 전 농장을 둘러 싼 잡목들이 단풍으로 아름답더니 언제 잎들을 떨어뜨렸는지 옷을 벗은 가지들이 또 다른 그림을 그린다. 단풍으로 물든 가을산도 아름답지만 낙엽이 쌓이고 인적이 끊어진 고요한 겨울산도 조용해서 좋다.

요즈음 깊어가는 가을과 초겨울의 두 계절이 공존하는 참 좋은 날씨다. 농막이 자리 잡은 야산의 언덕배기에 겨울 추위가 오기 전에 서둘러 화목火木난로를 올해도 농막 안에 설치하였다. 6평도 안 되는 좁은 방에 식탁과 이불장, 냉장고, 찬장이 있고 화목난로까지 자리 잡으니 좁은 방이 더 좁아 보였다.

이곳의 겨울은 산이라 그런지 평지보다 기온이 평균 1~2도 낮고 찬바람과 추위가 혹독하다. 수돗가 대야에 물이 얼면 봄이 올 때까지 잘 녹지 않는다.

겨울철은 농한기이지만 날씨가 좋으면 과수나무에 가지치기, 거름주기 등 할일이 있다. 주중에 한두 번 농막에 와서 방문을 열면 방안이 바깥보다 더 춥고 방바닥은 얼음장 같이 차가와 실내화를 신고 있다. 방바닥에 전기판넬이 깔려있지만 차가운 냉기와 외풍이 심하여 전기판넬은 있으나마나다. 궁리 끝에 좁은 방안에 조그만 화목난로를 설치 하고나니 뿌듯하고 흡족함이 온종일 나를 행복하게 하였다.

나무는 지천으로 널려있어 땔감 걱정은 없다. 여름내 틈틈이 엔진톱으로 나무를 켜고 도끼질하여 겨울양식 비축하는 다람쥐처럼 잘 건조되게 쌓아놓았다. 해를 거듭하다 보니 나름 숙련되어 나무의 결도 알고 힘의 요령도 알아 무리하지 않으면 할 만 하다. 이마에 땀이 맺히고 등줄기도 젖어 운동하는 맛도 난다.

난로에 불쏘시게 나무를 넣고 토치로 불을 붙이면 장작 몇 개비에 작은 농막 안은 금세 냉기는 사라지고 온기가 방안 가득해 진다. 불냄새와 함께 웅크렸던 몸이 풀리고 두툼한 외투를 벗는다. 난로의 조그만 창으로 따닥따닥 번지는 불꽃에 매료되어 한 동안 넋을 놓고,

세상의 모든 것도 다 내려놓고 나만의 멍을 때리기도 한다.

사람이 살아가는 각양각색의 모양을 보면 때론 보잘 것 없는 인간 같지만, 도구를 사용하고 불을 이용하여 차가운 공간을 데우는 지혜가 있기에 만물의 영장이라고 불리는 것 같다. 이렇게 스스로 몸을 보호하고 살아가는 것도 편리하게 살기위한 작은 몸부림이다.

난로에 불을 피우면 찬 공기와 더운 공기가 쉽게 섞이며 방안에 온기가 가득하다. 한 솥밥 먹고 같이 생활하면서도 평생 냉기류가 흐르는 가정이나, 같은 공간에서 진영논리에 사로잡혀 자신의 소신은 없고 만나면 싸우는 한심한 사람들에게 난로를 하나 선물하고 싶은 마음이 불현듯 생긴다.

남자들은 나뿐만 아니라 불 피우는 것을 좋아하는 것 같다. 바깥의 아궁이에 불을 피우면 손자도 재미있게 갖고 놀던 장난감도 내팽개치고 조그만 나무 조각을 아궁이에 던지며 불장난을 재미있어 한다.

욕지도에 캠핑을 함께 갔던 절친 이형도 조그만 화목난로를 캠핑카에 싣고 다닌다. 퇴근 후엔 쉴만한 장소를 찾아 캠핑을 하며 불 멍을 하는 게 취미라고 했다. 기차모형의 장난감 같이 보이는 난로를 25만원이나 주고 구입했단다. 크기가 작고 나지막하여 땅에 엎드려 눈물 콧물 훌쩍이며 불씨를 살려 끝내 고구마를 구워주었다.

왜 불을 피우는가? 물음에 여름에는 모기를 쫓기 위한 모깃불로 피우고, 겨울에는 추워서 피우고, 봄과 여름은 가끔 고기도 굽지만 그냥 불 피우는 것이 좋아서란다.

난로에 불을 피우면 불 피우는 재미에 시간 가는 줄 모르고 빠져 있는 나를 발견한다. 장작 타는 냄새와 새빨간 불꽃으로 피어나 자신을 태워서 나를 데워주고 재로 남아 허허롭다.

농장 마당의 장독 옆에 백 솥이 걸려있다. 여기서 가끔 친구들과 닭백숙이나 고기를 삶는 날이면 불을 피우는 것을 누가 시키지 않아도 각자가 한번 씩 아궁이 앞에 앉아 나무를 넣고 불을 지핀다. 불이 붙으면 가끔 소용돌이치는 연기가 맵지만 장작이타는 새빨간 불꽃 속으로 빠져든다.

그런데 별것 아닌 것 같은데 나에게 이상한 징조가 있었다. 문제는 바깥 날씨가 따뜻하여 불을 피우지 않아도 되는 날씨지만 괜스레 아궁이를 청소하고 자연스럽게 불을 지핀다. 불을 피우려고 기다렸다는 듯이 일하던 손을 놓고 불을 피우는데 열중하고 있었다.

춥지도 않은데 불을 피운다는 아내에게 핀잔을 한두 번 듣고 열정으로 일하는 것이 아니라 나도 모르게 불 피우기에 집착을 하고 있는 것이 아닌가 하는 생각이 들었다.

난로의 불 뿐만 아니라, 사람에 대한집착, 음식에 대한집착, 물건에 대한집착 등, 건전한 가정생활을 하기 위해서는 집착은 버려야 평온한 가정이된다. 올해부터는 추운 날씨가 아니면 불을 피우는 것을 자재하여야 한다.

난로에 불을 피우면 화재에 항상 조심해야 한다. 강원도 산불이나 외국의 산불을 보면서 여러 날 지속적으로 불타 막대한 산림피해와 인명피해에 항상 긴장하며 무시무시한 화재에 대비하여야 한다. 그리하여 화재예방 차원에서 난로의 연통도 일부러 길게 연결하였다.

한겨울 매서운 바람이 불고 영하의 날씨에는 바깥에서 아무 일도 할 수 없다. 난로에 장작이 불타고 있는 방안은 따뜻하고 아늑하다. 난로 위의 주전자에 물 끓는 소리가 참 듣기 좋다. 난로 곁에 앉아 핸드폰을 보고 있는 아내의 모습도 여유가 있다. 가끔 난로의 포켓에 고구마를 구워 먹기도 한다. 즉석에서 먹는 군고구마는 맛도 있지만 구수한 냄새도 좋다. 가족들에게 이 달콤한 맛을 보여주기 위해 난로 앞에서 시간가는 줄 모르고 고구마를 구울 때가 행복한 시간이다.

그러나 방안에서 불을 피우니 한두 시간 마다 땔나무를 넣어야 하는데 이때 약간의 연기와 미세 먼지가 나와 하루가 지나면 먼지가 쌓여 식탁 위와 방안을 청소하여야 하는 번거로움이 있지만 이런 번거로움도 행복한 시간이다.

겨울동안 따뜻하게 방안을 데워주던 난로도 꽃피는 봄이 오면 방안에서 철거를 해야 한다. 한 계절 동안 춥지 않게 난로가 나에게 내준 따뜻함을 주었기에 아쉬움이 남기도 한다. 내년에는 붉게 산화된 연통을 버리고 새것으로 교체해야 될 것 같다.

사다리를 놓고 연통을 분해 할 때도 조심해야 한다. 긴 연통을 혼자서 철거하기가 힘들지만 자칫 잘못하면 겨울동안 덕지덕지 쌓였던 검은 재가 쏟아져 버리면 바람에 춤을 추며 이리저리 몰려다닌다.

나무가 탄 재는 토양에 좋은 거름이 되지만 매번 불을 피울 때마다 재를 비워야하는 일은 귀찮은 일이다. 그래도 난로에 불을 붙이고 방안이 따뜻해지면 귀찮은 것도 어느새 사라져 버린다.

생각해보면 최근에 농장에서 한 일중에 제일 잘한 것은 150미터나 떨어진 곳에서 물을 끌어와 물탱크에 연결하여 방안의 싱크대에서 편안하게 물을 사용하는 것이 첫 번째요, 두 번째는 겨울추위를 사냥하기 위해 방안에 화목난로를 설치한 것이라고 자화자찬하며 만족하였다.

입사 지원서

"행복하다는 사람들을 자세히 살펴보면 공통적으로 지닌 것이 있다. 그 중 가장 중요한 것은 그들이 하는 일이다." 버트런트 러셀의 말이다.

사람이 살면서 일 할 수 있는 일터가 있거나 눈 뜨면 출근 할 직장이 있다는 것은 행복한 일이다. 아침마다 출근시간이 되면 지하철역마다 많은 인파로 붐빈다. 각자 소속된 직장으로 일하러 가는 발걸음이 역동적이다. 그래서 사람들은 일이 있으면 금수강산이요 일이 없으면 적막강산이라고 말하기도 한다. 그만큼 노동의 중요성을 이야기 하는 것 같다.

오랫동안 직장생활을 한 직장에서 근무했고 또 임원으로 십 여 년을 근무했다. 가족을 부양하고 삶의 여정을 무난하게 보낸 직장에서 아무런 사고 없이 임기만료로 퇴임한 것도 행복이었다. 퇴임을 한지도 벌써 2년이 다 되어 간다. 참으로 시간의 흐름이 빠르다. 지금까지 여유를 가지고 쉬면서 하고 싶은 일, 좋아하는 일을 하면서 시간을 보내리라 생각했다. 그동안 하루는 농장에서 유유자적 텃밭에서 시간을 보내고, 하루는 집에 머물며 쉬면서 피로도 풀고 책도 읽고 때로는 친구들도 만나 이런저런 이야기를 나누며 점심을 먹기도 한다. 직장 생활을 할 때는 정해진 시간에 출근을 하고 반복되는 익숙한 일을 하는 동안 시간 가는 줄 모르는 즐거움도 있었지만 심한 스트레스도 있었다. 이제는 이 모두가 지나간 추억의 조각들이 되었다. 요즈음은 하루하루 직장생활에서 전혀 느끼지 못한 여유로움과 편안하고 자유로움에 행복한 시간을 보내고 있다.

그런데 며칠 전 지인으로 부터 2년 계약직으로 근무시간도 좋고 임금도 괜찮은 직장을 소개 받았다. 이제는 하고 싶은 일, 좋아 하는 일을 하면서 나만의 시간을 보내리라 생각 했는데, 이것을 잊어버리고 근무 조건이 좋아 은근히 직장에 다니며 일하고 싶은 욕심이 생겼다. 나의 경력이면 가능하다며 입사지원을 하라는 것이다. 이 나이에 다시 직장을 소개해 주는 것이 고맙고 감사했다. 나를 알아주고 인정해 준다는 생각에 마음이 끌려 승낙을 하고 입사지원서를 제출하기로 했다. 요즈음 같은 코로나 시대에 젊은 구직자들도 넘쳐나는데 이 나이에 관리자로 회사에 다닌다면 이 또한 능력이라 생각했다. 현직에 종사하여 일하면 건강에도 좋고, 시간도 잘 가고, 적당한 수입이 생기기 때문에 기대와 설레임으로 정성스럽게 쓴 이력서와 자기 소개서를 인터넷으로 접수 시켰다.

직장에 다닐 때, 신입직원들을 선발 하면 입사지원서를 받아보고 면접을 보았다. 그런데 이제 상황이 역전이 되어 내가 입사를 하기 위해 이력서와 자기소개서를 써 보니 이런 날도 올 수 있구나 하며 미소를 지으며 참으로 야릇한 기분을 느꼈다. 특히 자기소개서에 자신의 강점과 능력을 서술하고 전문적인 경력과 경험을 심사위원들에게 어필하기 위해 심사숙고하여 쓴다는 것이 쉬운 일이 아니었다. 지원 동기에는 경영, 회계, 인사관리, 자산관리 등 경영전문가로서 필요한 역량을 발휘하고 다양한 현장경험과 노하우를 적극 활용하여 새로운 인생 후반전을 뛰어 보고 싶습니다. 라고 그럴싸한 미사어구를 썼지만 이 말의 새로운 인생 후반전이라는 구절이 왠지 마음에 들지 않아 지웠다가 다시섰다. 근무하는 사람들과 직장의 업종이 다르기에 새롭다고 말 할 수 있지만, 나의 입장에서는 새로운 것이 아니라 봉급생활자로서 회사생활의 연장선에 있다는 생각을 시을 수 없었다. 그리고 새로운 입사생활이 오랫동안 일한 직장인으로 다시 돌아가 일을 하는 것이 행복한 것인지 생각해 보았다.

하루 이틀이 지나가고 시간이 흐르자 평생 직장생활을 하며 퇴임을 했는데, 지나온 시간으로 되돌아가 재취업 하여 다시 일을 할 것을 생각하니 처음 느꼈던 기대와 설렘은 사라지고 새로운 직장의 동경은 점차 시들해 지기 시작했다.

퇴직 후 지금의 생활이 더없이 즐겁고 행복한데 다시 직장인으로 돌아간다고 생각하니 우울하고 갑갑함이 엄습해 왔다. 지금까지 월급이 없어도 그런대로 연금과 약간의 수입으로 불편 없이 살아 왔다. 자녀들도 공부를 다 마치고 결혼하여 각자의 가정을 꾸리며 살고 있어 큰돈이 들어갈 일이 없는데, 돈 때문에 직장을 갖는다는 것은 명분이 약하고 물질을 앞세우는 행동 같았다. 살면 얼마나 더 산다고 내가 하고 싶은 것 하고 즐겁고 행복한 일을 해야지. 얼마 남지 않은 인생의 황금 같은 시간을 직장에 얽매여야 하나 생각하니, 이것은 아니다 싶었다. 삶에 헛발질 하는 어리석은 선택이요, 소탐대실小貪大失이라 생각이 들었다. 직장에서 일하는 것도 좋지만 이제는 지금처럼 자유롭게 일하는 것도 일 하는 것이기에 프리랜서로 일한다고 생각하기로 했다.

그동안 이력서와 자기소개서를 쓰기 위해 시간을 보내고 면접을 위해 예상문제를 만들어 연습 한 것도 나를 위한 또 다른 공부였다고 생각하니 미소가 나오고 의미 있는 시간들이었다.

면접을 며칠 앞두고 회사에 면접 불참을 통보 하였다. 미안한 마음으로 지인에게도 전화를 하여 면접에 불참 한다며 이유를 설명 하였다. 아쉽지만 흔쾌히 받아들이며 첫 말에 충분히 이해를 한다며 격려를 해주어 감사했다.

우리는 살아가면서 많은 사람들을 만나고 헤어진다. 나는 그 중에 현재까지 소식을 주고받거나 가끔 한 번씩 만나 식사를 나누는 사람은 열 손가락 안에 든다. 자신은 모르지만 평소 사람들과 만나서 이야기를 나누며 함께한 시간들이 지나가면 사람들에 대한 장·단점이나 성격이나 능력, 인품에 대한 이미지를 갖게 된다. 이미지를 좋게 남기고 싶다하여 좋은 이미지를 남기는 것이 아니기에 평소 언어와 행실의 습관이 중요한 것 같다.

어느 날 갑자기 생각하지도 않았는데, 좋은 일자리가 있다며 희소식을 전하고 그곳에 내가 어울린다며 소개 시켜주는 그 사람, 그렇다면 평소 나에게 좋은 이미지에 후한 평가를 했다는 이야기다. 금융기관에서 오래 근무를 하다 보니 친절과 배려는 몸에 배여 있다. 알고 보면 나의 성격은 차분하고 계획적이지만 가끔 소심하면서 다혈적인 성격이 있다. 그 분은 나의 이러한 성격을 알고 있는지 모르지만 정말 감사하고 고맙다.

"그 사람이 어떤 사람인지 하룻밤을 같이 자 보면 안다."는 친구의 말이 문득 생각나는 깊어가는 올해의 끝자락이다.

겨울 나그네

구정 연휴가 끝난 고요한 아침, 아침의 고요함을 깨뜨린 것은 김종헌 부산크리스천문인협회 직전회장님의 소천 소식이었다. 허망하고 슬펐다. 온 교회 성도들과 저희들이 그토록 애절하고 간절하게 기도를 드렸건만, 얼마나 사랑했기에 이순耳順이 되지도 안았는데 불러 가십니까? 유가족과 저희 부크문(부산크리스천문인협회) 회원들의 충격적인 슬픔을 어떻게 해야 하나요. 이제 전화로도 음성을 들을 수 없고 만날 수도 없는 머나 먼 길을 떠나버린 故김종헌 회장님, 육신의 통증과 고통이 없는 곳에서 영생을 누리십시오. 마지막 임종예배를 마치고 편안한 마음으로 할렐루야 아멘하며 모든 것을 내려놓고 주님 곁으로 가신 회장님. 작년 크리스마스이브 날 회장님 댁에서 먹었던 식사가 마지막 만찬이 되었습니다. 만남의 시간은 짧았지만 애절하고 긴 여운이 남아 있는 석별惜別 이었습니다.

올해도 언제 끝날지 모르는 코로나로 우리의 일상은 여러 가지 제약을 받으며 무미건조하게 또 일 년이 지나가고 있었다. 부크문의 문학기행, 월례회, 정기총회가 코로나의 위력 속에 묻혀 버렸다. 년초에 사무국장이란 중책을 맡았지만 편집회의 세 번하고 일 년을 무위도식無爲徒食 하며 보냈다.

다행히 어려운 여건 속에서도 크리스천 문학지 36호가 발행되어 어제 전달 받았다.

일 주일 전 부산크리스천문인협회 정기총회 건과 현안문제 몇 가지 의논할 일이 있어 회장님과 임원들이 오늘 24일 금요일, 성탄절 이브 날에 김종헌 회장님 댁에서 만나기로 약속하였다. 공 고문님, 최 사무국장, 조 재무, 모 편집장과 함께 1시간을 달려 11시가 조금 지난 시간에 강서구 신호동 회장님 집에 도착하였다.

요즈음 코로나 오미크론 때문에 방역수칙이 강화되어 4인 이상 식사모임을 할 수가 없고, 회장님도 치료중이라 식낭에서는 모일 형편이 아니었다. 이 때문에 불편한 몸에 투병 중에 있지만, 일 년 동안 수고한 임원들의 노고를 보답하기 위해 회장님이 집으로 초대 하였다. 하지만 아직 항암 치료를 받고 있어 안정을 취해야하는 환자인데, 우리가 방문하여 민폐가 되지 않을까 내심 걱정이 되기도 했다.

현관문을 열고 들어서자, 정면으로 보이는 내 키보다 큰 진열대에 포장이 된 보이차가 보기 좋게 진열 되어 있었다. 집안의 거실에는 검소하게 성탄절 장식이 되어 있었다. 성탄캐럴이 조용히 흐르고, 창가에는 앙증맞게 예쁜 다육이가 질서정연하게 자리를 잡고 있었다. 반갑게 우리를 맞이한 회장님은 두건과 머플러로 코디하였고 얼굴은 약간 수척해 보였지만 생각했던 것 보다는 좋아 보였다. 창밖은 멀리 낙동강 하구언의 한가한 겨울 풍경과 한 낮의 윤슬이 빛나고 있었다. 보이 차 전문점 다사랑 대표인 김회장 자리 앞에는 다기 세트가 놓여있고 예사롭지 않은 손놀림으로 직접 끓여주는 보이차를 조용히 음미하며 마시자, "보이 차는 소리를 내며 후르르 마셔야 합니다. 후르르 마시므로 공기와 차가 맞닿아 차의 그윽한 향기를 느낄 수 있어 보이 차는 소리를 내며 마셔야 합니다."

차를 소리를 내며 마신다니 난생 처음 들은 보는 말에 어리둥절하였다. 차를 권해서 조그만 찻잔을 들자 찻잔은 드는 것이 아니라 하여 그 자리에 두니 차를 따라 주었다. 다도는 복잡하다고 생각하고 있는 중에 "우리나라 다도 예절은 어렵고 복잡하지만 보이 차는 편하게 그냥 후르르 마시면 됩니다,"라고 한다. 한 때 다도예절을 듣고 절차가 복잡하여 그들만의 리그가 아닌가 여긴 적이 있었다.

김 회장의 자리 옆에는 구식 턴테이블이 자리 잡고 있었다. 내 눈에는 그것도 고상高尚하게 보였다. 거실 한 켠에 손에 지휘봉을 잡은 팔을 궤고 진지하게 앞을 응시하는 흑백사진이 있었다. 김 회장은 성악을 전공하고 시를 쓰는 사진작가이다. 장애의 몸으로 무거운 카메라 장비를 들고 포토 존을 찾아 사진을 찍는 것이 어쩌면 불편하게 보일 수 있다. 그러나 "시를 쓰는 과정이나 사진을 찍는 과정이 같은 맥락이라는 이유에서 사진을 시작하게 되었다."고 한다. 시와 음악, 사진, 다도뿐이랴, 참으로 다양한 달란트를 지닌 장로님이다.

편집장이 조심스럽게"회장님 저는 올 해까지만 편집장을 하고 사임辭任 하겠습니다."

이미 결심하고 온 듯 심각하게 편집장이 말했다. 창가에 비치는 겨울의 따뜻한 햇볕 때문인지 거실 안의 공기는 쾌적하고 조용했다. 김 회장은 들었는지 못 들었는지 묵묵부답이었다. 오로지 보이차를 끓이는데 신경을 집중하는 것 같았다. 그러다가 갑자기 "오늘 점심은 낙동강 하구언 모래톱에 서식하는 갈미조개를 넣어 요리를 합니다. 이 조개는 시중에서 구하기 힘든 조개입니다. 저희 교회 교인 중에 이 조개를 취급하는 집사님께 특별히 부탁하여 공수되어 왔습니다. 맛있게 드십시오."라며 엉뚱하게 점심식사 때 먹을 조개의 출처를 이야기 하며 화재를 돌렸다. 전혀 이야기의 배경이 다른 마이동풍馬耳東風 식 발언이었다.

이때 "식사를 하시죠?" 하는 말에 뒤를 돌아보니 어느새 사모님과 교회 장로님의 부인이 점심식사를 차려 놓았다. 먹음직하게 차려진 음식은 정갈하고 보기에도 좋았다. 특이한 것은 차려진 음식 중 일부분은 김과 쌈 무우에 갈미조개와 돼지고기를 놓고 몇 가지 반찬을 얹어 본인이 직접 만들어 먹는 음식이었다. 남자들은 조금 불편 하겠지만 음식을 먹어보니 단백하고 구미가 당기는 특이한 맛이 있었다. 다른 음식도 맛이 있었다. 식사가 끝날 때 쯤 김회장의 이야기는 간증이었다.

“금년 8월 화장실에서 넘어져 대퇴부의 고관절이 골절 되어 119에 실려 병원으로 가는 도중에 뼈가 안으로 들어가지 않도록 당기는 처치를 하니 너무 심한 통증으로 자신도 모르는 사이에 교회 목사님에게 전화를 하라고 고함을 질렀는데, 목사님과 통화를 하면서 목사님 내가 죽을 것 같이 아픈데 나를 이대로 내버려두면 안 됩니다. 기도해 달라고 고함을 질렀습니다.” 오늘 김회장은 자신이 “왜 그랬는지 모르겠다.”고 한다. 전화를 받고 목사님이 황급히 병원으로 달려와 간절히 기도를 하였다. 그날 이후 목사님은 매일 병원으로 왔지만 면회는 되지 않았고, 주차장에서 기도를 하고 돌아가기를 반복했습니다.

“지금도 거의 매일 찾아와 기도를 해주시고 가신다.”며 목사님에게 감사함을 잊지 않았다. “병원에 입원하여 종합검사를 받으면서 대장암 4기로 몸에 전이가 된 것이 발견 되었습니다. 만약 그 때 고관절이 골절 되는 사고가 없었다면 암으로 벌써 죽었을 거라며 이것도 하나님의 은혜”라며 울먹이며 말했을 때, 조 재무는 흐느껴 울었고 나도 눈시울이 젖어 분위기는 숙연해 졌다.

“마침 아들이 고신대병원 간호사로 근무를 하여 사진을 찍으러 갈 때마다 직원들이 아버님 오셨습니까? 성*이 아버지 오셨다고 인사를 하니 얼마나 감사한지 마음이 푸근해 졌다."고 말했다.

언제 준비를 하였는지 사모님(김*영 권사)이 후식으로 정성스럽게 다과를 차려와 자리를 정돈하고 원래의 위치로 앉았다. 평소 회장님을 만나면 대화가 유모어스럽다. 그러기에 분위기가 좋고 적시적소適時適所에 멋진 화두를 던지며 재미있고 즐겁다. 그런데 오늘은 분위기가 무겁다. 평소에 보이던 여유로운 유모어와 순발력은 보이지 않는다. 김 회장은 자연스럽게 다과를 권하며 자세를 고쳐 앉은 뒤 "중요한 드릴 말이 있습니다."라고 말했다.

"오는 28일부터 31일까지 9차 항암치료를 받습니다. 앞으로 집중치료가 필요하며 올 해 끝으로 크리스천문학 회장직을 내려놓겠다."고 선언을 했다.

코로나로 회장 취임식도 제대로 하지 못하고, 예기치 못한 병환으로 힘들어 했지만, 부크문의 일은 관심과 의욕을 가지고 일을 했기에 회장직이 힘들다고 한 적이 한 번도 없었다. 평소에 부크문의 회장직을 영광스럽게 생각하고 있는 것 같았는데, 사임을 한다니 전혀 예상하지 못한 우리들은 회장에게 일격을 얻어맞은 충격 속에 잠시 침묵이 흘렀다. 위중한 병을 치료하기 위하여 신중하게 생각하여 내린 결정을 막을 수도 없었다. 맛있는 점심을 푸짐하게 대접해 놓고 재갈을 물리는 것 같았다.

무거운 침묵을 깬 것은 공 장로님이었다.

"나도 십년 전에 암 3기로 치료를 받았기에 현 상태를 잘 압니다.

지금 회장님은 절대안정이 필요합니다. 회장직을 맡으면서 스트레스도 많이 받고 하니 회장님의 의견을 받아 주어야 됩니다. 지금까지 8차 항암을 하며 회장직을 수행한 것도 대단한 정신력 입니다." 라며 조용히 말했다. 생각하지도 못한 돌발 상황에 우리들은 할 말을 잊고 아무 말도 못했다. 이제야 왜 편집장의 사임을 못들은 척 하고 그냥 넘어 갔는지 이해가 되었다

"부크문의 전 회장님들 중에 일 년 동안 회장으로 일하다가 교환교수로 임명되어 회장직의 바턴을 넘겨주고, 돌아와서 다시 회장을 맡은 전례가 있습니다. 몸이 완쾌되면 다시 회장직을 맡아 일을 할 테니 그때 국장님들과 함께 일을 하고 싶습니다."고 흐느끼며 말하는 회장의 말에 아무도 반대 하지 못하고 이구동성으로 그렇게 하겠다고 말했다.

"사무국장님께 정말 미안합니다. 국장직을 맡지 않겠다고 몇 번이나 뿌리치는 것을 맡겨놓고 나 혼자 먼저 자리를 떠나게 되어 정말 미안합니다."라고 말 했을 때, 나는 그것이 이 자리에서 무슨 대수입니까? 하는 생각이 스치고 지나갔다.

"사무국장직을 맡아 좋은 분들과 함께, 새로운 분야를 알게 되어 오히려 삶의 활력이 되었습니다." 라고 했지만 마음은 한없이 슬프고 아팠다. 김 회장은 이야기 중에도 간헐적으로 통증이 있어 약을 먹고 아픔을 참으려고 애쓰는 모습을 보였다.

"회장의 임기를 다 채우지 못하여 미안합니다. 부족한 저에게 많

은 도움을 주신 국장님들에게 감사를 드립니다. 많은 달란트를 주신 하나님께 감사합니다. 고문님들에게 먼저 이 사실을 통보하고 공식적인 사임 발표는 내년 1월 3일 공지 하겠습니다."

통증이 심한지 "앉아 있기가 힘들어 방으로 가서 쉬어야 되겠습니다."고 하면서 "내가 죽더라도 장로답게 죽어야지, 장로답게 죽을 거야." 낮은 목소리로 절규하며 휠체어를 타고 방으로 향할 때, 나도 모르게 울컥하는 마음에 목이 잠겼다. 흔히 교회에서 직분이 사람을 만든다고 말한다. 오늘 나는 그것을 실감나게 느꼈다. 장로의 직분이 예사로운 직분이 아님을 보여주었다.

거실의 숙연한 분위기 속에 다 같이 기도를 잠시하고 집으로 가자는 편집장의 말에 우리는 회장님을 위해 간절히 기도를 하였다. 기도를 마치고 현관문으로 나서자, 인정 많은 사모님께서 잡채를 각자 담아 주었다. 융숭한 대접을 받고 성탄절 이브 날의 선물로 음식을 싸 주시니 참으로 감사하였다.

이 날 나누었던 식사가 故김종헌 회장과 마지막 만찬이었다.

부산 크리스천문인협회 사무국장직을 맡고 김종헌 회장님과 함께 일을 해보니 성격은 열정적이고 진취적이며 섬세하였으나 때론 직선적이었다. 무슨 일을 국장에게 다 맡기면 되는 것을 신임 사무국장이 업무에 문외한이라 생각하며 하나하나 챙기고 확인해야 직성이 풀리는 성격에 몸은 더 피곤해 졌을 것이다.

부크문 회장직을 맡고 부크문의 발전과 위상을 높이기 위해 무던히 힘썼고, 문학책의 내용도 박정선 주간님과 의논하여 특집으로 회원교회 탐방을 신설하고, 나의신앙 나의문학을 계속 이어가 종교 문학지로 격을 높였다. 남다른 의욕으로 년 말 정기총회도 2부 순서를 만들어 프로그램을 다양화 하여 축제의 날로 기획을 하였고, 등단한 지 15년 만에 처음으로 시집 『외줄타기』를 발간하면서 아들들이 각각 백만 원씩 드려 멋진 출판기념회 계획을 세웠으나 이 모두가 코로나로 무산되었다며 크게 상실감을 보이며 아쉬워하였다.

故김종헌 회장과 나는 삶의 활동 영역과 살아온 궤적도 다르다. 크리스천이라는 이유 하나로 연결고리가 되어 2017년 부산크리스천문협 정기총회에서 신인상을 받으며 처음으로 만났다. 당시 사무국장이었던 그는 코사지를 꽂은 진남색 양복에 유머가 있는 멋진 사회를 하였다. 그 후 2021년에 회장직을 맡고 나를 사무국장으로 임명하였다. 문학이 좋아서 함께하며 주님께 영광을 돌리는 사역을 하자며 결의 했던 지난날들이 뜨거운 여름 한철처럼 참으로 짧게 지나가 버렸다.

몸이 완쾌되면 다시 회장직을 맡아 일을 할 테니 그때 국장님들과 함께 일하고 싶다는 그 말이 귀전에 맴도는데, 모든 것을 내려놓음이 슬프고 애달프다.

그의 유고遺稿 작품 『외줄타기』 시집의 첫 번째 시에 생전의 파란만장했던 그의 삶의 한 단면을 보여주고 있다. 살아가면서 자신의 속내를 드러내지 않고, 속으로만 아픈 상처를 보듬고 살아 갈 수도 있지만, 여과 없이 걸러내는 삶의 실체를 볼 수 있었다.

> 나의 모난 치부를
> 받치고 있었던 것은
> 시지프스의 형벌 같은 운명을
> 달게 받고 있는
> 부모님의 심장이었다.
>
> — 김종헌, 「나의 중심」

이제는 시지프스의 형벌 같은 운명도 다 내려놓고 고통도 슬픔도 없는 주님의 품에 안기신 회장님. 부크문의 발전과 위상을 높이기에 헌신하신 일을 주님께서 기억하시고 상급이 크실 줄 믿습니다. 바람도 차가운 황량한 겨울, 겨울 나그네처럼 떠나버린 故김종헌 회장님 걱정 근심 없는 주님의 품안에서 편히 쉬소서.

돌담

내가 살고 있는 아파트는 약간 언덕위에 있어 위치가 높은 편이다. 거기다 고층에 살고 있어 내가 태어나 자라고 유년시절을 보낸 고향 마을이 한 눈에 훤히 보인다.

그 옛날 맑고 푸른 바다와 고요하고 긴 해안가 백사장은 언제 사라졌는지 기억 속에만 있다. 아름답던 갯마을은 사라호 태풍에 황폐화 되었다. 황폐화된 논밭을 헐값에 매입한 동명목재가 들어와 국내 굴지의 기업으로 성장하다 사라지고 이제는 신선대부두가 들어서고 해수부와 각종 회사들이 자리를 잡았다. 대로에는 지하차도가 만들어져 광안대교와 부산항대교가 연결되어 5분이면 남구에서 영도구로 갈 수 있는 교통의 요충지가 되었다.

나는 이곳으로 이사와 20여년을 살았다. 강산이 두 번이나 변할 시간이니 많은 것들이 변했다. 베란다에서 동네를 내려다보면 하루하루는 아무런 변화가 없는 것 같으나 시간이 흐르고 조금씩 변한 것이 쌓이면서 어느새 몰라보도록 변했다. 유년시절과 비교하면 동네의 모양과 지도가 너무나 변하여 옛 모습이 온전하게 남아있는 것이 거의 없다.

그런데 놀랍게도 내가 살던 옛집 근처에 오랜 세월의 숨결이 고스란히 남아있는 정겨운 돌담이 남아있다. 우리 집 거실에 걸려있는 1952년 7월에 미국 종군기자 존 리치가 찍은 동네사진에도 이 돌담이 있는 것을 보고 내가 태어나기 이전부터 있었다는 이야기다.

해마다 여름이면 끈덕지게 불어오는 바닷가의 비바람과 강한 태풍을 견디며 오늘 날까지 그 장소에 그대로 남아있는 것이 신기하고 경이롭기까지 했다.

그 흔하던 돌담들이 무너지고 시대의 변화에 밀려 모두 사라졌지만 유일하게 방치된 유적지처럼 허름하게 남아있다. 이제 돌담도 세월의 무게에 짓눌려 허물어질까봐 군데군데 시멘트로 바른 부분이 노인의 검버섯처럼 붙어있어 세월이주는 표시 같다.

다른 집들은 집을 신축할 때 돌담을 허물어 기초공사에 사용하거나 땅에 묻곤 했지만 골동품 같은 고풍스런 담장을 허물지 않고 그대로 보존하고 있는 장씨 댁에 감사를 표하고 싶다.

유년시절 해안가 비포장도로를 끼고 집집마다 돌담이 있었다. 돌담은 그다지 높지 않아 이웃들과 조그만 일까지도 숨길 것이 없었다. 이웃과 담장을 사이에 두고 얘기를 나누던 풍경이 그립다. 삽짝이 있는 돌담도 있었지만 아예 삽짝 없이 언제나 열려있는 집이 많았던 걸 보면 방풍용으로 돌담을 쌓은 것 같다.

이 돌담 아래에 서너 사람 앉기에 알맞은 화강암 돌이 놓여있다. 옛날 그곳에 앉아 놀던 이들은 다 떠나고 없지만, 돌담은 수십 년이 지난 지금도 한 결 같이 자리를 버티고 있다. 궂은 날을 제외하곤 날마다 햇볕을 안고 나지막한 돌에 비녀를 꽂은 두 세 명의 할머니가 앉아 계셨는데, 그중에서 풍채가 좋았던 구장 집 할머니가 생각이 난다.

돌 의자에 앉으면 타원형으로 굽어진 해안도로와 사계절 불어오는 색 다른 바람들, 때때로 호수같이 잔잔한 바다를 품에 안고 세월을 낚던 그 자리, 아침저녁 드나드는 통통배 소리, 선창가에서 아낙들의 소리는 얼마나 거셌던가, 멀리 우뚝 솟은 신선대가 한 눈에 들던 곳이다.

이 돌담은 작가 최인호의 수필집 『인연』에서 '우리를 기다리고 있는 풍경들'에도 나온다. 작가는 오래전 어머니와 함께 부산으로 여행을 간 적이 있었다. 가족은 한국전쟁 당시 피난을 용당동으로 와서 삼 년 동안 이곳에서 살았다고 했다.

오후 늦게 들어서 우리는 용케도 우리가 살던 옛집을 찾았다.

정확히 말하자면 그 옛집의 돌담을 찾았던 것이다. 낯익은 돌담 아래로 나이 든 할머니 셋이 나란히 앉아 바다를 하염없이 바라보고 있었다. 바로 그 돌담 아래에서 지금은 땅에 묻혀 하얀 뼈가 되어있는 아버지와 나란히 앉아 나는 여러 가지 이야기를 나누곤 했었다. 내개도 선연한 그 돌담의 풍경이 어머니에겐 얼마나 눈물겹도록 생생한 풍경으로 다가왔을까? 어머니는 마침내 눈물을 흘리기 시작하셨다.

어머니는 피난 시절 부산에서 보냈던 젊은 시절의 한때를 그 돌담 밑에서 다시 만났던 것이다. 많은 것들이 부서지고 또 많은 것들이 다시 생겨나는 와중에도, 그 돌담 하나가 남아 오랜 시간 나와 어머니를 기다리고 있었던 것이다.

— 최인호 「우리를 기다리고 있는 풍경들」 부분

이 오래된 돌담 풍경이 유일하게 아직까지 남아 있어 작가가 살던 옛집의 흔적을 찾는데 결정적인 도움을 준 고마운 돌담이다. 아직도 허물어지지 않고 사라지지 않은 한 조각 풍경이 있어 그리운 추억이 남아있는 살던 옛집을 찾을 수 있었다.

오래전 읽었던 기억 하나가 희미하게 생각이 난다.

서울 도심지 빌딩숲 사이에 허름한 옛집 한 채가 있었다. 금싸라기 같은 땅에 왜 허름한 집을 방치해 두는지 지나가는 사람들 마다 집을 쳐다보며 궁금하게 여겼다.

사연인즉, 집주인이 아들을 어릴 때 잃어버렸는데, 혹시나 아들이 옛집을 보고 찾아 올까봐 집을 허물지 못하고 기다리고 있다고 했다.

그 사연을 접했을 때, 가슴이 먹먹하고 눈시울이 뜨거워진 적이 있었다.

유년시절 그곳에서 놀고 보았던 돌담이 주위의 모든 것이 변하고 사라져도 지금도 자리를 지키고 있는 풍경을 보며 누구에게는 하나의 징표가 되고 누구에게는 옛 시절을 떠올리는 추억이 되었다.

피난시절 부산에서 유년시절의 한 때를 이 돌담과 함께 보냈던 작가는 사라지지 않은 돌담의 풍경이 자신과 어머니를 만나기 위해 지금까지 존재하고 있었다고 썼다. 지금은 필자가 이글을 쓰기위해 돌담이 아직까지 존재하고 있었을까? 생각하며 미소를 짓는다.

이제 작가는 고인이 되었다. 돌담 옆에 작가의 시비라도 세웠으면 어떨까 생각도 해 보았다. 돌담에도 세월이 흘러 고담이 되어 군데군데 고색창연하여 지는 해를 맞고 있다. 언젠가 돌담도 사라지고 우리도 이 세상을 떠난다. 이 돌담이 언제까지 이곳에 존재할지 모르지만 해 아래 영원한 것이 없다는 것이다.

춘분을 앞두고 이 담장 앞에 섰을 때, 찬 기운이 묻어있는 봄바람이 살랑거리고 햇빛이 돌담에 가득하다. 유년시절 사라진 풍경에 대한 그리움이 봄의 새싹처럼 하나 둘 솟아오른다.

향기

겨울의 끝자락이라 불어오는 바람결은 차가움 속에 봄의 기운을 느낄 수 있다. 잎을 다 떨군 나무 가지들은 아직도 겨울잠에 빠져 움을 틔울 기색은 보이지 않는다. 그러나 농장의 조그만 화단의 여기저기에 새싹이 돋아나는 것은 봄이 오고 있음을 감지 할 수 있었다. 아직 대지는 차갑고 황량한데 어디선가 봄소식을 전하는 은은한 꽃향기가 바람을 타고 후각을 자극한다. 오래전 향수를 불러오는 향기다. 그 향기는 싱그럽고 부드러운 천리향 꽃의 향기다.

향기가 천 리까지 간다고 하여 천리향이라고 이름이 지어졌나. 그 감미로운 향기에 취하여 잠시 시름을 잊고 불쑥 자리하고 앉아 본다. 청정한 공기 속에 이른 봄을 알리는 상큼한 꽃향기를 연신 코볼을 실룩이며 들이켜도 본다. 꽃은 꽃마다 고유의 향기를 가지고 있지만 천리향은 멀리서도 그 향기를 알 수 있는 독보적인 신선하고 달콤한 향기를 갖고 있다.

어떤 꽃은 향기는 좋지만 꽃 가까이에 코를 내밀어야 맡을 수 있는 꽃들도 있고, 어떤 꽃은 향기가 너무 강하여 오래 맡을 수 없어 실내에 두지 못하는 꽃도 있다. 그러나 천리향의 향기는 강하지 않으면서 멀리서든 가까이에서든 환상적인 향기가 나의 마음을 동하게 만드는 것 같다. 한 달 가량 향기를 뿜어내다 꽃잎색이 바래고 바스라니 떨어져가도 향기를 머금고 퍼지니 나는 이 꽃의 향기를 좋아한다. 맑고 차디찬 공기에 묻어오는 꽃향기는 형용 할 수 없는 신선한 행복감 그 자체다. 엄동설한의 겨울을 보내고 이른 봄이 오면 자연의 찬바람 속에서 어김없이 향기를 선사한다.

농막 앞 화단에 심어진 천리향, 꽃이 화려하거나 예쁜 모양은 아니지만 바람을 타고 코끝을 스치고 지나가는 달콤하고 그윽한 향기는 눈을 감고 음미하면 가히 환상적이다. 차가운 대지에 봄의 생명을 불어넣는 그지없이 부드럽고 은은한 향기다. 개나리나 하얀 목련이 잇따라 화려하고 아름답게 피어나 눈을 유혹해도 향기를 맡을 수 없어 천리향만 못하다. 천리향의 신선하고 감미로운 향기는 천상의 향기다. 그 옛날 유년시절 다니던 골목 돌담길의 담장을 타고 소리 없이 넘어온 그 향기다. 향수와 추억을 불러오는 잊을 수 없는 예쁜 누나의 향기다. 언제 어디서나 꽃향기를 좋아하는 사람들은 발걸음을 멈추며 시와 때를 초월하는 것 같다.

이 꽃의 향기가 그리워 농막을 짓고 난 후 제일 먼저 심은 꽃나무가 천리향이다. 처음에 두 그루를 나란히 심었다. 뿌리가 얕게 심어졌는지 한 그루가 태풍에 뽑혀 다시 심었지만 말라버린 뿌리 때문인지 살아나지 못했다. 한 그루만 씩씩하게 잘 자라고 있다. 잎은 무성해도 뿌리는 그다지 깊이 내리지 않기 때문에 나무가 크면 받침목이 필요한 걸 알았다. 그놈이 살아 있었으면 향기가 배가 되었을 텐데 하며 아쉬워하기도 했다. 금년이 가기 전에 한 그루를 사서 홀로 자라고 있는 옆에 외롭지 않게 심어 주어야겠다고 생각했다.

나는 한 때 살면서 아름다운 향기가 있는 삶을 살 수 있도록 기도한 적이 있었다. 이런 기도는 평소에 향기 있는 삶을 살지 못했기 때문에 이런 기도를 드렸을 것이다. 나 혼자 바르고 정직하게 산다고 향기 나는 삶을 사는 것이 아닐 것이다. 이 향기는 공기를 타고 은밀히 전파되기에 자신은 느낄 수가 없다. 언제 어디서 어떻게 날아가는지 아니 날아가는 것을 생각하지 않음이다.

향기 나는 삶을 살기 위해서는 사심을 내려놓고 마음을 비우며 정직한 생활은 기본이다. 남을 먼저 배려해야 하며 양보하고, 친절하고, 어렵고 험한 일에 주저 없이 앞장서야 한다. 때로는 겉옷 아닌 속옷까지 벗어주어야 할 때 비로소 향기 나는 사람이라고 할 수 있기 때문이다. 이 같은 삶은 자신을 희생하며 성자처럼 살아야 한다. 내가 성자처럼 산다는 게 가능한 일인가? 평소 내 앞가림도 건건히 하는 내가 미안하지만 불가능한 일이다.

사랑과 헌신이 생활의 습관화가 되어 있지 않으면 향기로운 삶을 산다는 것은 심히 어려운 일이다. 입으로만 거룩하고 향기 나는 삶을 기도한 것 같아서 하나님께 부끄럽고 죄송한 마음이 든다.

향기를 생각하니 문득 '여인의 향기'가 떠올랐다. 영화의 제목이지만 영화의 내용은 알지 못한다. 다만 '여인의 향기'란 말에 과연 어떤 여인이 그윽한 향기를 가지고 있는가? 생각하면서 문득 떠오르는 분이 김 권사다. 내 주위에 알고 있는 여인 중에 김 권사님이 진정 사랑의 향기가 나는 아름다운 분이 아닌가 생각된다.

중학교 교사로 퇴임하고 주변에 힘들고 어려운 사람들을 돕고 돌보는데 언제나 앞장서고 헌신하며 봉사를 한다. 값으로 매길 수 없고 저울로 잴 수 없는 배려심과 헌신이 몸에 배어 있다. 그 분의 고귀한 삶에서 많은 것을 느끼게 하고 존경하는 마음이 든다. 꽃에도 제각기 색깔과 향기가 있듯이 향기에도 색깔이 있는 것 같다. 어디 꽃과 향기뿐이겠는가? 사람들의 말과 행동에도 저마다 색깔과 향기가 있다. 꽃의 향기가 천리를 간다면 사람의 향기는 만리를 간다고 한다. 행동하는 선행의 색깔과 향기는 진한 천리향 향기보다 감미롭다.

이제 멀지 않아 봄꽃의 향기가 은은하게 퍼지는 계절이오면 꽃이나 사람이나 저마다 삶의 다른 색과 향기를 낸다. 개개인의 품격과 생활 속에서 무엇을 보고 어떻게 느끼며 살아가야 하는지 심호흡을 해 본다.

가는 세월

봄, 여름, 가을, 겨울, 사계절의 순환이 참으로 빠르게 지나갔다. 아직 마음은 젊은 청춘 같은데 고희古稀라니 언제 세월이 흘러갔는지 허무하고 야속하기만 하다.

언제부터인지 전에는 느끼지 못했던 계절의 변화에 미묘하게 변한 느낌을 받는다. 만추의 가을 산에 붉게 물든 단풍을 보며 참 곱다며 오랫동안 보고 있는 시간이 늘어난 것 같고, 낙엽이 하나 둘 떨어지는 것을 보며 깊은 상념에 잠기기도 한다. TV를 보면서 눈물을 글썽일 때도 많아졌다. 때로는 무심코 지나가는 젊은 청춘 남녀들이 다정히 걷는 것을 보면 참 아름답다, 좋을 때다 하고 느껴질 때가 있다.

건강에 대한 관심도 높아졌다. 별다른 아픈 곳은 없지만 허리에 협착증 증세가 남아있고, 의사가 당료 전단계이니 특별히 음식에 주의하여야 한다고 했다. 치아도 건강한 편이다. 그런데 최근에 몸의 이곳저곳 이상 징후가 하나씩 나타나기 시작했다. 기억력도 점차 쇠퇴해 지고 있음을 확연히 느낀다. 잘 알고 있던 식물의 이름이 갑자기 생각이 나지 않거나, 알고 지내는 사람의 이름이 생각나지 않을 때도 종종 있다. 허리가 불편하여 나도 모르게 누군가의 손을 빌려야 하는 일이 많아졌다. 작년까지만 해도 농장에서 몇 시간을 일을 해도 자고나면 피로가 풀렸는데, 요즈음은 허리와 온 몸이 뻐근하고 체력이 받쳐주지 못해 하루 4시간이상 일을 하지 않는다는 원칙을 세웠지만 잘 지켜지지 않는다. 이런 현상들은 예전에는 느끼지 못한 세월의 선물들이다.

얼마 전 와다 히데키가 지은 『70세가 노화의 갈림길』이란 책을 읽었다. 30년 이상 의료현장을 지킨 전문의로서, 70세의 건강관리에 따라 그 후 삶을 건강하게 살 수도 있고, 긴 세월을 간병인에게 의지해야 하는 고령자가 되어버린다는 것이다. 일하는 것이 노화를 늦추는 최고의 보약이며, 운동하는 습관이 가장 중요하다고 말한다.

평소에 나는 늘 젊은 것 같아 세월의 흐름에 민감하게 느끼지 못했다. 어느 날 결혼식장에서 예식을 마치고 일가친척들이 모여 식사 후 대화를 나누는 중 참석자 가운데 내가 제일 어른이 되어 있음을 알고 놀라서 말수를 줄였다. 어리게 보이던 조카들도 이제 환갑이 훌쩍 넘어 같이 늙어 가고 있었다. 어쩌면 지금까지 건강하게 살아 있는 것만으로도 아름다운 인생이었다.

나이테가 일흔 개가 새겨지도록 속절없이 세월은 흐르고, 젊음도 흐르고 지나간 모두가 이제는 추억으로 남았다. 먼 길을 걸어 온 것을 감사하기도 하고 참으로 파노로마 같은 많은 일들이 많이 있었다.

사십대 초반, 주말 아침에 조기축구를 하고 집으로 돌아왔다. 오후가 되어 갑자기 몸이 춥고 으스스 했지만 예사로 생각하였다. 시간이 지나면서 아프기 시작하여 그날 밤 뜬눈으로 지세고 다음날 일찍 병원에 입원을 하였다. 입원한지 이틀이 지났지만 병명을 알지 못하여 참기 힘든 통증으로 인한 고통은 말 할 수 없었다. 그러다가 우연히 담당의사가 두 손으로 가슴을 살짝 치자 큰 소리로 비명을 지르니 그제야 병명을 알게 되었다. 담낭에 이상이 있다며 바로 수술실로 옮겨 수술을 받았다. 지금 같았으면 MRA를 찍어 사진판독을 하여 쉽게 찾을 수 있었겠지만, 당시에는 병명을 찾지 못해 한동안 가족들이 애를 태우고 환자의 고통은 말할 수 없었다. 지금도 내 복부에는 그 때의 흔적을 알려주는 수술 흉터가 크게 남아있다. 마취에서 희미하게 깨어나니 어머니가 나의 손을 잡고 하나님께 아들을 살려 달라고 간절하게 기도하는 것을 듣고 어머니에게 죄를 지은 것 같아 나도 모르게 눈물이 나왔다.

2007년 1월, 삶의 여정에서 가장 큰 분수령이었다고 생각되는 일은 새마을금고 이사장 선거였다. 30여 년간 직원에서 실무책임자로 근무하면서 평생을 한 직장에서 보냈다. 언젠가 이사장을 해야겠다는 생각은 오랜 꿈이었다. 새마을금고 이사장은 주로 동네 유지들이 이사장에 선출되어 회계지식이나 금융에 관한 전문지식이 전혀 없는 문외한 분들이라 업무상의 빠른 결정과 성장 발전에 한계가 있었다. 이러한 것을 개선하고자 전무로 근무하다가 정년을 몇 년 남겨 놓고 이사장에 출마를 하였다.

선거기간 중 선거운동이 과열이 되어 선·후배 사이에 편 가름이 있었고 갈등도 있었다. 선거의 후유증으로 나를 열심히 지지해 준 몇 분은 전 이사장과 사이가 멀어져 참으로 안타깝고 미안하였다. 그 분들 덕분으로 남구에서 최초로 실무책임자 출신이 이사장에 당선 되었다. 직원과 실무책임자로 30년, 이사장으로 12년을 근무하면서 회원들의 권익과 편의를 위해 노력하였고, 선한 청지기 정신으로 자산을 관리하여 크고 작은 회계사고 한번 없이 무사히 퇴임하게 되어 하나님께 감사드렸다.

그리고 향토지 『용당동의 빛과 어둠』의 책을 출간하여 남천동 돈비취 호텔에서 출판기념회를 하였다. 그 때 도움을 주신 많은 분들과 금고 직원들에게 감사함이 잊히지 않는다. 책의 서두에 인사말을 하면서 지나간 소중한 그 시절이 아쉽고 그립다. 그리고 '사라져 가는 동네 역사 이야기들과 전설들이 기억에서 더 퇴색되기 전에 시간 여행이 끝나기 전에 고향의 뿌리 깊은 문화를 답사하고 보존하기 위해 발품을 팔고 선배들의 고증을 듣고 현장 답사를 했다.'고 적고 있다. 이 책을 쓰기위해 삼년 동안 고생했지만 책을 출간하고 난 뒤 많은 동네 선·후배들로부터 용당동을 위해 큰일을 했다며 격려와 칭찬을 지금도 잊을 수 없다. 오래 전부터 향토지를 쓰기 위하여 자료를 모우고 많은 분들을 만나 메모를 해 두었던 것이 결실을 맺었다. 또 책이 완성되기까지 출판에 많은 도움을 주신 선배 제위님들에게 감사를 드린다.

내 생애 문단의 등단은 꿈에도 생각하지 않았는데, 좋은 선생님을 만나 인연과 계기가 되어 부산 문단에 등단을 하였다. 이사장 퇴임 후, 여러 문협에 가입하여 글을 쓰며 문단에서 활동은 남은 인생을 즐겁고 행복한 시간을 보내고 있어 감사하다. 인생은 길 위에서 수많은 사람들을 만나고 헤어지는 삶이다. 누구를 만나느냐 따라서 인생의 행로가 엄청 변하기도 한다.

어부였던 베드로가 갈릴리 호수에서 예수님을 만나 수제자가 되었고, 플라톤이 아테네 거리에서 소크라테스를 만나 제자가 되어 거목의 철학자가 되었고, 안연이 곡부의 학당에서 공자를 만나 제자가 되어 삶이 바뀌었다. 이들은 좋은 스승을 만나 자신의 무지를 깨닫고 자각하여 인생의 행로가 바뀌었다.

요즈음은 하루는 농장에서 농사를 짓고 하루는 쉬며 가끔 동호회 회원들과 친구들을 만나 점심을 나누는 것이 더 없이 행복하나. 시간이 강물처럼 빨리 흐른다.

그동안 어떤 삶을 살아 왔는가? 남들이 귀감 하는 삶을 살았는가?

생각해 보면 부끄럽지 않은 삶을 살았다고 말 할 수 있지만 그것의 평가는 타인의 몫이다.

‘인간은 망각의 동물이지만 추억도 있는 동물이다.’라는 말이 생각난다.

여름 스케치

봄은 연두색으로 시작된다. 연두색이 서서히 퍼져나가면 산들은 생기를 찾는다. 비어있던 들녘에 봄꽃이 피고 꽃향기가 날리면 온누리에 봄 색이 짙어진다.

그렇지만 봄은 눈 깜짝할 사이 지나가고 산야의 풍경은 봄의 문턱을 넘어 초록으로 변해간다. 기후변화 때문인지 봄은 잠시 머물다 떠나버리고 여름이 언제 왔는지 내 곁에 성큼 다가왔다.

차창으로 보이는 산들은 푸르름으로 가득하고 파노라마처럼 연속적으로 펼쳐지는 풍경이 눈과 마음을 상쾌하게 만들어주는 것이 초록의 묘미이다.

언젠가 초록으로 치장한 통도사 계곡의 차가운 물에 발을 담구고 땀방울이 마를 즈음 쳐다본 파란 하늘은 얼마나 깊은지, 한자락 바람결에 이는 초록 잎들의 현란한 춤사위와 매미들의 합창은 입을 다물지 못할 경이적인 광경이었다.

언제부터 나의 마음이 초록을 좋아했는지 알 수가 없다. 햇볕과 비와 습한 바람이 버물어진 여름 속에 자라난 초록이 쉼과 편안함과 여유가 되어 맘에 터를 놓았나 보다.

가족과 함께 거제도를 여행했던 7월. 장마 중이었지만 구름 낀 날에 간간히 햇님도 고개를 내밀어 차라리 여행하기에는 더 좋았다.

학동몽돌해수욕장에 도착했을 때, 하늘은 잔뜩 흐리고 대학생으로 보이는 몇 명이 파도에 떠밀리며 공놀이를 하고 있었고, 수상안전요원은 감독처럼 팔을 낀 체 지켜보고 있을 뿐, 돌 굴리는 파도 소리만 해변을 채우고 있었다.

긴 해변에 저리 많은 돌들을 쌓고 또 쌓아 누가 돌 언덕을 만들어 놓았나? 크고 작은 둥글둥글한 모양이 되기까지 얼마나 많은 세월동안 파도에 모가 닳아 아이 얼굴처럼 되었을꼬? 신비 그 자체다.

바위 돌 깨뜨려 돌덩이, 돌덩이 깨뜨려 돌멩이, 돌멩이 깨뜨려 자갈돌, 자갈돌 깨뜨려 모래알, 동요처럼 영겁의 세월이 흐르면 모래알로 변할지도 모르겠다. 한창 성수기인 여름해변이지만 고르지 못한 일기에 겨울바다처럼 한가한데, 바닷가라 자외선이 강한 탓인지 잠시 비추는 햇살이 등짝을 달구었다. 담벼락 그늘을 찾아 휴식을 취하며 바라보는 바다와 해변은 푸르다 못해 검은색이다.

다음 목적지를 향해 가는 길에 점심을 먹었던 식당 앞에서 손자가 장수풍뎅이를 잡아 운수대통 했다고 얼마나 좋아하는지, 종이상자에 넣어 보물처럼 간수한다. 요즈음 장수풍뎅이는 귀해서 비싼 값에 팔린다고 했다. 마트에 들러 바나나를 사서 넣어주니 조금씩 먹는 게 아닌가? 그 놈이 배가 고팠나싶다. 집으로 데려갈 모양이나 며칠이나 지킬 수 있으랴 알 수가 없다.

매미성이 있는 바닷가에서 모두가 오랜만에 갯바위에 매미처럼 붙어 호기심이 발동하였다. 석화와 거북손과 홍합을 따보고 수초도 건져보고 바닷물에 발을 담구기도 했다. 손자는 바위틈에서 작은 게 잡는 재미에 흠뻑 빠졌다. 작은놈이 눈치마저 어찌나 빠른지 진땀을 흘리며 몰입한다. 시간 가는 줄 모르고 논다.

그 와중에도 장수풍뎅이 상자를 곁에 두고서 곁눈질 하며 챙긴다.

갯마을에서 태어난 나는 유년시절 여름철 놀이터는 바닷가 모래 해변이었다. 친구들과 놀다가 더우면 바다에 뛰어들어 수영을 하고 갈색으로 그을린 피부에는 해마다 윤기가 나도록 여름의 흔적이 남아 있었다. 등껍질은 몇 번이나 허물을 벗었고 화상 때문에 잠 못 이룬 밤도 여러 날 있었다. 저녁이면 시원한 해풍이 부는 선창에서 가마니멍석을 깔고 담요 한 장으로 잠을 청하기도 했다.

붉은 해가 작열하는 한낮의 모래사상은 날구어진 철판 같아 맨발로 쏜살 같이 바다에 뛰어들었을 때 여름은 빨강에서 파랑으로 변해 있었다.

저녁 무렵 여장을 푼 곳은 거제식물원에서 걸어서 10분 거리에 있었다. 초등학교가 인근에 있고, 백년도 넘었을 법한 팽나무들, 경로당과 새로 단장된 집들의 호戶수가 제법 많은 마을이었다. 거실에서 바라보면 유리 돔으로 장식한 식물원이 루우블 박물관의 상징 유리 피라밋 보다 훨 멋지게 보였다.

어두움이 깔리자 간간히 빗방울이 떨어지고 마을에 불이 켜진 집들이 군데군데 있었지만, 불이 켜지지 않는 빈집들이 많은 것을 알았다. 도회지와는 달리 방송으로 듣던 그대로 농촌에는 어른들은 늙고 젊은이들은 떠나고 빈집이 많아진다는 사실에 우울하고 농촌의 여름밤이 씁쓸하게 느껴졌다.

다음날 오전 후덥지근한 날씨에 제일먼저 식물원에 도착하였다. 7천여 장의 유리로 장식한 정글 돔의 웅장한 식물원은 거제도에서 단연 돋보이는 양식이다. 식물원 안에는 습한 공기에 후끈 달아오르고, 이름을 알 수 없는 수많은 열대식물이 온통 초록으로 장식하고 있었다. 간간히 초록 잎 사이로 갖가지 꽃들이 피어 더욱 아름다운 색이 돋보였다. 돔 안의 폭포수 물줄기가 시원함을 줄 것 같았지만 냉한 기운을 느끼지 못했고 눈요기에 족했다. 포토 존에서 몇 장의 사진을 남기고 정글 돔의 출구로 나왔다. 고추잠자리가 한가하게 머리위로 날고 있었다. 연못을 가로지르는 아치형의 나무다리 아래는 팔뚝만한 잉어와 연분홍과 하얀색의 연꽃이 어우러져 여름의 수채화를 그렸다. 이어 식충 식물관, 곤충 체험실, 허브 꽃 단지 등 관람을 모두하려면 세 시간은 족히 걸릴 것 같았다.

점심약속이 있어 식물원을 뒤로하고 거제도 대구탕 전문집으로 향했다. 대구 찜을 시켰는데 소고기스테이크처럼 대구스테이크가 나와 그 맛이 일품이었다. 내가 먹어 봤던 대구요리 중 단연 최고였던 것 같다. 후한 점심 대접을 받고 부산으로 향했다.

중복이 지나가는 여름은 풍요로 가득하다. 농장 주위의 산들은 내리쬐는 태양아래 숲은 거대한 공룡같이 몸집을 키우고 있다. 여행을 다녀온 후 며칠 만에 비어있던 농장에 왔다. 그 사이 대문 앞에는 주인의 허락도 없이 무당거미가 커다란 원모양의 집을 주인인 냥 지어 놓았다.

과수밭에는 과일이 탐스럽게 영글어가지만 제철을 만난 잡초들이 어느새 무성하게 자라 하루가 다르게 과수밭을 점령하였다. 6월 달까지 예초기로 몇 번 풀을 베어 보았지만 7월이 되어 숨이 턱까지 차오르는 삼복더위에 어쩔 수 없이 방치하고 내버려 두었더니 무릎만큼 자랐다. 과수나무에 준 퇴비의 영향으로 과수나무 주변에는 잡초가 더 무성하게 자랐다. 작물은 주인의 발자국 소리를 듣고 자란다는 말이 있는데, 잡초가 저토록 무성하게 자라도록 내버려둔 게으른 주인은 무더운 날씨 탓만 하고 있었다.

이웃 집 농부 심 씨가 살아있을 때, 농장 주위에 잡초가 무성하게 자란 꼴을 보지 못해 자청하여 예초기로 잡초를 베어주곤 하였다. 허울 좋고 멀쩡한 건달 같은 내가 농사를 짓는다고 폼을 잡고 있을 때, 농사는 폼으로 짓는 게 아니야 하며 참 한심하게 보였을 것 같다.

올 여름은 유례없이 너무 덥고 길다. 초록으로 덥혀있는 농장에 해가 서산에 걸려있을 때, 나는 결연한 용사처럼 예초기를 잡고 잡초와 한바탕 전쟁을 벌였다.

진솔한 사랑의 실체를 훔쳐 보다

– 최방식 수필집 『함께 뜨는 숟가락』의 작품 세계 –

공기화

시인, 수필가, 부산교대 명예교수

수필을 붓 가는 대로 써지는 글이라고 했다. 그것을 마음 내키는 대로, 또는 심심풀이로 종이에 끄적거리는 글이 아니라, 자신의 체험을 바탕으로 한 고백적 문학이다. 문학은 문화, 역사, 예술, 철학, 언어 등과 같이 인간을 탐구하는 인문학의 한 분야이다. 수필은 언어를 도구로 하여 작가 자신의 감정이나 사고, 체험, 표출하고자 하는 것을 예술적으로 승화시켜 표현하는 예술 행위이다. 수필은 문학의 한 분야로서 인간다움을 탐구하고 이해하게 한다. 수필가는 그의 글에서 인간다움, 인간미를 묘사하여 독자에게까지 삶을 풍부하고 아름답게 하므로 그 역할이 지대하다고 하겠다.

최방식의 수필 「좋은 만남」에서 언급되었지만, 『남구 향토사』를 편찬할 때 용당동에 대한 정보를 수집하려고 그곳에 가서 용당동새마을금고 이사장인 그를 만나 그가 건넨 자료로 향토사를 쓸 수 있었다. 그 연유로 우리는 좋은 친구가 되었다. 그리고 그가 출간한 용당동의 향토사인 『용당동의 빛과 어둠』을 읽다가 그에게 문학적 자질이 있음을 발견하고 그의 글을 『부산크리스천문학』에 소개하여 수필가가 되게 하였다. 이후 『문학도시』의 신인상을 받으면서 그의 글은 일취월장하고 있다.

그의 수필집 『함께 뜨는 숟가락』에 총 46편으로 엮어져 있는데, 그의 글은 용당동과 친우에 대한 글에서 고향과 유년기의 추억을 되살려 주고 있으며, 어머니와 누나, 그리고 아내 등 가족 간 관계에서 사랑의 본질을 일깨워 주고 있다. 또한 그가 정년퇴임 이후에 다양한 취미 생활과 농장에서 정직한 땀을 흘리는 일상사를 소재로 하여 쓴 수필은 우리를 따뜻하게 한다.

1. 용당동 지킴이의 향토애

사람은 누구나 어머니의 품과 같은 고향을 가지고 있다. 실향민이라 하더라도 고향은 영원한 종교와 같이 그리워하는 곳이다. 최방식은 누구보다도 고향 용당동을 사랑하였다. 1960년 이후 용당 사람은 여러 가지 사정으로 고향을 떠났으나, 그는 고향을 지키며 용당동 향토사를 쓸 정도로 사랑하였다.

우리 집 거실에는 1952년 7월에 고향 마을을 찍은 컬러사진 두 점이 걸려있다. 한 점은 서쪽 마을을 배경으로 해안가에 해초들이 파도에 밀려와 모래톱에 널려있고 팬티조차 입지 않은 아이가 수영하고 있다. 초가집이 있는 해변 끝자락엔 부서진 폐선이 서너 척이 보이고, 어릴 적 친구들과 뛰놀던 민둥산의 뒷동산이 보인다. 내가 태어나고 자란 자그마한 우리 집도 보여 소중하고 애착이 가는 사진이다. 또 한 점은 그 반대편의 배경으로 지금의 부경대 용당 캠퍼스가 있는 야산에서 신선대를 찍은 사진이다. 파란 바다와 U자형의 해안, 신선대의 송림과 조도가 보이고 동네 한가운데를 가르는 두 갈래 길의 비포장도로가 해변으로 실타래처럼 이어져 한적하고 아름답다.

—「한 권의 책」 중에서

용당만의 바다는 연못이요, 신선대는 우리의 정원이라고 이야기하던 시절도 있었다. 유년 시절 모래사장에서 헤수 욕하고 잘피며 조개를 캐던 아름답던 바다와 울창한 신선대의 송림이 산업화의 물결에 밀려 베어졌다. 내가 놀던 뒷동산과 신선대 산의 밑자락은 깎이고 파여서 바다를 매립하여 신선대 부두가 되었으니 참으로 격세지감隔世之感을 느낀다. 신선대 하면 긴 송림 숲이 유명했다. 송림이 시작되는 신선대 초입에 1908년에 준공된 3층 목조 건물인 검역소檢疫所가 있었다. 이 건물은 1912년 이전에 지어진 부산의 주요 목조건물 연표에 올라 있는 건물이었다… 1960년대 중반 친구들과 가끔 신선대에 놀러 가기도 했다.

—「신선대」 중에서

최방식은 누구보다 용당동을 사랑한다. 혼자 용당동의 역사, 문화, 산업, 명승지, 인물 등을 망라한 『용당동의 빛과 어둠』라는 향토사를 발간했다는 것도 대단하지만, 김한근 부산사료연구소 소장이 소장하고 있는 1952년에 미군이 찍은 용당동 사진 2장을 그의 거실에 걸어두고 사는 것으로 보아 얼마나 고향을 사랑하는가를 알 수 있다.

용당동은 아름다운 경관을 가진 마을이었다. 매립되기 전만 하더라도 마을 앞에 연못처럼 잔잔한 바다, 바다 잔디 사이에 야생화가 피었던 마을의 방파제이자 모래톱인 부레(불), 신선이 내려왔다는 전설이 있는 신선대가 있는 곳이었다.

그는 지금도 신선대(부산시 지방문화재 제29호)와 그 앞에 있는 긴 송림을 잊지 못한다. 백운포로부터 이어진 해식애와 해식동으로 만들어진 갯바위는 신선대부두와 군사시설로 흔적도 없이 사라졌다. 해방 후 부산 시민들의 유원지였던 검역소의 긴 송림과 방파제 등은 동명목재상사의 확장과 바다의 매립으로 사라졌고 어장도, 풍어제도 사라졌다. 그는 남부여대男負女戴하여 떠난 마을 사람과 친구들을 그리워하고 있다.

용당동의 지킴이인 최방식은 새마을금고 이사장을 역임한 수필가, 남구의 향토사학자이다. 한때 그의 사무실은 용당동 사랑방이었다. 떠나간 용당동 사람이 찾아오면 고향의 이야기를 들려주고, 소식을 나눴던 곳이었다. 그는 신선대 아래 다다목의 검은 몽돌이 센 물살에 구르면서 부르는 노래처럼 기억 속에 남아 있는 고향의 이야기들을 서정적인 글로 남기고 있다. 이것은 분명 소리 없이 흐느끼는 그의 애절한 노래이다.

2. 태의 본향을 찾다

자식에게 어머니는 열을 주고, 아버지는 빛을 준다고 하였다. 최방식은 보기 드문 효자였다. 어부였던 그의 부친은 바다에 나가 조업하다가 풍랑으로 집으로 돌아오지 못했다. 유복자로 태어난 그는 어머니와 누나의 사랑으로 성장하였다. 그는 아버지 대신 생활전선에서 소금, 생선이나 해산물 등을 이고 나가 팔며 일하였던 어머니와 그를 등에 업고 키워준 나이 차이가 많은 누나에 대한 효성과 사랑은 지극했다.

> 오랜만에 바닷가의 추억을 만늘어 볼까 했는네, 남해의 큰 몽돌들이 심술을 부렸다. 해송 숲 사이에 놓인 평상에 앉아 밝아오는 아침의 검푸른 넓은 바다에 떠 있는 하얀 고기잡이배를 바라

보니 어부였던 아버지 생각에 잠시 아련한 슬픔과 그리움에 잠기고 말았다. 아버지는 바다가 하루하루 살아가는 생활의 터전이었고 고단한 삶을 살면서 바다가 종착역이었다. 아침 바다는 잔잔하지만 때로는 노도와 같은 파도를 숨겨놓은 야누스의 두 얼굴을 가지고 있다. 새벽에 화창한 봄 날씨가 아침이 되자 갑자기 먹구름과 함께 비바람은 몸을 가누지 못할 만큼 강하게 불었다. 바다는 집채만 한 파도가 일었고 커다란 너울 속에 거센 바람과 풍랑 앞에 조그만 돛단배는 망망대해에 일엽편주였다. 그날 이후 세 명의 어부들은 육지를 밟지 못했고, 나는 어머니의 모태에서 5개월이 경과하고 있었다. 어부들의 아내들과 자식들은 망연자실하였고, 지아비 없는 세상에서 혹독한 가난과 모진 세월의 아픔과 설움을 참고 살아야만 했다.

–「아버지의 바다」 중에서

부모는 자식의 근원이다. <아버지의 바다>는 추억을 만들기 위해 떠난 여행에서 풍랑이 거친 바닷가를 거닐다가 바다를 바라보며 사진 외에 본 적이 없는 아버지, 풍랑을 만나 가족에게로 돌아오지 못한 아버지를 그리워하고 있다. 아버지가 바다에서 조난을 당했을 때 어머니 태중에서 겨우 5개월밖에 되지 않은 그는 운명을 원망하지 않았다. 바다는 가족을 부양하였던 아버지 삶의 터전이었다. 그러기에 거친 바다를 보면 아버지를 그리워했다. 그는 지금도 바다 바라보기를 좋아한다. 그가 보는 바다는 그냥 바다가 아니라 따뜻한 <아버지의 바다>이기에 사랑하나 보다.

아내가 어느 날, 어머니 살아생전에 마당에서 무언가를 불에 태우시기에 가보니 사진들을 태우고 계셨단다. 깜짝 놀라 "어머니 왜 사진을 태우세요?" 했더니 "야야 다 지나간 세월이다. 이제 하나씩 정리할 때다. 여기 누구도 죽고, 아무개도 갔다." 하시며 30대에 별세하신 한 장뿐인 아버님 사진마저도 함께 태워 버렸다고 했다. 아버지와 결혼하고 일찍 혼자되어 애틋한 사연은 소중하겠지만, 이제 흘러간 세월에 그게 다 무슨 소용이 있으리오. 미련 없이 기억을 지우는 모양이었다. 사진은 삶의 흔적과 추억을 남기는 것인데, 그때는 정말 왜 저러시지? 이해할 수 없었지만, 지금은 조금씩 고개가 끄덕여진다. 그때가 가을이었는데 어머니는 다음해 초여름에 세상을 뜨셨다. 일찍 사고사로 가신 아버지의 사진을 태워버려 나는 내심 놀라워했지만 아무 말도 못 하고 침묵했으며 의미심장하게 받아들여졌다.

—「가족사진」 중에서

아이에게 어머니는 전부이다. 어머니는 한평생 자식에게 헌신하다가 모든 것을 다 주고 귀천한다. 예전의 노인들은 자신이 가진 모든 사진을 불태웠다. 그것은 하늘나라에 가기 전에 반드시 해야 하는 의식으로 받아들였다. 최방식의 어머니는 한 장 밖에 없었던 아버지의 사진까지 불태웠다. 어머니 삶의 흔적인 사진을 없애는 게 자식으로 마음이 얼마나 아팠겠는가? 어머니는 어떤 것도 자식에게 부담을 지우려 않으려는 듯하다. 유대인 격언에 "신은 도처에 다 있을 수 없어 어머니를 만들었다"라고 한다. 그는 어머니를 무척 사랑했다. 지아비 없이 혹독한 가난과 모진 세월의 아픔으로 살았던 어머니의 헌신적인 사랑에 감사하고 있다.

최방식과 그의 아내는 사진을 불태우는 어머니의 행동을 만류하지 않았다. 지나간 자신의 기억과 사연을 다 버리려는 어머니를 이해하며 숙명의 의식을 받아들였다. 그의 부부는 '어머니께서 좋아하신다면…'라며 곁에서 지켜보는 그들의 태도는 평소 어머니에 대한 지극한 효성을 그대로 반영된 것이리라.

사진은 시각으로 담을 수 있는 가장 또렷한 영상이지만, 지워지지 않는 한 어머니에 대한 기억은 사진보다도 더 또렷할 것이며, 마음속에 영원히 남을 것이다. 사진을 태우는 어머니의 모습은 자식에게 빛바랠 영상 대신 더 영원한 흔적을 간직하라고 하는 것 같아 우리를 숙연케 한다.

> 결혼 전 누나는 화장을 조금 짙게 하였고 나는 짙은 화장을 하는 누나를 싫어했다. 마침 선을 보러 가야 하는 일이 생겼다. 당시에는 관습인지 모르지만, 처녀가 선을 볼 때에 아버지나 오빠나 남자가 동행해야 한다는 것이었다. 아버지는 일찍 돌아가셨고 사촌 형님을 부르기도 어렵고 동생인 내가 갈 수밖에 없었다. 범생이인 나는 짙은 화장과 매니큐어와 속눈썹을 붙이면 참석하지 않겠다고 선언했다. 누나는 몇 번 나를 달래고 설득하였지만 소용없자 하는 수 없이 매니큐어도 지우고 기초화장만 하여 선을 보게 되었다. 지금 생각하니 참으로 웃기는 이야기다.

이런저런 옛이야기를 하면서 원망하고 미워했던 지난날도 덧없이 지나가고, 아등바등 힘겨운 삶을 살았던 세월도 다 지나갔다. 격랑의 순간들도 묻혀 지나갔으니 모처럼 한가롭게 여유를 즐기며 아름다운 추억의 노트를 한장 한장 넘기고 있다.… 자주 만나고 싶지만, 코로나 때문에 다음 만남은 기약도 없다. 집으로 돌아가는 차 안에서 "우리가 자주 만난다 해도 몇 번이나 함께 숟가락을 뜨겠노?" 말하던 큰 누나의 말이 귀전에서 맴돈다.

—「함께 뜨는 숟가락」 중에서

최방식은 어릴 때부터 남자가 해야 할 책임을 다하였다. 작은누나가 선보러 갈 때 누나의 화장을 간섭한 것은 우스꽝스럽게 들리나 가정의 풍속을 지키는 것도 남자의 책무였던 당시의 시대상을 보여준다.

가족 간의 사랑은 인륜의 기본이다. 그는 연령차가 많이 나는 누나와 우애가 두터웠고, 어머니처럼 섬겼다. 평소에도 그들과 자주 만나 그들을 즐겁게 하였다. 코로나 중에 자제하였으나 누나들과 정을 나누려고 모임도 자주 가졌다. 어느 날 모임 후에 귀가 중에 큰누나가 "우리가 자주 만난다 해도 몇 번이나 함께 숟가락을 뜨겠노?" 라고 말했다. 그 말을 수필집의 제목으로 삼아 『함께 뜨는 숟가락』이라고 한 것은 얼마나 누나를 사랑하였는가를 짐작하게 한다. 용당동을 떠나지 않고 어머니 대신 동생을 돌보아준 큰누나는 평소에도 막내 남동생에게 집안의 사소한 일을 부탁하면 그때마다 그는 마다 하지 않고 집안일을 거들어 준 것은 누나에 대한 사랑의 빚 때문이었으리라.

3. 아내와의 사랑

아내에게 "사랑 한다"라는 말을 하는 경상도 남자는 흔하지 않다. 아내를 자랑하는 것도 팔불출 중 하나라고 욕하기도 한다. 그의 수필에서 아내를 자랑한 <아내의 뜰>은 예외인 것 같다. 그의 글에서 내조자인 아내를 그를 돕는 현숙한 동반자로 은근히 내비치는 것이 부럽다.

> 아내는 꽃 가꾸기를 좋아하여 아파트 발코니는 여러 가지 나무들과 꽃들이 계절에 따라 꽃을 피우는 아내의 작은 뜰이다. 때때로 따뜻한 햇살이 창가로 비칠 때 모든 것을 잊고 정성스럽게 나무를 손질하며, 물을 주고 바닥을 닦으며, 꽃을 가꾸는 생활에서 즐거움과 행복함을 느끼는 것 같았다.…
>
> 그런데 뜰에 있는 나무들과 꽃들, 그리고 다육이를 보면서 아내가 꽃가게에서 구입한 것이 거의 없다는 것을 알았다. 아파트에 버려진 꽃나무를 가져와 큰 대야에서 화분 갈이를 하고, 흙들을 채우며 몇 시간 동안 정성을 드리는 걸 보면서 고생하지 말고 하나 사라고 말해 보지만 소용이 없었다. 땀 흘리고 수고하며 생명을 살리는 과정이 힘들지만 즐기는 것 같고, 그것들이 살아서

> 꽃을 피울 때는 기쁨과 행복이 배가 되는 모양이다. 산스베리아, 행운목과 인도고무나무, 바키라도 아내의 손에서 새 생명을 얻었다. 잘 키운 산스베리아는 다섯 번이나 분가하여 이웃집에 시집을 보냈다고 아내는 은근히 자랑한다.
>
> —「아내의 뜰」 중에서

가끔 농장에서 돌아오는 최방식 부부를 만날 때가 있다. 초등학교 동기생이자 용당교회에서 함께 자란 그의 아내의 모습은 친구나 오누이같이 닮아있다. 그녀는 시어머니와 연령차가 많은 두 시누이를 곁에서 모시려면 얼마나 어려웠을까? 그녀는 교회 권사로서 깊은 신앙심으로 속을 삭이고 인내하며 인고의 세월을 보냈을 것이다.

그의 아내는 꽃을 좋아한다. 남이 버린 죽어가는 꽃이나 나무를 다시 살리는 재주가 있다. 그녀의 정성에 감복하여 다 죽어가던 식물도 살리는 명의名醫이다. 살린 식물을 남에게 선물하니 이웃과 관계도 좋을 것이다. 생명을 살리기 위해 사랑과 정성이 필수적이다. 식물도 감정이 있으며, 서로 소통한다는 것은 잘 알려진 과학적 사실이다. 식물은 가꾸는 사람의 정성에 따라 달라진다. 그녀는 사랑은 모든 생명을 살릴 수 있다는 것을 잘 알고 있다. 그녀의 사랑은 비단 식물뿐이겠는가?

독자는 <유품 중에서>을 읽으면서 시어머니를 잘 이해하고 지극정성으로 모시는 한 현숙한 여인을 만나게 된다. <아내의 뜰> 외에 아내를 자랑하는 글은 없으나, 그녀는 남편 못지않게 시어머니와 올

케들을 잘 모셨으니 효성스러운 여인임에 틀림없다. 최방식은 앞으로도 친구이자 오누이 같은 아내를 더 아끼며 사랑했으면 한다. 그리고 아내 자랑을 많이 하는 것이 어떨까 한다.

4. 또 다른 나를 찾으며

해방 전후만 용당동은 남구 지역에서 가장 잘 사는 마을이었으나 아쉽게도 그곳은 교통이 불편하여 하나의 섬이었다. 이러한 환경에서 마을 사람들은 한 가족과 같아 정이 두터웠다. 최방식은 아버지의 빈자리에도 불구하고 선비 같다는 느낌이 들 정도로 반듯하게 자랐다. 어머니같이 나이 차이가 나는 누나의 따뜻한 보살핌이 있었기에 가능했다. 그는 천성이 착한데다가 어릴 때부터 교회 생활도 잘하여 인간관계가 좋다. 그는 마을의 어른들과 선배들을 존경하며 사랑하였다.

> 아 형님은 싸움 이후를 생각하고 있었구나, 어쩐지 돌이 형님이 갑자기 타임을 요청할 때 머뭇거리는 행동이 이상하더니 그때 얼추 결정했었구나. 형님은 어린 나이에도 불구하고 눈앞에 싸움의 승리보다는 한 수 앞을 내다보고 있었다. 그는 머리 회전이 빨랐다, 졌다고 패배를 인정하는 유연성도 있었다.
>
> 이 이야기를 듣고 있던 나는 그동안 오랫동안 묵혀있던 수수께

끼 같은 궁금증이 풀렸다. 형님은 나약한 겁쟁이가 아니며 성곤 형님 입지도 생각하고 있었다. 점심을 먹은 뒤에도 흘러간 유년 시절 추억을 이야기하며 시간 가는 줄 몰랐다. 유년 시절에 마을 뒷동산에서 일어난 하나의 사건은 나에게 큰 의문이었으나 또한 큰 교훈을 주었다. 인생이란 생을 다할 때까지 싸움이 있는 곳이다. 때로는 참아야 할 때는 참아야 하고, 질 때도 있어야 한다. 자존심이 상할 수 있지만 그 싸움에서 이긴다 하여 얻는 것 보다 잃는 것이 더 많다는 것을 깨달은 이돌이 형이다.

—「아름다운 시절」 중에서

용당동에는 당뚝의 숲에 산당을 두어 전통을 지키며 살아왔다. 최방식은 마을의 어른을 부모와 같이 섬겼고, 선배나 친구들과 우애와 정을 나누며 반듯하게 자랐다. 친구를 보면 그 사람의 됨됨이를 볼 수 있다고 한다. 친구는 또 다른 나이기 때문이다. 그에게 친구들이 많다. 그가 정이 많고 따뜻하기 때문일 것이다.

아이는 놀면서 성장한다. 그래서 유년 시절을 일생 잊지 못한다. 아이들은 산길을 따라서 꽤 먼 거리에 있는 감만동의 동항초등학교에 다녔다. 마을 아이들은 함께 모여 학교를 오갔고, 하교 후에 마을의 아이들은 다 모여 놀았다. 가끔 편을 갈라 경쟁하는 때도 있다. 짝을 정하여 '고상받기'를 하다가 대장끼리만 겨누기도 하였다. 어느 날, 대장끼리 겨누는 싸움에서 유리하게 전개하던 자기편의 대장이 돌연 패배를 선언했다. 그 일이 궁금하였는데 몇 십 년이 지나 그에게 찾아온 대장에게 물었다.

"리더는 앞서 나가는 것이 아니라, 선택하는 것이다."라는 말이 있다. 대장은 싸움에서 형제가 많은 상대에게 이기면 그와 그의 편에게 가해질 피해를 예견하여 패배를 선언했다는 것이다. 페어 플레이가 불가능한 상황에서 앞을 내다본 대장의 선택을 어린 심정으로 이해하기 어려웠다. 현명한 선택했던 대장과의 대화는 동심으로 돌아가게 한다. <아름다운 시절>은 용당동 사랑방인 새마을금고에서 만난 두 사람의 정겹고 아름다운 유년 시절을 회상하면서 나눈 이야기를 읽으면 우리 마음이 따뜻해 온다.

<상애원의 추억>의 글은 매우 진지하다. 최방식은 주위에 친구가 많다. 남자 친구뿐만 아니라 학교와 교회에서의 여자 친구들도 그를 좋아했다. 교회에서 함께 활동했던 영애는 한센병 환자의 '상애원' 출신이었다. 그가 자신의 결혼 잔치용 돼지를 사러 상애원에 갔다가 그곳에서 보건소 간호사인 그녀를 만났다.

이 글에서는 자신을 숨기며 살아왔던 친구에게 동정심보다 사회적 문제점을 제기한다. 우리 사회는 전염성이 없는 음성나환자를 이웃으로 받아주기를 꺼린다. 최방식은 친구에게 그렇게 고통을 안긴 한센인에 대한 사회적 편견을 <상애원의 추억>을 통하여 나무라고 있다. 친구가 더 이상 고통이 없는 곳에서 행복하게 살기를 바라며 친구와 함께 아파하는 인간미가 넘치는 그의 심성이 따뜻하다.

5. 여가선용

최방식은 천성이 부지런하고 성실하다. 젊음을 다 바쳐 일한 직장에서 은퇴한 후에 다른 직장으로 갈 기회도 있었지만 포기하고 아내와 함께 초보 농사꾼이 되어 기장에 있는 작은 농장을 가꾸기를 좋아한다. 그는 선배 농사꾼에게 배워가며 농사에 익숙해져 이젠 과일이나 채소와 버섯 등을 수확하면 가까운 지인에게 나눠 주기도 한다.

그의 수필에 가장 많은 내용 중 하나가 여행이다. 여행은 일상생활에서 일탈하여 새로운 경험을 쌓기도 하고 동행인과 정을 나누는 기회이다. 그는 농사일이나 여행뿐만 아니라 수필과 시와 같은 글쓰기를 하며 생활을 즐기고 있다.

> 작년 봄 사월 초순 여기에 왔을 때, 눈부시게 하얀 꽃 이화梨花가 활짝 피어 봄바람에 가늘게 떨고 있는 모습이 너무 아름다웠다. 하얀 꽃이 순수하여 한동안 다정한 눈길을 보냈다. 이화의 청초하고 우아한 모습에 정신이 팔렸고, 물결처럼 흔들리는 이화의 향연을 즐기며 봄을 만끽했었다. 벌건 대낮이지만 이조년의 '다정가多情歌'라도 읊조리고 싶은 분위기였다. 야트막한 언덕 위에 하얀 이화의 배경을 그려보고 그날 이른 봄밤의 서정적인 분위기에 취하고 싶은 감상적인 분위기를 느낀 적도 있었다.… 농장 주위의 나무들이 연두색으로 물들어 갈 때, 자연의 섭리는 어김없이 찾아와 눈부신 하얀 이화가 피었다. 따스한 봄 햇살에 아름답

게 피어 봄바람에 흔들리며 소복단장을 한 여인처럼 나의 곁에 다가왔다. 아름다운 이화가 나의 동산에 피어서 내가 손을 벋치면 언제나 닿을 곳에 있었다. 이화가 피어있는 동안 언제나 마음은 기쁨과 행복이 가득하였다.

—「초보 농부」 중에서

태풍 전과 후의 바람결은 확연한 온도 차이를 보이며 시원함이 묻어 있었다. 강한 비바람이 지나간 후인지라 모기 없는 시원한 저녁이다. 한낮에 따가운 햇살 속에 간간이 이름 모르는 풀벌레 소리가 들리더니 어느새 소리 소문도 없이 가을이 온 것 같다. 밤이 되자 황홀한 오케스트라의 연주가 새로운 계절의 서막을 알리는 전주곡이 시작되었다. 도시의 아파트에서는 들을 수 없는 아름다운 선율을 연주하는 풀벌레들의 합주는 이미 산속의 적막을 깨어버렸다. 다양한 악기로 연주하는 단원들의 음악은 감미롭게 이어졌다 끊어졌다 반복하며 그칠 줄 모른다. 어디가 무대며 어디가 객석인지 구분이 되지 않는다. 가을을 맞이하는 축제의 향연 같기도 한데 임을 간절히 부르는 소야곡이란다. 어쩌면 찌는 무더운 여름 한 철은 짧지만 화려한 계절을 살아온 생과 사랑, 종족 번식을 위해 최선의 악기로 연주하는 풀벌레들의 처절한 몸부림인 줄 모른다.

—「농막에서 하룻밤」 중에서

최방식은 부지런하여 일을 사랑한다. 직장에서 은퇴 후에도 초보 농부라고 하면서 그의 부인과 함께 농장으로 간다. 그는 봄이 되면 바쁘다. 특히 배 농사에 심혈을 기울인다. 그는 배꽃梨花 필 때를 좋아한다. 봄바람에 흔들리며 눈부시게 하얀 꽃 이화가 활짝 피어 가늘게 떨고 있는 꽃의 모습이 아름다워 감탄한다. 천하대본天下大本인 농사는 이른 봄부터 시작된다. 초봄에 전지해둔 배나무 가지에서 꽃눈이 싹이 터 배꽃이 만발하면 꽃들은 봄을 맞은 노래를 부르고 있다.

<초보 농부>를 읽노라면 '이화에 월백하고 은한이 삼경인제…'로 시작되는 이조년의 시조를 읊고 싶을 만큼 흥이 난다. 하얀 배꽃이 가득 핀 농장을 그린 그의 글은 이효석의 <매밀꽃 필 무렵>을 읽듯 글의 서정성에 빠져들어 간다. 마치 꽃이 핀 농장을 배경으로 한 무대에서 봄을 연출한 시를 읽는 듯 아름답다.

베란다에 화분에 상치나 고추를 심어 가꾼다는 것과 달리 농장에서 자연에 순응하여 흙을 가꾼다는 것은 무척 어렵다. 그는 바람이 심하게 부는 날에 농막에서 지내면서 태풍이 지난 후의 정경을 글로 나타내었다. 태풍일과후颱風一過後라 자연의 고요함을 노래할만하다, 그는 태풍이 온다는 뉴스를 듣고 농막에서 하룻밤을 지내면서 태풍이 지나간 후 농장의 모습을 아름답게 묘사하였다. 기온이 시원해졌고 강풍에 숨 졸여 있던 뭇 풀벌레 울음소리가 오케스트라 음악소리로 묘사한 그의 자연에 대한 관찰을 섬세하게 묘사하였다. 감미로운 소리 가운데 가을이 오는 소리를 듣는 감성적인 그를 만날 수 있다.

농자지천하대본農者之天下大本이라고 했다. 하늘을 바라보며 자연에 순응하여 농사를 짓고 있으니 그는 사람의 일을 제대로 하는 것 같다. 그 순리를 아는 사람이야말로 인간을 제대로 사랑하리라. 우리가 선 자리가 안정된 자리 같지만 어떤 때는 속에서 태풍이 불 때도 있다. 자연의 법칙을 따르며 식물을 사랑하는 농부야말로 가장 인간미가 넘치는 사람일 것이다.

> 이윽고 동녘이 붉게 달아오르는 황홀한 아침 바다를 바라보며 멀리 작은 섬 사이로 솟아오르는 붉은 해는 경이롭고 장관이었다. 바다는 거대한 한줄기 붉은 빛의 길을 만들며 열광하는 손길들과 합장하는 손길들의 환대를 받으며 역사는 내가 새로 쓴다며 솟아오르고 있다. 붉은 해는 장엄하고 위대했다. 어둠을 쫓아내고 주위를 빛으로 장식했다. 자연계에 존재하고 있는 모든 생명체는 붉은 해를 향해 존재의 의미를 감사하고 창조주의 위대하심을 감동하게 했다. 희망의 새해다…
>
> —「욕지도 해돋이」 중에서

최방식은 주로 가족이나 처가 식구들과 여행하며 즐겼나 보다. 여행수필은 자칫 일기문이나 감상문으로 흐르기 쉽다. 부산 시티투어 버스를 타기도 하고, 욕지도, 사량도, 군산, 선유도, 제주도 등을 여행하면서 꼼꼼하게 글로 써서 남겼다.

<욕지도 해돋이>나 <여행 그 아름다움>은 연말을 가족과 함께 쇠거나 새해 해돋이를 맞는 내용이다. 그에게서 여행은 단지 견문을

넓히려는 것만이 아닌 것 같다. 연말연시에 일상에서 일탈하여 가족끼리 여행하기를 즐긴다. 세상에 가장 중요한 것이 가족의 화합이다. 그는 가족 단합의 한 수단으로 여행을 이용하는 듯하다. 가족과 여행하면서 그만의 유익만 바라지 않고 모두에게 즐거움을 주려고 하는 그만의 인간미를 맛볼 수 있다.

6. 마치면서

사회가 복잡해지자 인간미가 없어져 간다. 남을 대접하지 않으면서 대접받으려고 하는 것은 너무 이기적이다. 이러한 사회에서 정을 그리워하며 살아가는 것은 역설적이다. 사회가 삭막해져서 교육 현장에서 그렇게 강조하던 인성이니 인격 등과 같은 용어를 잘 사용하지 않는다. 현대인은 성공 지향적 삶을 사노라고 방황하다가 인간이 살아가는 데 가장 기초가 되는 사랑과 인간을 잃어버렸다. 최방식의 글은 한마디로 따뜻하고 정이 물씬 풍기는 인간미가 있다. 이는 수필의 장점이자 인문학의 결정체인 인간미를 새삼 느끼게 하는 시대가 요구하는 글이라고 할 수 있다.

최방식은 독서를 즐긴다. 많은 책을 읽으면서 등단하기 전부터 시나 수필 적어 왔기에 그의 글에서 수작이 많다. 그의 수필의 제재는 참신하고, 사소하고 평범한 삶에서 그것을 잘 선택하여 작품화하였다. 내용은 그의 성격대로 꼼꼼하게 전개하였고, 글의 서술은 감성적이고 은유적이다. 또한 그의 글은 사람이나 사상을 비판적이거나 날카롭게 평하지 않은 인간적이어서 좋다.

최철호는 "수필에는 무형식성, 산문성, 자기 고백성, 창조성과 문학성과 같은 수필의 5가지 특성이 있다"라고 하였는데, 서정적인 최방식의 수필은 이들 요소를 다 포함하고 있으며 그의 글의 흐름이 자연스럽고 과장하는 일이 없다.

고향, 부모, 형제, 아내와 친구를 사랑하고 일상사를 즐긴다는 것은 평범하다고 생각할지 모르나 특별한 사랑보다 이것이 우리에게 절실하다. 최방식의 첫인상은 선비와 같다는 느낌을 받는다. 그는 고향과 친구를 사랑하고, 어머니와 누나에게 효성과 우애가 깊었으며, 농촌을 사랑하는 최방식의 삶은 <전원일기> 드라마와 같다고 하겠다. 어른을 존경하고 이웃을 사랑하며 여가까지 즐기는 그의 삶이 부럽다. 그가 실천하고 있는 따뜻한 사랑의 결정체를 곁에서 오랫동안 훔쳐보고 싶다.

글을 쓴다는 것은 사물을 관조하고 자신의 내면을 진지하게 성찰하는 것이다. 그는 또 다른 초상화를 그리려 할 것이다. 수필가로서 좋은 자질을 지닌 그는 앞으로 독자들이 즐겨 읽을 수 있는 글을 많이 남기길 기원한다.

함께 뜨는 숟가락

초판1쇄 발행 2024년 11월 5일

지은이 최방식
펴낸이 이길안
펴낸곳 세종출판사

주소 부산광역시 중구 흑교로 71번길 12 (보수동2가)
전화 463－5898, 253－2213~5
팩스 248－4880
전자우편 sjpl5898@daum.net
출판등록 제02-01-96

ISBN 979-11-5979-727-9 03810

정가 15,000원